《山西文華》編纂委員會 編

山西文華·史料編

敕修河東鹽法志

第一册

卷首至卷二

清 覺羅石麟等◎修 清 朱一鳳等◎纂

山西出版傳媒集團
三晉出版社

圖書在版編目(CIP)數據

敕修河東鹽法志 / (清)覺羅石麟等修;(清)朱一鳳等纂. —太原: 三晋出版社, 2018.4
ISBN 978-7-5457-1712-9

Ⅰ. ①敕… Ⅱ. ①覺… ②朱… Ⅲ. ①河東—鹽業史—清代 Ⅳ. ① F426.82

中國版本圖書館 CIP 數據核字(2018)第 270254 號

敕修河東鹽法志

修　　者: 〔清〕覺羅石麟等
纂　　者: 〔清〕朱一鳳等
責任編輯: 張仲偉
封扉設計: 山西天目·王明自

出 版 者: 山西出版傳媒集團·三晋出版社（原山西古籍出版社）
地　　址: 太原市建設南路 21 號
郵　　編: 030012
電　　話: 0351-4922268（發行中心）
0351-4956036（總編室）
0351-4922203（印製部）
網　　址: http://www.sjcbs.cn

經 銷 者: 新華書店
承 印 者: 山西人民印刷有限責任公司

開　　本: 700mm × 1000mm　1/16
印　　張: 76
字　　數: 500 千字
版　　次: 2018 年 11 月　第 1 版
印　　次: 2018 年 11 月　第 1 次印刷
書　　號: ISBN　978-7-5457-1712-9
定　　價: 500.00 圓（全六册）

ISBN 978-7-5457-1712-9
9 787545 717129

《山西文華》編纂委員會

主　任　樓陽生

顧　問　廉毅敏

副主任　張復明

委　員　李福明　李　洪　郭　立　閻潤德
李海淵　武　濤　劉潤民　雷建國
張志仁　李中元　閻默彧　安　洋
梁寶印

編纂委員會辦公室

主　任　安　洋（兼）

常務副主任　連　軍

出版説明

山西東屏太行，西瀕黄河，北通塞外，南控中原，是中華民族的主要發祥地之一。中華文明輝煌燦爛，三晋文化源遠流長。歷史文獻豐富、文化遺産厚重，形成了兼容並包、積澱深厚、韵味獨特的晋文化。山西省政府決定編纂大型歷史文獻叢書《山西文華》，以彙集三晋文獻、傳承三晋文化、弘揚三晋文明。

《山西文華》力求把握正確方向，尊重歷史原貌，突出山西特色，薈萃文化精華，按照搶救、保護、整理、傳承的原則整理出版圖書。叢書規模大，編纂時間長，參與人員多，特將有關編纂則例簡要説明如下。

一、《山西文華》是有關山西現今地域的大型歷史文獻叢書，分「著述編」「史料編」「圖録編」。每編之下項目平列；重大系列性項目，按其項目規模特徵，制定合理的編纂方式。

二、「著述編」以一九四九年十月一日前山西籍作者（含長期在晋之作者）的著述爲主，兼收今人有關山西歷史文化的研究性著述。

三、「史料編」收録一九四九年十月一日前有關山西的方志、金石、日記、年譜、族譜、檔案、報刊等史料，

以影印爲主要整理方式。

四、「圖録編」主要收録一九四九年十月一日前有關山西的文化遺産精華，包括古代建築、壁畫、彩塑、書畫、民間藝術等，兼收古地圖等大型圖文資料。

五、今人著述采用簡體漢字横排，古代著述采用繁體漢字横排。

《山西文華》編纂委員會

出版前言

河東，有廣義、狹義之分。廣義指山西，狹義指山西南部地區（今運城、臨汾一帶），均因位於黄河以東，故稱。秦漢時，於晋南地區置河東郡。明代，稱平陽府。清初因之。雍正二年（一七二四），蒲、解、隰、吉、絳等平陽府轄州陞爲直隸州。雍正六年（一七二八），陞蒲州爲府。

河東鹽池，也稱解州鹽池、運城鹽池，今稱運城鹽湖，位於蒲州府所轄安邑、解州之交，地處中條山北麓。靠近安邑者爲東池，靠近解州者爲西池，名雖有二，實爲一池。鹽池廣五十一里，袤七里，幅員一百一十六里，「亭泓浩渺，漣漪映天，鹽根附土，糾蟠纏結」，是歷代納貢課税的重要來源，晋、秦、豫三省食鹽保障的主要基地，對晋南地區及其周邊城鎮的興起和繁榮產生過深刻影響。

「天下之賦，鹽利居半。」歷代統治者十分重視河東鹽池的阜財作用，從漢代起中央政府就在河東地區設置管理機構「司鹽」，實行鹽業專賣，獲得巨大賦税。唐設「兩池榷鹽使」，年賦税達一百五十萬緡，占全國鹽税收入的四分之一。宋置「提舉解鹽司」。元設「河東轉運鹽使司」，並在鹽池邊修築城池，名曰運城，此爲中國唯一一座鹽務專城。明、清兩代均派駐「巡鹽御史」。

國家對食鹽實行專賣榷禁和徵税的各種制度，統稱鹽法。春秋時期，管仲相齊桓公，「興鹽鐵之利」，由國家統一管理食鹽生産和銷售，此爲中國鹽法之始。鹽法上關國課，下裕民生，在古代是國家經濟的重中之重。

清代，雍正繼位後，命天下鹽臣纂修鹽志，「以定一代之章程」。嗣後，長蘆、兩浙、雲貴、兩廣等地陸續纂成《鹽法志》。雍正五年（一七二七），《敕修河東鹽法志》纂成。該志由兼河東巡鹽御史、陝西布政使碩色主修，河東陝西都轉運鹽使司朱一鳳等纂輯。依例呈送山西巡撫覺羅石麟總裁，並作序。

碩色，滿洲正黄旗人。雍正五年（一七二七），任陝西按察使，兼河東巡鹽御史。雍正八年（一七三〇），陞陝西布政使，仍兼管河東鹽務。後歷任陝西、四川、山東、河南巡撫，兩廣總督。兼管河東鹽務期間，纂修了《敕修河東鹽法志》。

《敕修河東鹽法志》設十二卷、二十六目，即：卷一鹽池、禁垣；卷二畦地、種治、渠堰、山澤、灘地；卷三引目、課額、商人；卷四支掣、運程；卷五律例；卷六鹽法、官職；卷七官職；卷八運城、公署、積貯、池廟、祥異、運學、武備；卷九宦績、人物；卷十疏議；卷十一、卷十二藝文。大略可分爲三部分：第一部分記生産、引課、運銷、律例，以與鹽政直接相關的物與事爲主脈，重點在事；第二部分記官職、運治、人物，以與鹽政相關的人和物爲主脈，重點在人；第三部分則是疏議和藝文，重點在文。

該志前爲「圖考」，繪圖八幅，分别爲：鹽池圖、渠堰圖、三省行鹽疆域圖、運城圖、運學圖、鹽池神廟圖、巡鹽御史公署圖、運使公署圖，每圖均有詳細文字説明。

覺羅石麟任山西巡撫期間，曾主修雍正《山西通志》，卷四十五爲「鹽法」。《敕修河東鹽法志》與之相比，增設山澤、灘地、運城、公署、積貯、池廟、祥異、運學、武備、宦績、人物、疏議、藝文等類目，内容更詳贍，結構更完備。綱舉目張，條分縷析，尋原竟委，援古证今，詳細記載「護池保鹽、疏引裕課、庶富教養之道」，對當時鹽政頗有資治功用。

《初修河東鹽法志》作爲清代記載河東鹽池的第一部鹽法志，爲以後河東鹽志的纂輯保存了重要史料。乾隆五十年（一七八五），河東鹽運使蔣兆奎以清代前期編纂的五種鹽政資料爲本，删繁就簡，纂成《河東鹽法備覽》，《敕修河東鹽法志》就是其中最主要的素材。

二〇一八年，三晋出版社以清雍正五年（一七二七）刻本爲底本影印出版《敕修河東鹽法志》一書，收入《山西文華》叢書，使這一珍貴的著名河東鹽業史料化身千百，爲進一步推動河東鹽業史及相關研究的深入開展提供了史料保障。

董劍雲

二〇一八年十一月

目録

第一册

第五册

第六册

序

考自周禮鹽人掌鹽之政令以供百事之鹽祭祀供其盬鹽散鹽賓客供其形鹽散鹽王之膳羞供其飴鹽鹽鹽者味甘而鹹即今河東之池鹽是已則鹽之爲用其來已久罔不始於管子興鹽筴之論夫鹽爲天地自然

之利佐司農賦稅之供而閭閻黎庶

安能淡食是鹽之有關於國計民生

者甚大何郡邑志乘多畧而不載詎

非闕失歟我

皇上以聖人御宇百度維新

命天下鹽臣纂修鹽志以定一代之章程

而垂於無窮甚盛典也初長蘆鹽法

志書成鹽臣莽鵠立

題請

御製序文因係畿輔重地蒙

皇上特允所請

睿藻輝煌照耀千古嗣因浙江撫臣李衛

遵修兩浙鹽志進

呈并援例懇請

御製序文經戸部議以鹽課地方甚多若
使各處奏請
宸翰似屬太繁查鹽政一切程式典章課
額經費其大者載入
會典其詳悉者則地方大吏與董事
各員深知原委今兩浙鹽法志書序
文相應即令該撫李衛撰文序入奏

旨纂修之由以聞
聖主恤商愛民之至意其已經修成之雲
貴鹽志應交與總督鄂爾泰兩廣鹽
志應交與總督孔毓珣甘肅四川鹽
志應交與總督岳鍾琪各撰文一篇
其未曾纂修告成之兩淮鹽志應交
與巡撫陳時夏福建鹽志應交與總

督高其倬河東鹽志應交與巡撫石
麟各撰文一篇載入鹽法志書内可
也等因於雍正五年八月二十五日
具
奏奉
旨依議欽此欽遵相應行文各該督撫遵
奉

旨內事理欽遵并知照兩淮河東鹽政可

也　臣石麟荷蒙

聖恩畀以晉撫重任接准部咨隨即欽遵

咨准河東鹽臣碩色移送河東鹽法

志書到　臣詳加繙閱按河東禹貢冀

州之域天文參觜分野蓋緣河起西

域歸於東海始流而北迤邐而東經

靈朔間詰曲而南郡當左境故曰河
東也明稱平陽府轄三十四州縣我
朝因之雍正二年陞蒲解隰吉絳等州
爲直隸而縣之屬府者僅三之一雍
正六年陞蒲州爲府其實鹽之行於
境内者三十四邑外澤潞而已然而
南達淮源西極汧隴行三省之疆域

皆因其地而制宜者也河東鹽產於
池池介解安之交山之麓近安邑者
爲東池近解州者爲西池名雖有二
實一池耳廣五十一里袤七里幅員
百一十六里渟泓浩渺漣漪映天鹽
根附土糾蟠纏結是池也水畜硝板
上止數寸以故旱則病枯底深岸高

客水易趨以故雨又病潦不枯不潦則日曝水凝而成鹽板南有風洞勝著中條以時薰發出聲隆隆池水被之板上花生鹽顆自是古惟集工撈採收自然之利李唐以後有治畦澆曬之法是以人力代天工矣鹽之品類最夥大約生乎天而成乎人陰爲

體而陽爲用故有煮海而成者薊遼山東兩淮廣南閩浙之鹽是也有浥水於井成造法同煮海者西蜀滇黔之鹽是也有浥水沃土或值雨過土白刮淋漉煮而成者營并之鹽是也有崖砠㩆嵬雨滋日暵積如礬霜刮取即可充食者階成蘭鳳之鹽是也

更有龍城剛鹵形似蒺藜其下有鹽
纍碁而生如異物志所云者巴東朐
䏰井在北崖鹽水自凝中突邊鋪狀
同傘子如陶弘景所云者再有木鹽
依樹蓬鹽依草要之雨露沾濡水爲
類矣日火皆陽爍水作味其用仍一
即或化成自天人力不與總非二氣

磅礴與氤氳之潑者不能惟此解鹽曬取雖與廟灣花馬之法同而薰風自南鹽成昕夕作味甘鹹功用神速誠莫之與並矣但池鹽成於水而敗於水欲其成而無敗惟渠堰是賴渠以洩諸水而導之外出堰以障諸水而防其內入不豫計而爲之所池將

潰溢鹽於何有故必乘時濬築俾其
滚固則治水無非治鹽也是志也爲
目二十有六曰鹽池曰禁垣曰畦地
曰種治曰渠堰曰山澤曰灘地曰引
目曰課額曰商人曰支掣曰運程曰
律例曰鹽法曰官職曰運城曰公署
曰積貯曰池廟曰祥異曰運學曰武

備曰宦蹟曰人物曰疏議曰藝文爲
卷一十有二綱舉目張條分縷晰尋
原竟委援古証今凡所以護池保鹽
疏引裕課庶富教養之道靡弗備載
官斯土者覽是書因其良法美意悉
心體察力而行之其有裨於鹺政良
非淺鮮豈僅曰補郡邑志乘之闕失

而已哉敬附一言弁諸簡端使轉運
河東之鹽與買食河東之鹽者皆知
聖天子恤商愛民之至意洵足貽垂於億
萬斯年矣
雍正五年歲次丁未嘉平之吉巡撫
山西太原等處地方提督鴈門等關
軍務兼理雲鎮都察院右副都御史

加二級紀錄一次臣覺羅石麟奉

勅謹序

欽修河東鹽法志

總裁

巡撫山西等處地方提督軍務兼理糧餉都察院右副都御史加一級臣覺羅石麟 [illegible]

署理河東鹽政御史陝西西安布政使司布政使加一級臣碩色 滿洲正[illegible]旗人

纂輯

河東陝西都轉運鹽使司加勅管鹽法道兼管運使加一級臣朱一鳳 順天涿州人

河東陝西都轉運鹽使司加勅管鹽法道運使事軍職署任臣楊夢琰 江南丹徒人

河東陝西都轉運鹽使司加勅管鹽法道運使加一級臣姚培和 江南婁縣人

編次

河東陝西都轉運鹽使司分理鹽務運同臣王又樸直隸天津人

較閱

解州知州臣許月燦廣東程鄉人

安邑縣知縣臣車敏來湖廣鄖陽人

署運司儒學教授臣杜先瀛山西太谷人

運司儒學訓導臣李曾山西陽城人

監刻

河東陝西都轉運鹽使司分理鹽務運同紀綮臣張迪江南丹徒人

河東陝西都轉運鹽使司經歷司經歷臣王克慎順天宛平人

河東陝西都轉運鹽使司知事 臣 董文化 順天涿州人

監製

中場鹽大使 臣 盧潮 江南邳州人

東場鹽大使 臣 楊國瑗 順天大興人

西場鹽大使 臣 姜泳 順天大興人

較字

生員 臣 冷焜 浙江錢塘人

敕修河東鹽法志圖目錄

圖攷

河東大鹽池圖

池在中條山北麓西籠解梁左繚安邑東西長五十一里南北闊七里循其廣袤而計之周一百十六里池之中列地爲畦共五百四十九號分爲三場曰中場曰東場曰西場四面圍之以墻長一萬七千四百一十三丈曰禁垣內開三門以通出入中曰佑寶東曰育寶西曰成寶中鋪三十二外鋪三十六名立界牌

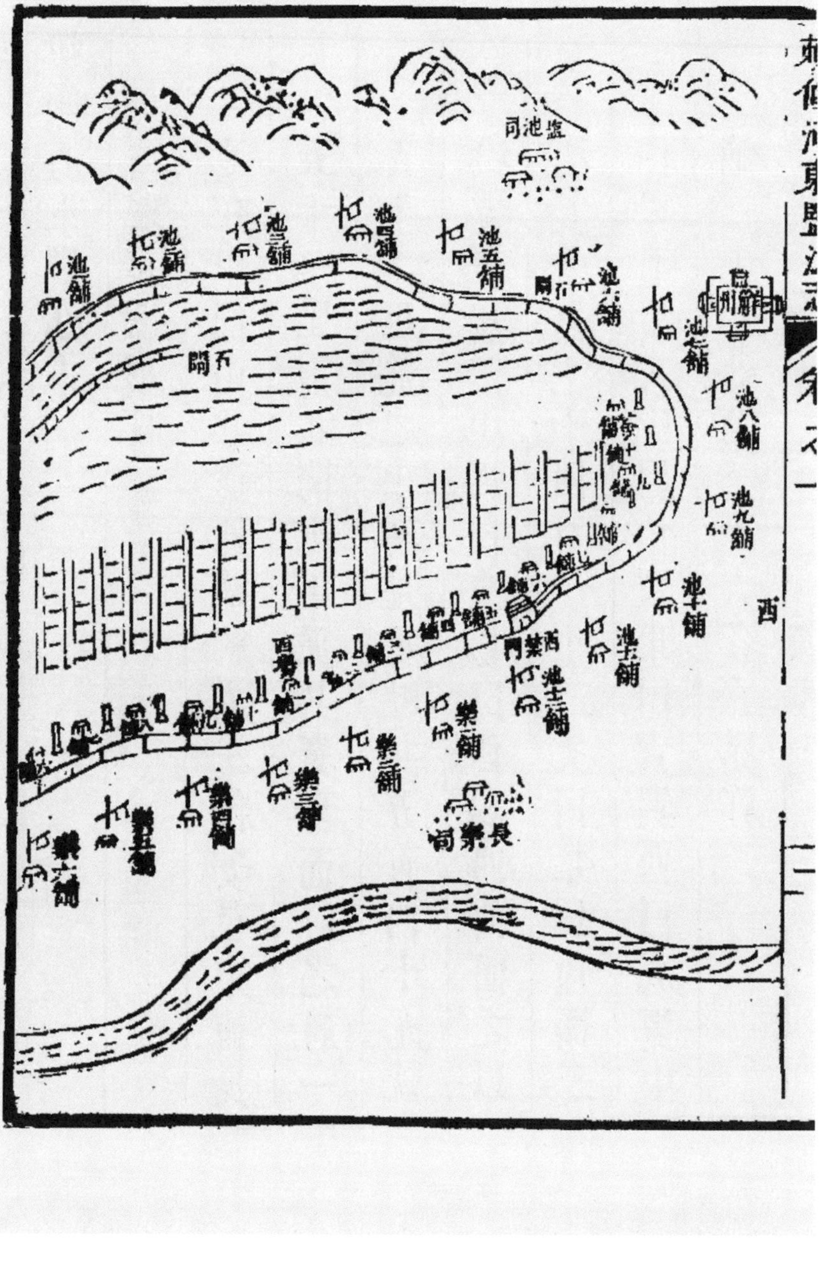
鹽池司
池五舖
池八舖
池九舖
石閘
西禁門
西
長樂司

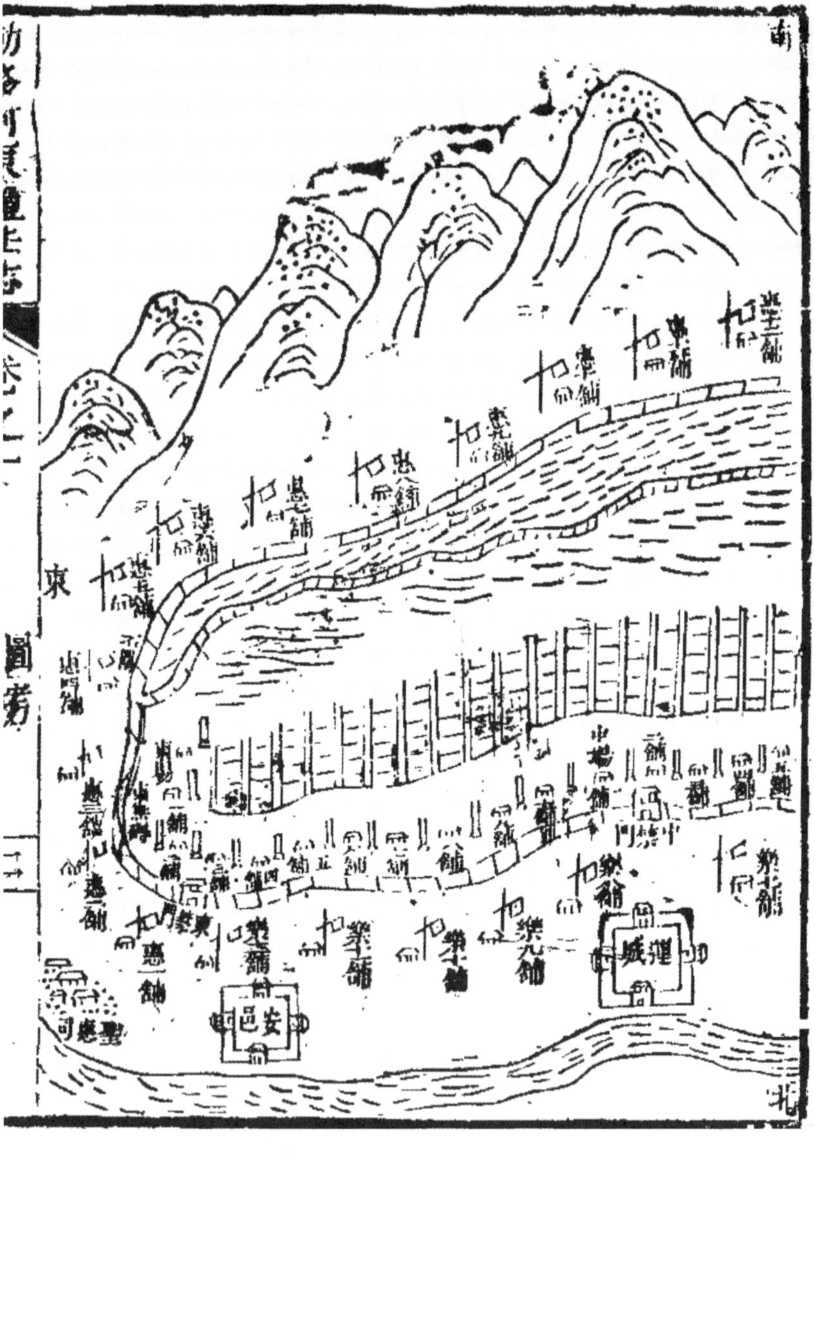
南
東
北
安邑
運城

勅修河東鹽法志

河東大鹽池硝池六小池渠堰圖

大鹽池在解州安邑之間此現在澆曬種鹽之池硝池六小池在解池西北今不澆曬種鹽然皆爲河東鹽池唐有鹽池十八而河東居其五例得備繪以便觀覽至附近鹽池之州縣村庄與鹽池四面之山水渠堰凡有關於鹽池者應逐一圖繪庶河東鹽池形勢瞭如指掌矣

華山
潼關
雷首
黃河
首陽山
金牛寺
郭李村
馬步頭
新衙
長孫
孟明橋
五姓湖
蒲州
普救寺

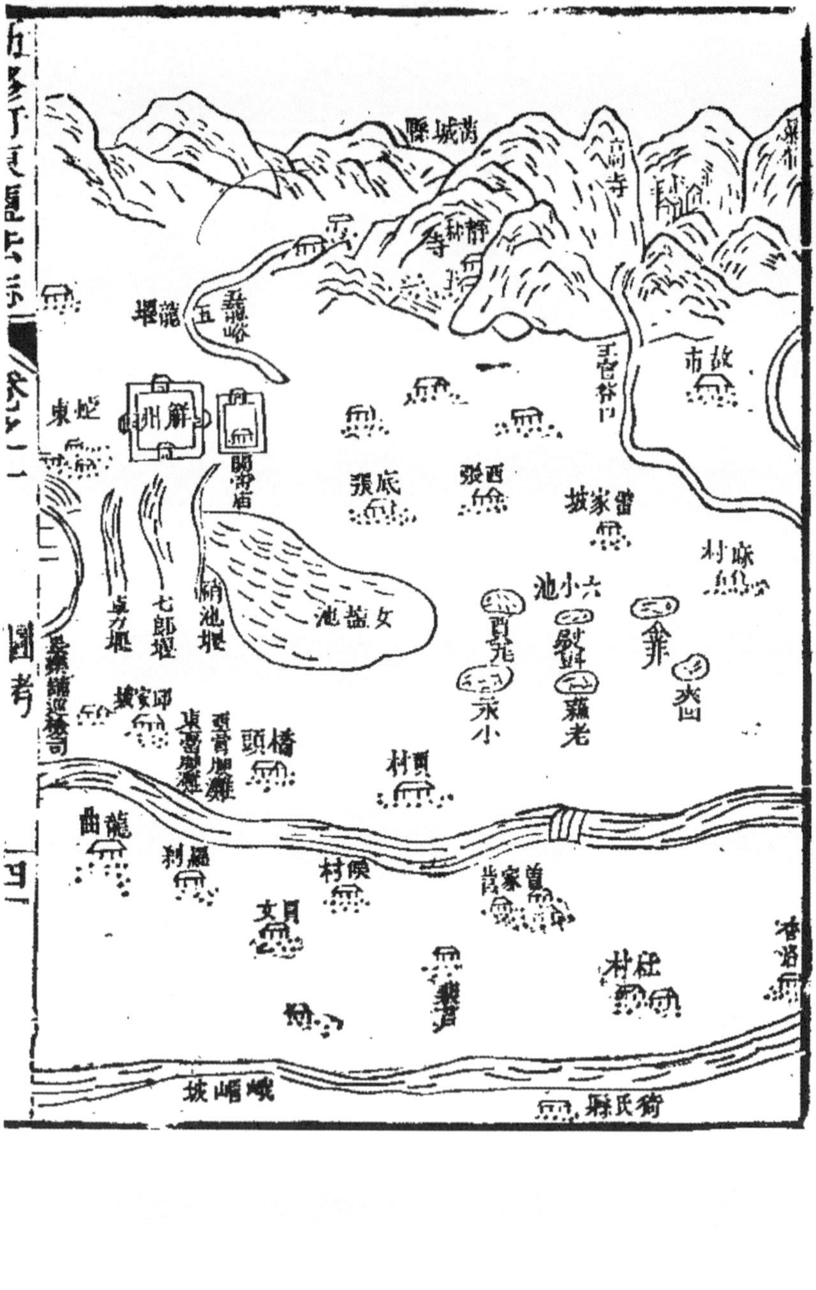

靜林寺
解州
女鹽池
硝池堰
七郎堰
六小池
故市
雷家坡
西張
底張
橋頭
賈村
猗氏縣
峨嵋城

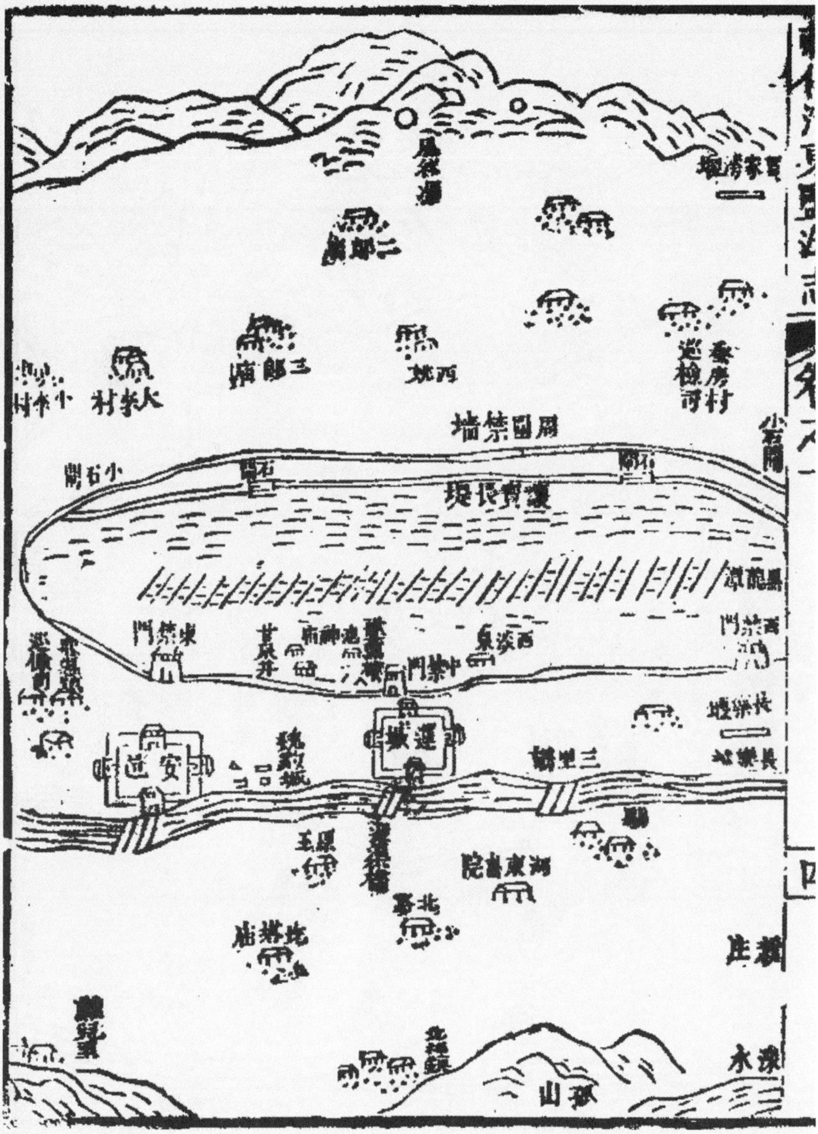
二郎廟
三郎廟
西姚
大李村
小李村
周圍禁墻
護寶長堤
小石閘
東禁門
中禁門
西禁門
西淡泉
運城
安邑
三里橋
河東書院
北郭
孤山
涑水

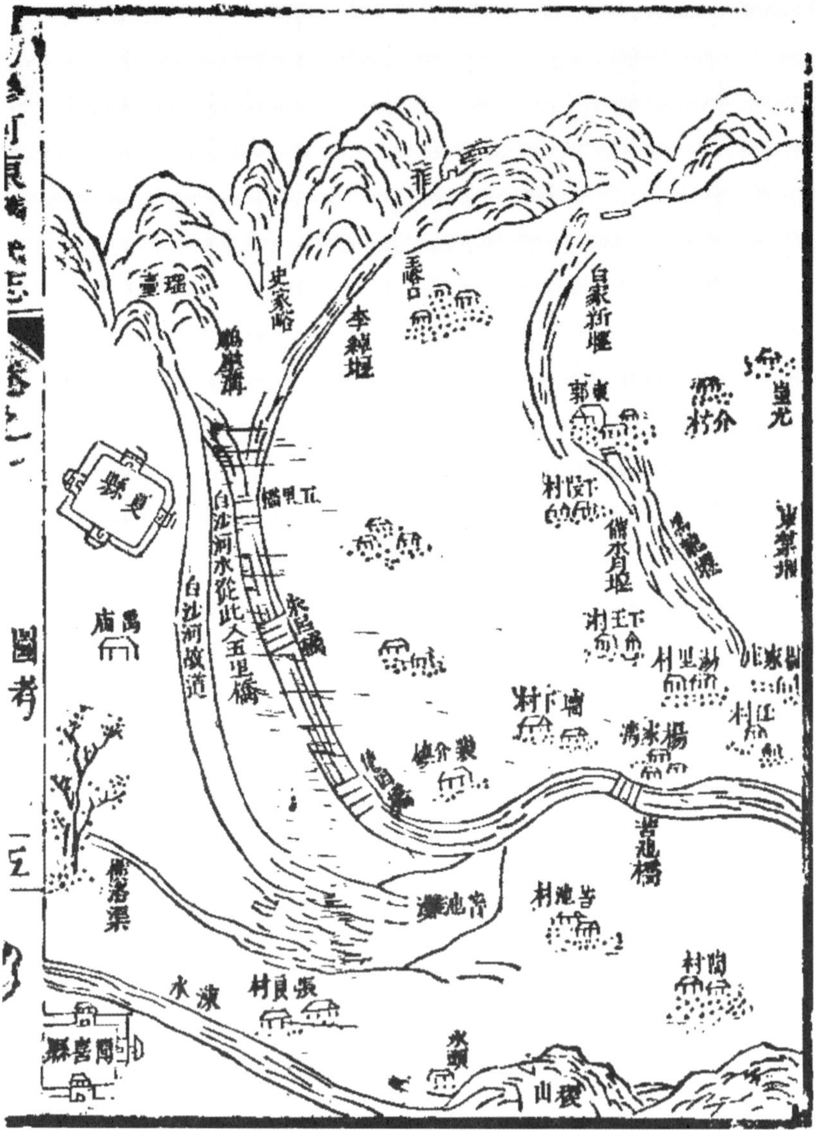
夏縣
禹廟
白沙河故道
白沙河水從此入五里橋
李綽堰
史家峪
瑶臺
白家新堰
涑水
張良村
聞喜縣
苦池橋
苦池村
楊家涔
姚暹渠

敕修河東鹽法志

三省行鹽疆域圖

山西平潞澤蒲四府屬解絳吉隰四州屬皆食河東池鹽太汾寧武三府屬遼沁平保忻代六州屬皆食本處土鹽陝西西安一府屬興安同商華耀乾邠七州屬皆食河東池鹽鳳翔府屬皆食花馬池鹽河南南陽河南二府屬汝陝二州屬與許州之襄城皆食河東池鹽凡鹽所經由之山川鎮店皆得備繪

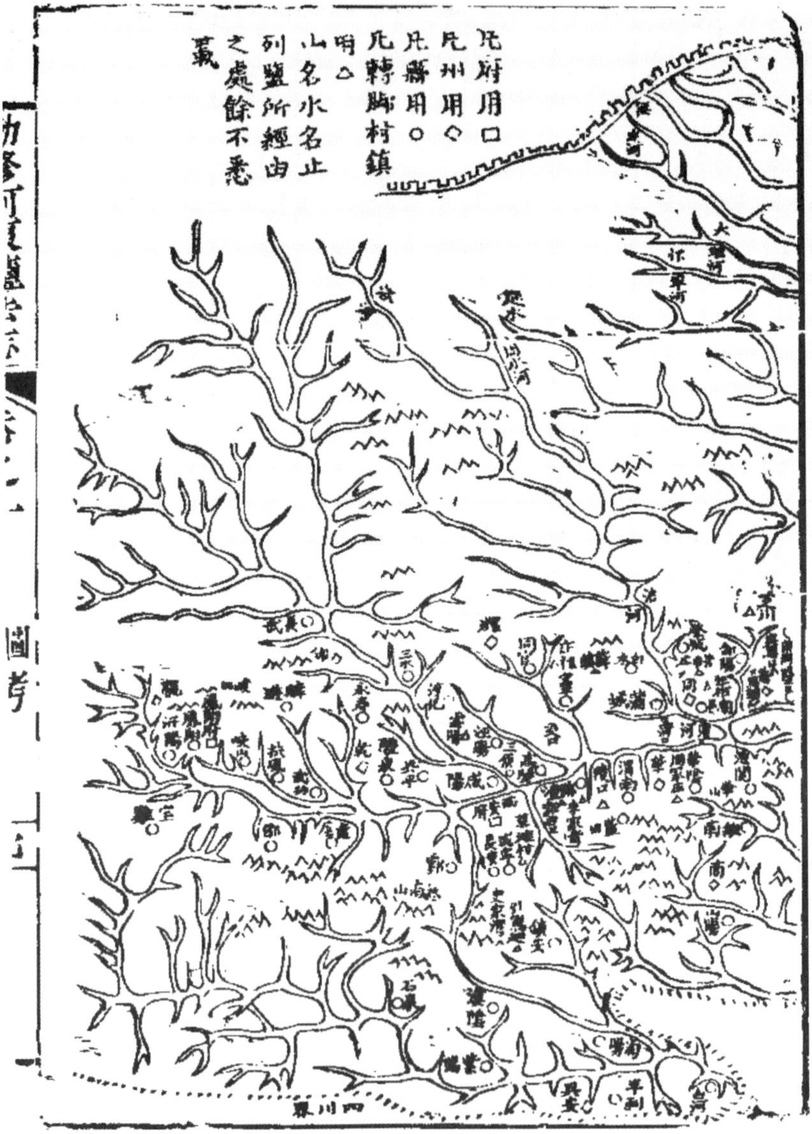
凡府用口
凡州用◇
凡縣用○
凡轉腳村鎮
用△
山名水名止
列鹽所經由
之處餘不悉
載
四川界

敕修河東鹽法志

河東運城圖

運城在安邑西十五里在解州東四十里地屬安邑之境又名曰潞村城周九里一十三步廣袤各四之一高二十四尺有四門南曰聚寶北曰迎渠東曰放曉西曰留暉內分九坊曰厚德曰和睦曰寶泉曰貨殖曰榮恩曰賢良曰甘泉曰永豐曰里仁商民輻輳烟火萬家治鹺公署在內

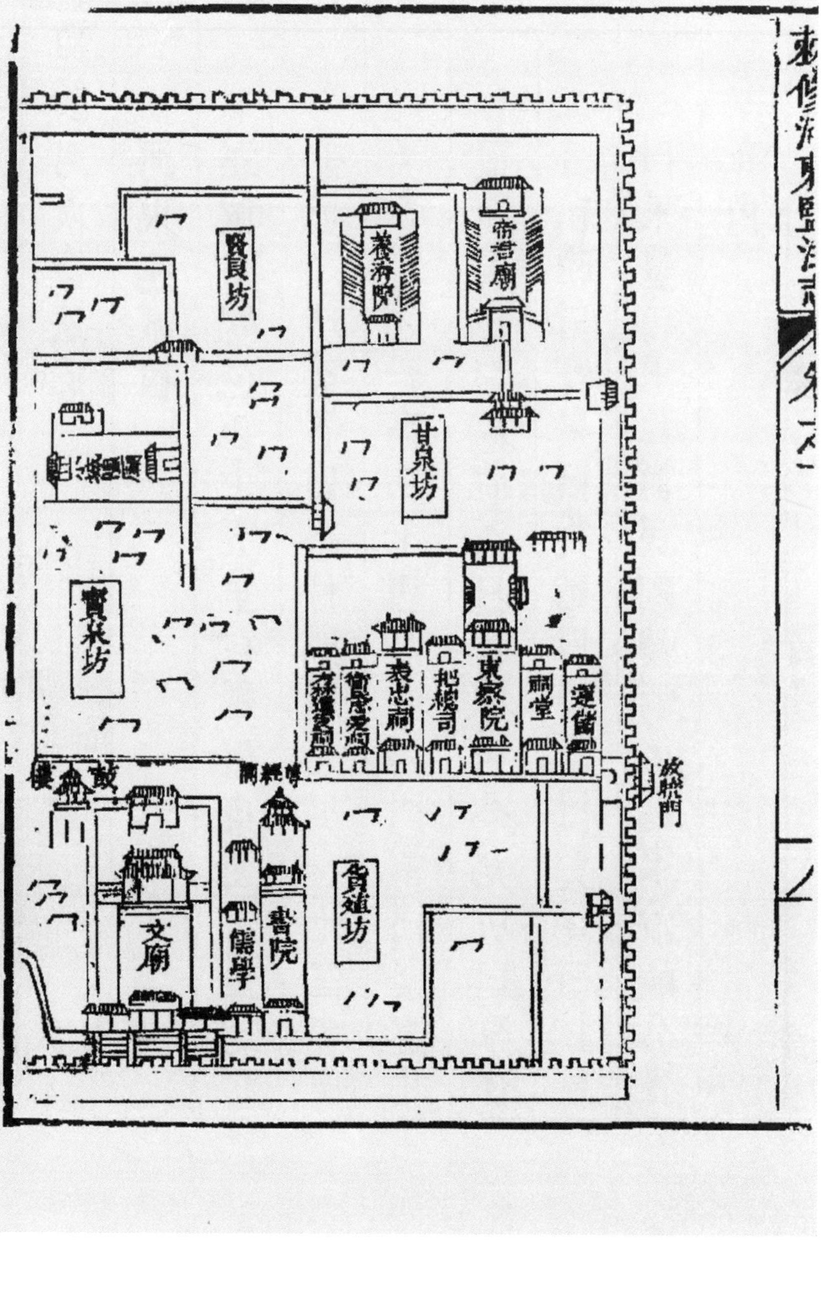
賢良坊
養濟院
帝君廟
甘泉坊
寶泉坊
東察院
表忠祠
文廟
儒學
書院

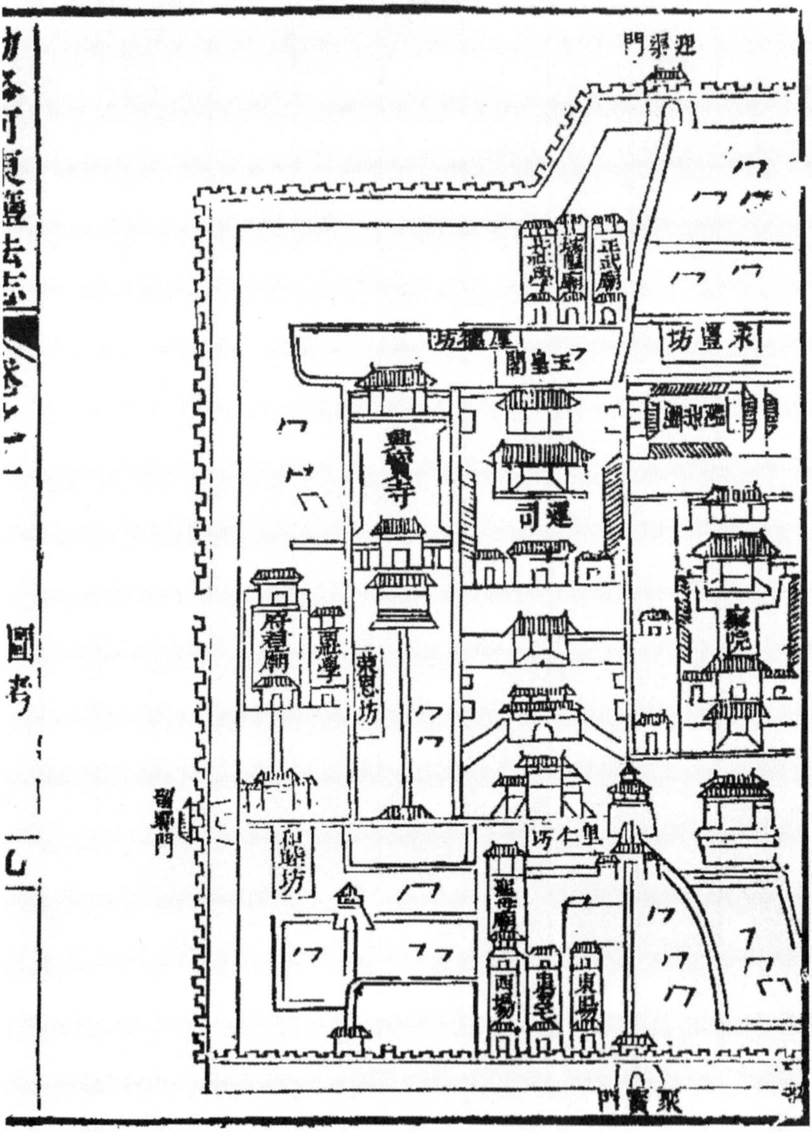
運司
里仁坊
府君廟
西場
東場

勅修河東鹽法志

河東運學圖

運學在運城東南共大成殿明倫堂崇聖祠敬

一亭尊經閣名宦鄉賢祠制度規模與郡庠同

大成殿上敬鐫

聖祖仁皇帝萬世師表額

皇上生民未有額東爲弘運書院每月朔望齊集紳

衿商民宣講

聖諭廣訓大義覺迷錄

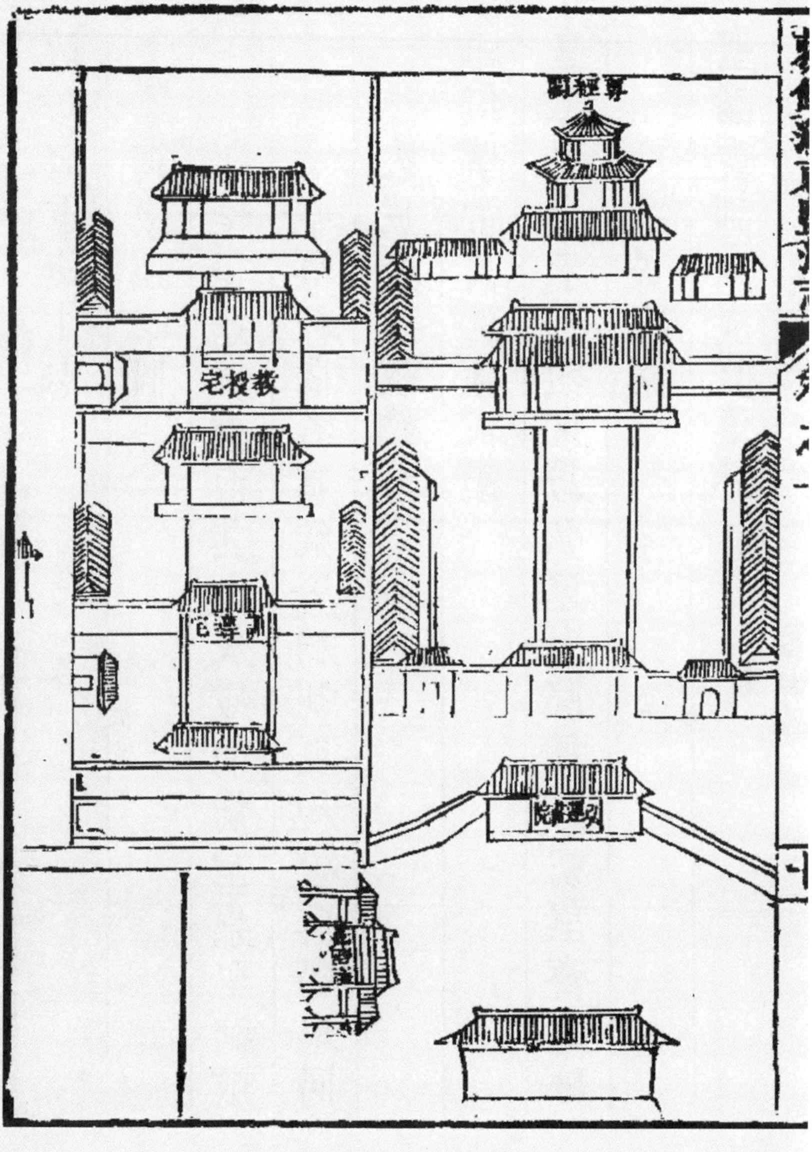
尊經閣
教授宅
訓導宅
司運書院

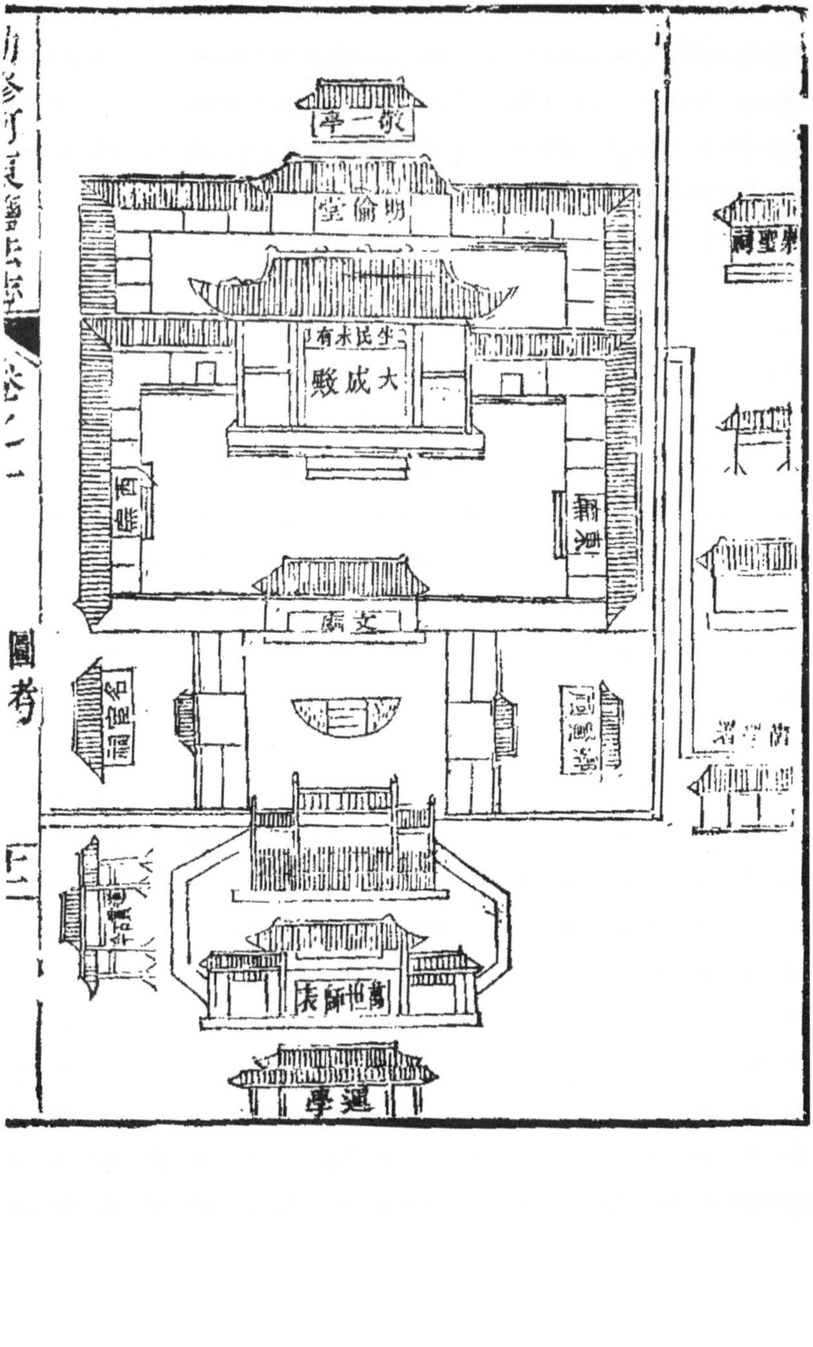
圖考
敬一亭
明倫堂
大成殿
西廡
東廡
文廟
名宦祠
鄉賢祠
萬世師表
運學
啟聖祠

昭惠裕阜鹽池神廟圖

神廟在池北卧雲岡運城南門外鹽池中禁門

内中爲

敕封昭惠裕阜鹽池之神左爲條山之神右爲風洞

之神前有歌臺海光樓又前有歌薰樓舜廟禹

處在焉池廟東有關聖廟又東有太陽雨師廟

池廟西廡有土地祠南坡有甘泉祠皆有功於

池故並祀於池統名爲池神廟

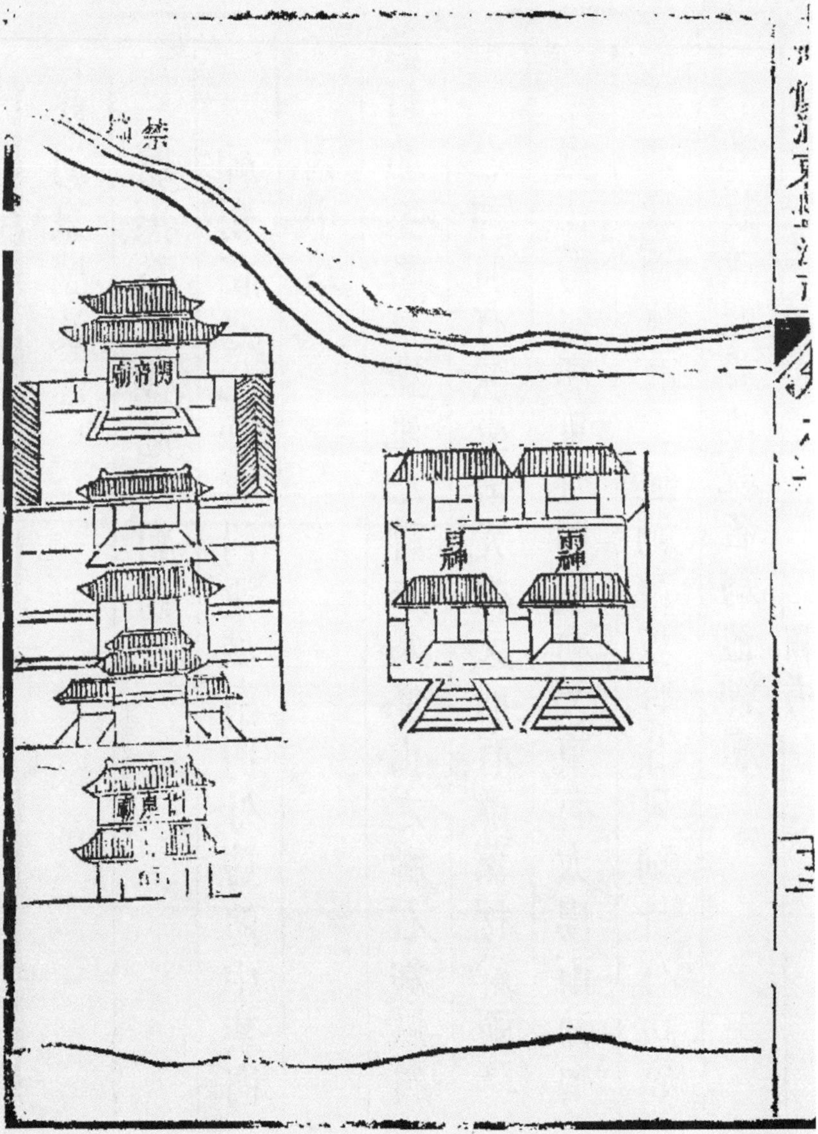
禁
關帝廟
雨神

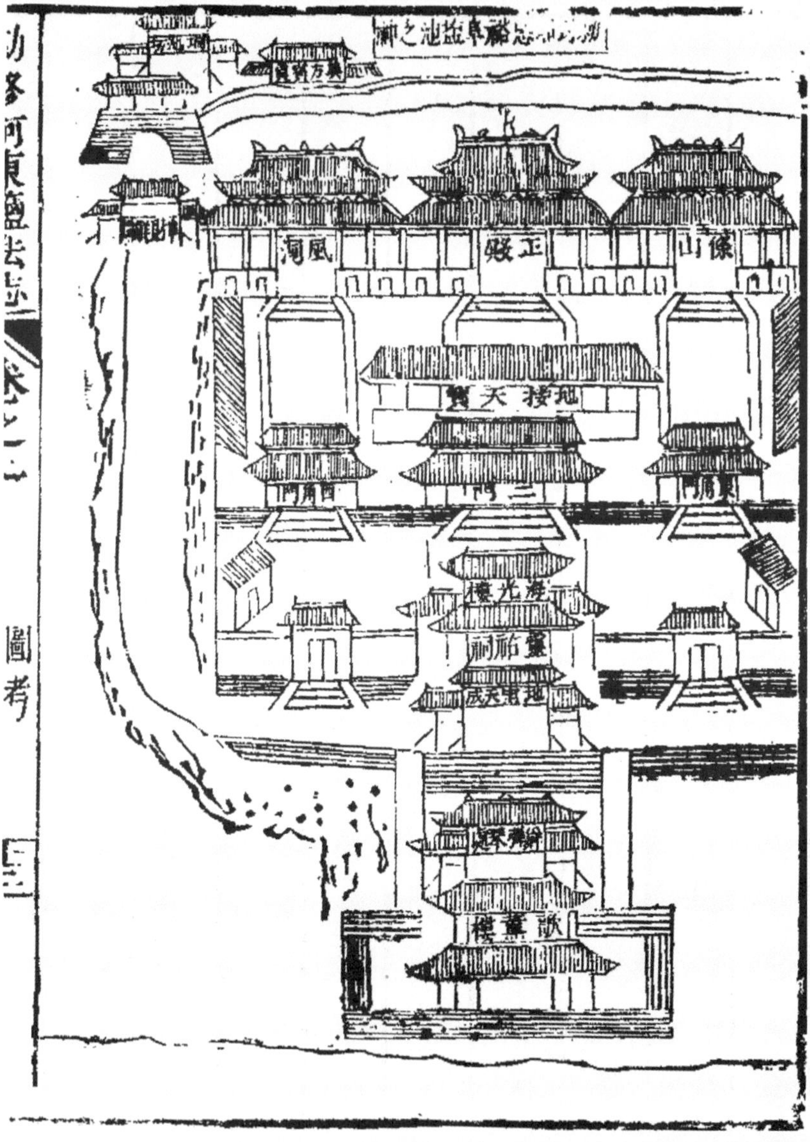
圖考
正殿
風洞
條山
海光樓
靈祐祠
歌薰樓

勑修河東鹽法志

巡鹽察院公署圖

巡鹽御史公署居運城之中正南坊表曰澗□

三省大門額曰察院前樹屏曰正肅東有□又

西有鐘樓右坊曰激濁左坊曰揚淸中爲堂□

風紀後爲堂曰退思又後爲寢室曰氷蘗北□

亭曰栢香東曰憶梅西曰存竹

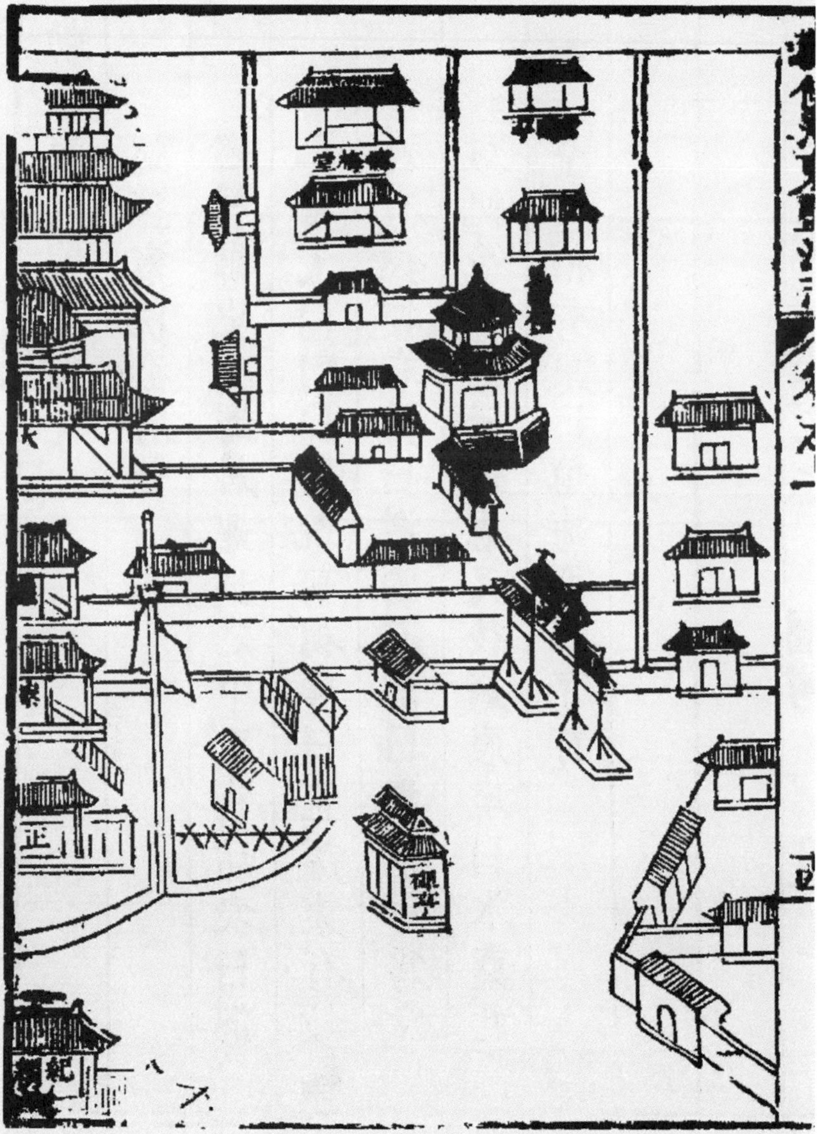

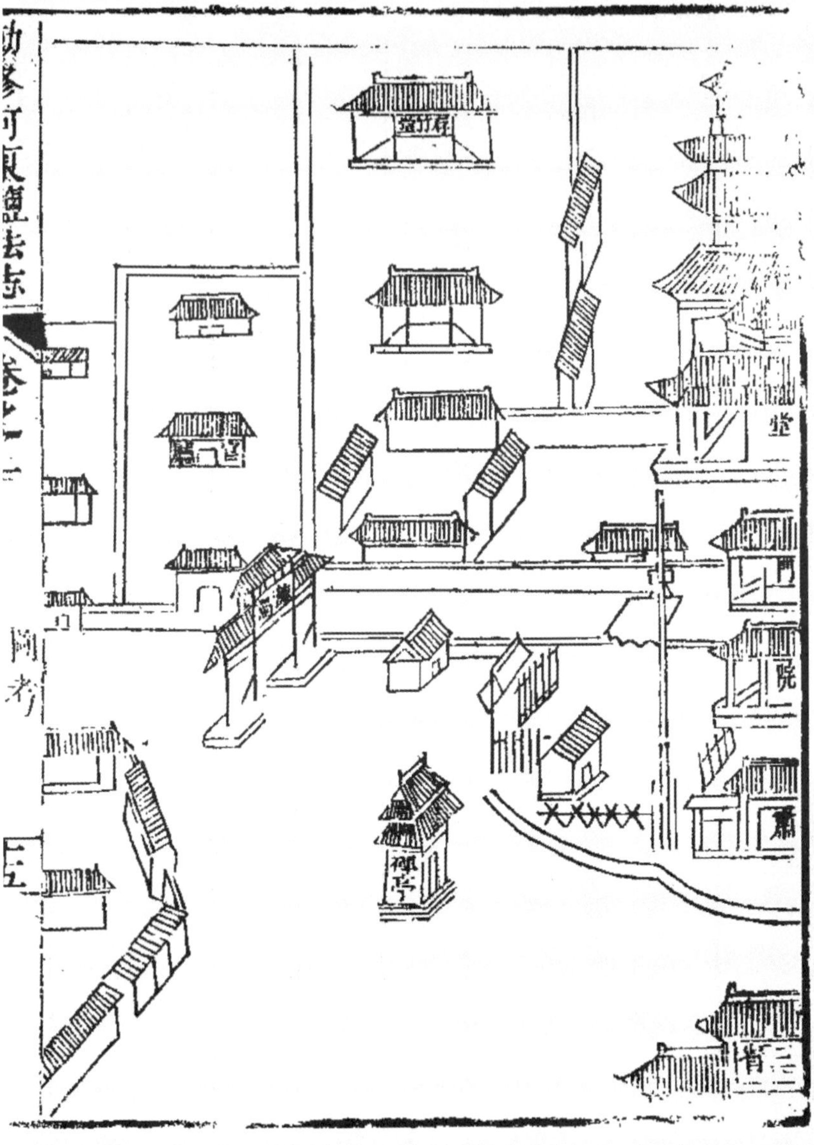
堂
門
院
碑亭

勅修河東鹽法志

河東運司公署圖

運使公署在運城西街正南坊曰總計三省進爲通惠樓再進爲大門再進爲儀門再進爲戒石亭爲經國堂堂後爲和衷堂爲萬笏樓經國堂左右爲豐濟庫署之東偏爲運皁倉分司署在運使署西偏分司署南爲經歷司署又南爲知事署

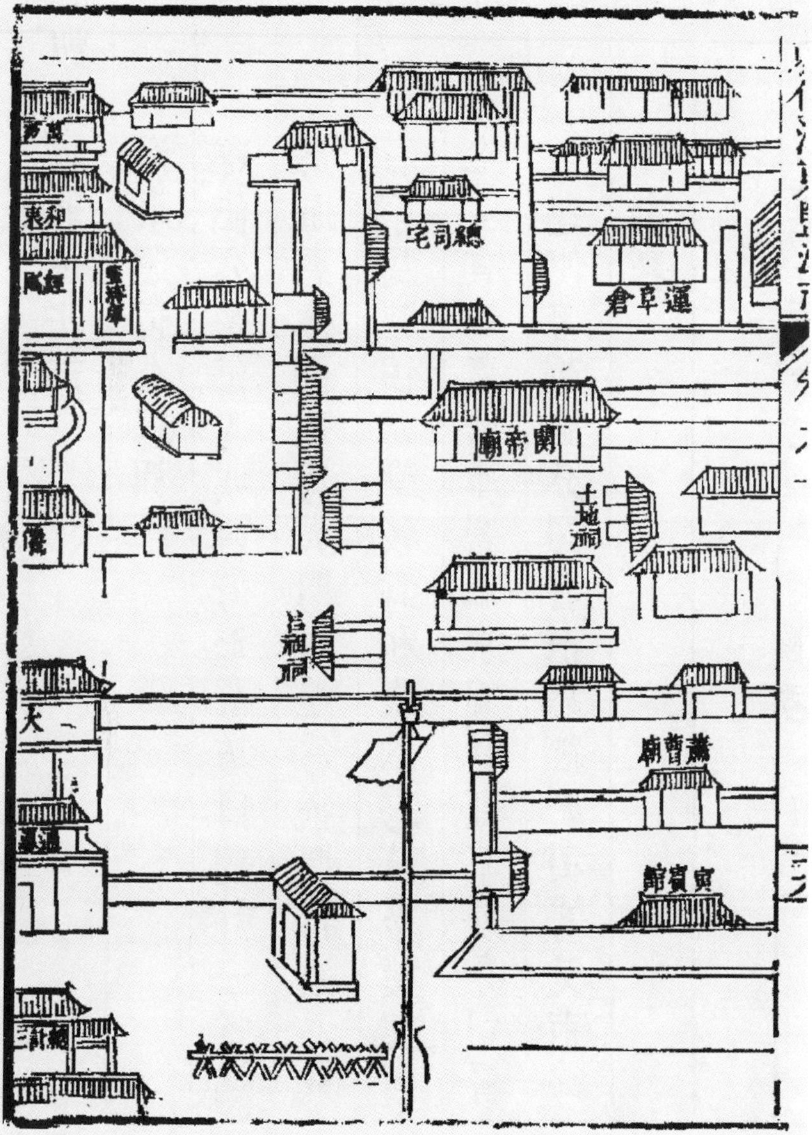
總司宅
運草倉
關帝廟
土地祠
蕭曹廟
寅賓館

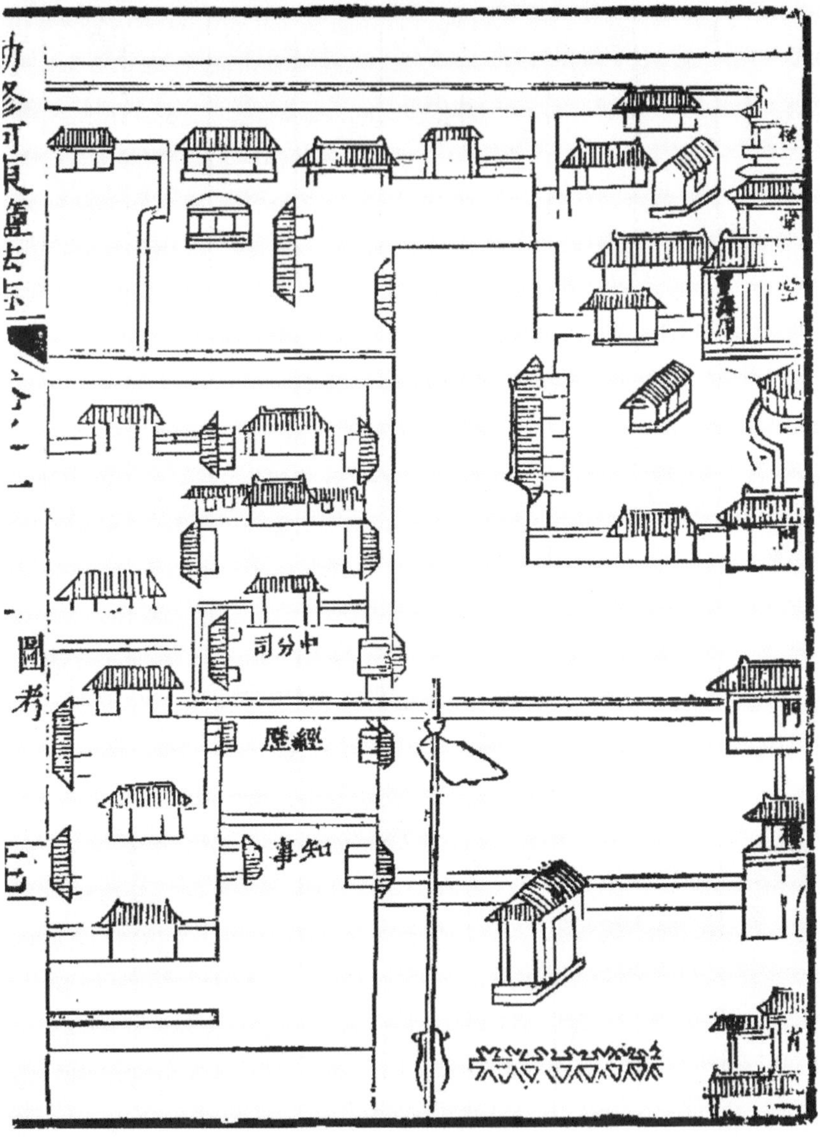
勅修河東鹽法志
卷之一
圖考
中分司
經歷
知事
門

敕修河東鹽法志目錄

敕修河東鹽法志卷之一　目録

[illegible]說

卷十一

藝文

卷十二

藝文

敕修河東鹽法志卷之一

河東大鹽池

天不愛道地不愛寶天地出自然之美利佐
聖朝富國之需贍三省萬民之食河東大鹽池是也

志鹽池

河東大鹽池在中條山北麓解州安邑之間近安邑者爲東池近解州者爲西池名分爲兩實即一池說文河東鹽池袤五十一里廣七里周總一百十六里凡池皆水而此池之水其味鹹

鐍介不育其性溫隆冬不氷或曰此海眼也葱
嶺之東有海焉曰鹽澤河流所注不溢不涸此
池亦名鹽澤是竅於山川生此奧區以粒我烝
民唐崔敖曰海眼通波河源伏脉千里一氣潛
爲𤻲斥是也九有之鹽有煮於海掘於地汲於
井積於鹵出於崖出於石出於草木之各殊而
此池之鹽則出於種沃水於池種鹽於畦日以
𤠔之雨以潤之風以結之而鹽遂成舜帝南風
之詩曰南風之薰兮可以解吾民之慍兮南風

之時兮可以阜吾民之財兮蓋以南有風洞風自洞出爲南風夏月治畦得南風而畢體皆清工人種鹽得南風而所收倍入聖帝恤民勞厚民生意溢於揮絃之表至今池上有歌薫樓彈琴處在焉古名池曰解池以州名也又曰鹽池以鹽名也周禮天官鹽人掌鹽之政令以共百事之鹽有苦鹽散鹽形鹽飴鹽杜子春讀苦爲鹽謂出鹽直用不湅治者賈公彦疏曰鹽出於鹽池今之顆鹽是也左傳郇瑕氏之地沃饒而

近鹽杜預註曰郇瑕河東解縣鹽鹽也猗氏縣鹽池是孔穎達疏曰鹽字從鹽省古聲然則鹽是鹽之名鹽雖是鹽惟此池之鹽獨名爲鹽餘鹽不名鹽也史記貨殖傳猗頓用鹽鹽起註曰鹽鹽河東大鹽是河東池鹽爲鹽鹽無疑鹽鹽者謂池內澆曬之鹽可直食用不須湅治自成顆粒故曰顆鹽而顆粒之大異於散鹽之小故又曰大鹽且大如印累小如珠剖與形鹽同風只水而成結潔甘美味勝飴鹽柳宗元稱爲國

之大寶有以也時當太和翔洽粒重英以表稔花四出而呈瑞康熙四十二年十一月初八日

聖祖仁皇帝駕幸河東閱視鹽池省方問俗商民焚香夾道雍正五年十一月池鹽不種自生共收七百餘萬斛商民踴躍歡呼皆謂我

皇上聖德感孚名此奇瑞自有鹽池以來未有盛於今日者也

唐有鹽池十八而河東居其五五池總曰兩池歲得鹽萬斛以供京師宋引池而成者曰顆鹽

元立鹽法有因自凝結而取者解池之顆鹽也

今兩池區爲三場曰中場曰東場曰西場三場

統在一池之内池東西長而南北狭池之灘有

畦畦分阡陌以爲種治池之中有河河亘東西

以資澆曬

女鹽池

女鹽池水經注所謂女鹽澤者是也唐鹽池一

十有八蒲州安邑解縣有池五總曰兩池設女

鹽監以董西池女鹽之名自此始周禮天官鹽

人女鹽二十人鄭氏注女鹽女奴曉鹽者賈公彥疏以其曉解治鹽有才智則曰女鹽或曰爾雅釋女爲小如女墻女桑之類是也池爲小中之大而以女名以有大池也在解州西北去州治六里許廣袤三十餘里一名硝池解州西北有六小池合此爲七女池地據高阜首當中條山谷之下流所瀦客潦爲多溢則水淡生魚乾則水苦生硝硝本鹽類作味苦澀兒食則使人洩利又女池在禁垣之外盜取每易冒鹽賤售

猾法碍課是以嚴禁撈採又且勢較東池爲高
山谷水漲姚暹渠滿澎湃吞吐東趨禁垣大爲
池患垣西築有硝池諸堰以防潰决元時遷治
移於路村西池始廢明萬曆四十年御史楊州
鶴題請開荒澆曬准半報以恤困商尋積水汪
洋不可澆曬

六小池

六小池者一曰蘇老一曰鹻𣁽一曰夾凹一曰
永小一曰賈瓦一曰金井在女池之西北相距

數里方長不一其形而最大者亦不過畝餘
形如聚星間亦生鹽半爲硝鹻開元以後總稱
西池同隸女池監宋崇寧元年解州賈尾南北
副池修治畦眼拍磨布種通得鹽一百七十萬
二千七百餘斛州具以聞後荒棄不治明隆慶
四年河東鹽運司開墾解州六小等池。照太汾
事例印給小票發賣。其撈辦入官鹽課。當授三
年內實收之數。酌爲定額。接補東池額欠。有餘
一併補發大同併布政司年例之數。仍令運司

各官遵照舊制，運同駐劄安邑，專管東場。運同
駐劄池南，專管南場。運判駐劄解州，專管西場。
各鹽。該州掌印官協理。汶鹽等處，北岸中場責
令運使帶管，分守河東道移駐解州，監理東西
兩池事務。將該道原領勅書添載監理解州鹽
法字樣換給。巡鹽御史亦照長蘆、兩淮巡鹽，併
陝西巡茶事例，就近巡歷該管行鹽地方，維時
大池水溢，商無舉支，課餅自出，因許各處有力
之家隨意封納，以時驗放。萬曆間御史汪以時

亘金井賈兎永小三池天啓六年御史黃憲卿
又允勤民之請於金井南北地中開荒澆曬、比
照壓待商人之例、准以每鹽十車、五車工本、五
車自報、此亦同於女池半報義耳、其永小賈兎
二池勤民自備工本澆曬、或准一年一更、或准
三年一更、准以三車工本七車挨次商人帶報
每年多寡不等、後尋停澆曬。
國朝康熙十九年大池水患泉商援例呈請暫開
垣西小池澆曬濟課待大池涸出仍回本號巡

鹽御史曾寅疏請從之巡鹽御史黃斐蒞任其後議均地立畦之法務期公普運使高夢説奉檄查議詳稱查得永小池旁討地一百二十二畝五分金井池旁地七十三畝三分賈瓦池旁地一百八十七畝五分又東稍地十一畝二分五釐喬家灉有地三十畝四分蘇老池旁地一十五畝各地共討四百二十九畝九分五釐應分之商五百一十三名池地各有肥磽商恐揀擇情之常也若舁地俱令均分則零星不便經

理坐泒又非示公令議將地分成五百一十三
處每商一名應得池地八分三釐有畸閒照地
形長濶方斜積弓科筭務足八分三釐有畸爲
幸用阜吾民之財五字每池各用一字挨編五
百一十三號每地一處編爲一號自阜字一號
編起池完換字號數頂接至財字五百一十三
號止首永小次金井次買死次喬家灘次蘇老
前後編定造成號冊每號寫造竹籤一枝傳集
各商當堂自拈該課六錠者拈籤一枝十二錠

者拈鬮二枝拈着字號即將商名註定冊上既
免目前之趨避更絕日後之爭持又西池原無
墻垣成鹽必皆露積關防爲難偸竊最易兹查
西禁門相去小池約二十里撥置稍便應將各
商收獲之鹽委場員逐日盤驗登數具報隨督
各商運堆西場以候掣放庶關防看守兩有所
藉至康熙二十五年大池水退修葺告完御史
勒信
題明停止將所開畦非眞衆商歸大池復業今查

汞小池周圍四百四十八丈金井賈瓦夾凹三池周圍一千五百八十丈蘇老池南北長三百零八丈熨斗池南北長二百九十七丈內產硝鹽附近居民私澆私曬掘挖硝版車載驢馱賣與鄰戸摃和官鹽以致三省行鹽地面鹽苦難食是硝鹽不禁官鹽必至壅滯但地處曠野運司分司皆駐箚運城相隔窵遠鞭長莫及若照大池築設擴垣無論工程浩大所出不償所費且無地行銷若任民採取則遍地私鹽生運兩

商交病宜環池建蓋窩舖抽撥弓兵防禦就近

歸解州印官管轄不時查察庶私澆私曬可禁

而於鹽務有益矣

附陝西花馬池

志河東鹽法而及陝西花馬池蓋以陝西鳳翔

一府八屬皆領河東之引而食花馬小池之鹽

收課解河東運司名曰鳳課則花馬池之形勢

不可不知其畧也花馬池大池小池共三池在

慶陽府寧州之北距府六百餘里與馬槽等池

星列棊布於百里之內若三池之相間里有滷池

至百者其花馬一池實爲靈州之重鎮而小池

則尤控寧夏之全勢者也池本西秦牧地即土

治鹽遂名曰花馬池查解鹽之行於陜西者唐

柳宗元言西出秦隴崔敖言西距隴坂宋史言

秦鳳以東皆食解鹽至道中陜西食顆鹽者則

京兆鳳翔府同華耀乾商涇原邠寧儀渭鄜坊

丹延環慶秦隴鳳階成州保安鎮戎軍元時解

鹽仍舊西行鞏昌府等處皆循例認納乾課從

便食用寧夏韋紅之鹽以黃河為界禁約韋紅鹽不許東渡犯界侵課明行河東解鹽者。則西安漢中延安鳳翔四府。而平慶臨鞏四府皆食秦鹽。平凉慶陽食花馬小池之鹽。臨洮鞏昌食西河漳縣之鹽。而其課仍歸河東奏報。隆慶四年漢中延安二府改食池鹽。謂食花馬大池也。萬曆四十一年鳳翔府屬改食花馬小池。

大清會典陝西鹺法隸河東巡鹽御史其靈州定邊大小二池等處就近司道兼理康熙二十九

年巡鹽御史索里請將平慶臨鞏四府一切鹽
課盡歸甘肅巡撫就近管轄部議花馬小池並
臨鞏二府徵收鹽課之處離河東鹽差衙門往
返四千餘里交收錢糧止憑空紙候行文移必
致遲滯若仍令河東鹽差兼管其缺額斷不能
免應令甘肅巡撫就近管轄等語應如該御史
所題令甘肅巡撫管轄徵課每年另冊奏報其
延漢二府屬仍屬河東巡鹽御史兼轄然收課
八千九百八十兩五錢四分州縣冊報西安藩

司奏報不由河東運司是陝西通省領河東之
引而食河東之鹽者惟西安一府屬與興安華
同商乾耀邠七州屬而已至鳳翔一府八屬額
引一萬六千三百引額課六千四百八十兩四
錢係鳳翔府領引分給各屬徵收鹽課批解河
東運司彙解
會典開載河東行鹽地方陝西西鳳二府興安一
州者是統行鹽地方與鳳課而言也順治十二
年御史朱紱酌覆鹽法疏云鳳府原屬河東衝

商行鹽之地、自明萬曆四十一年因花馬小池私鹽橫賣。解鹽難行。遂議以鳳屬改食小池。仍在河東納課領引。明季闖逆蹂躪。小池并場夫散煎熬無人。鳳民納課不得支鹽。且鳳翔距花馬小池遠、距河東近、舍近就遠、鳳民何堪、宜除包課若累、仍招解商往行解鹽、招有新商、胡呂劉等一十七名上請、部議鳳翔八屬食靈州小池之鹽、係萬曆間所行之例、我

朝定鼎以來課額不缺若禁靈鹽而行解鹽似不

合理相應照舊不必紛更康熙十二年御史何
元英復以鳳屬有課無鹽疏稱鳳翔一府明初
原屬晉商發賣萬曆四十一年有改食靈鹽之
一議小民便於食私因而願賠國課究無靈池
挖井掣鹽與商運賣之事
國朝康熙七年招商往運方知靈鹽原無實事靈
池並無支發鳳屬之鹽若欲鳳商挖井於靈以
供撈運則殘困之民不能越險阻而措巨貲是
有課無鹽終爲民累請

旨飭部議覆部議仍照舊例領河東之引而不食河東之鹽

勅修河東鹽法志卷之一

禁垣

環池四面周圍以墻名曰禁垣開三門以司啟
閉設鋪舍以嚴守望所以禁禦盜賊保障鹽池
也志禁垣

唐司空輿言壕籬者鹽池之隄禁此即禁垣之
意。宋募兵百八目爲護寳都以廵邏之。後濒池
設有攔馬短墻、自安邑縣介村抵解州圖立壕
合寛廣規池而有加池稱東西二場分二門以

為堤徑但短垣及有莫能捍禦明成化十年御
史王臣巡鹽河東經理鹽池慮禁察稍疏塞東
西二門另於池北闢中門以總出入又於馬墻
之外築禁垣一週二千五百餘堵計長一萬七
千四百二十二丈高低隨乎地勢南北垣高丈
有三尺基厚如之漸次而上上厚八尺有奇東
西垣高一丈基厚八尺上厚六尺有奇垣之外
有馬道以便往來有隍塹以蓄野水深濶皆丈
餘內外置鋪以居邏卒嚴譏頗為周詳工未竣

竣次年御史袁正繼之畢其績仍間有援而入
者十二年御史陳鼎崇之至二丈一尺遇圯隨
築以補之二十一年御史吳珍請於朝仍開東
西二門合中門共爲禁門者三中禁門與運城
相對名曰聚寳東去安邑五里者名曰育寳西
去解州十里者名曰成寳三場趨赴各從其便
正德十二年御史熊蘭大修禁垣齊其高厚嘉
靖十五年雨灑水漲傾者五百八十餘丈御史
沈鐸重築完好萬曆四十年御史楊師程以池

工例責堰戸法久弊滋推諉偷安革堰戸之名
檄行値修州縣集議將禁隄渠堰丈量分工立
石表界刊冊永遵責成旣專民力公普朝檄不
難夕赴而門鋪之繕葺不與焉
國朝順治五年澆鹽工由商僱向置鹽丁無所効
用先後汰存酌照州縣大小共派畨用四千名
專任修垣
分工州縣一十有三曰解州曰蒲州解州屬邑
曰安邑曰夏縣曰平陸曰芮城蒲州屬邑曰臨

晉曰榮河曰猗氏曰萬泉平陽府屬縣曰聞喜

絳州屬縣曰河津曰太平

禁垣馬道周挨承接鹽丁工次數目自池北中

禁門東起

聞喜縣工程一千一百九十丈至安邑縣工界

安邑縣工程一千六百一十九丈至夏縣工界

夏縣工程四百八十五丈至蒲州工界

蒲州工程二百一丈二尺至榮河縣工界

榮河縣工程二十七丈五尺至河津縣工界

河津縣工程九丈三尺至萬泉縣工界

萬泉縣工程一百一十六丈至猗氏縣工界

猗氏縣工程二百九十二丈至聞喜縣工界

聞喜縣工程二百五十一丈至夏縣工界

夏縣工程二百四十六丈七尺至安邑縣工界

安邑縣工程二千五百七十四丈至太平縣工界

以下池南面

太平縣工程二十七丈三尺至平陸縣工界

平陸縣工程一百八十九丈七尺至芮城縣工

界
芮城縣工程七百四十七丈至解州工界
解州工程四百一十四丈至臨晉縣工界
臨晉縣工程一千七百八十丈五尺至蒲州工界
蒲州工程一千九百二十四丈至榮河縣工界
以下池西面
榮河縣工程四十八丈至平陸縣工界
平陸縣工程三十四丈三尺至芮城縣工界

芮城縣工程二百一十六丈五尺至臨晉縣工界

臨晉縣工程一千六百六十三丈至河津縣工界以下池北面

河津縣工程八十丈至解州工界

解州工程八百一十四丈至猗氏縣工界

猗氏縣工程一千七百一十三丈至萬泉縣工界

萬泉縣工程七百五十八丈至中禁門西止

雍正三年巡鹽御史馬略

題請鹽丁修築之役禁墻渠堰委運同動帑募

夫督理于是十三州縣之工皆歸運同委員修

理

禁垣內外鋪舍

內鋪三十二分中東西三場立有界牌池內弓

兵五十三名各帶鳥鎗火藥以捍禦入池盜鹽

賊徒屬知事管轄

外鋪三十六三巡檢司每司管十二鋪以聖惠

鹽池長樂三司次字編號分惠字池字樂字等
舖自一以至於十二各立界牌聖惠司弓兵六
十七名長樂司弓兵六十七名鹽池司弓兵六
十六名專司禁垣之外踰墻盜鹽併一切該舖

私販

垣內偷出一引私鹽地方即壅積一引官鹽斗
級守護於內弓兵廵邏於外門役又嚴謹鎖鑰
粒鹽斷難飛越但緝私之人即竊私之人禁私
之役即縱私之役凡踰墻入池偷盜私鹽惟廵

役斗級是問該管官員知情狥縱一併咨部叅
處

敕修河東鹽法志卷之二

畦地

池之內墾地爲畦所以種鹽也爾之有畦猶農之有田田耕則穀出畦治則鹽生是畦地者產鹽之根本而課所從出也志畦地

唐崔敖言五幅爲塍塍有渠十非爲溝溝有路臯之爲畦疃之爲門栁宗元言溝塍畦畹交錯輪囷宋元符四年開二千四百餘畦百官入賀是池之有畦。自唐宋時已然矣。池如仰盤畦居

灘際地勢南卑於北畦旁各開水爲港長與畦
等汲引水上畦底如砥邊封爲埂中復畱塍以
段分之此治畦之法也。明時畦地用官丁撈採
鹽入於官。
國朝順治六年畦歸於商按課六錠分畦一號一
號註一商名原額畦地四百八十五號東場二
百四號中場一百四十二號西場一百三十九
號中場向有脚道一百五十丈東西池涯各有
無碍餘地商人續有開治東開東無碍二十七

號中開㳂道十二號西開新發舖三十三號中場每號濶十丈西場每號濶十五丈東場自東無碍至東五舖共一百五十二號皆濶六丈五尺其餘每號濶九丈長無度任商力而為之不佔水口故無爭也共成五百五十七號除懷慶改食蘆鹽原額九十三號無地行銷無商而荒其現有錠名商畦四百六十四號之中亦荒蕪一百一十號葢因鹽法廢弛論錠而不論畦有鹽熟畦坐得銷價無鹽荒畦亦坐得銷價是荒

熟同價入又何肯墾荒而爲熟哉殊不思三場商畦四百六十四號與額錠二千七百八十八錠半之數相配錠從畦出畦以錠名有一名之引即有一錠之商名有六錠之商名即有一號之畦地彼畦旣荒鹽於何出而猶坐收銷價是猶農夫不耕而食也雍正六年巡鹽御史碩色

題請開荒

勅下部議部覆無商荒畦先動庫銀五千兩給發運使酌量畦地之濶狹淺深陸續開墾成熟之後

商人有補完工本者即給為業其澆礦之商令
其各出銷價以補庫項至有商荒畦令本商督
開各畦如無力開墾即頂與殷實商人開墾更
名報部務令將未墾荒畦漸次成熟使積鹽日
盛於
國課民食均有裨益等因奉
旨依議欽此自雍正七年二月開工雍正八年四月
完工前此之一望荒蕪者皆闢墾成熟庵舍櫛
比溝港鱗次衆商樂業皆感

皇恩而勤澆曬謹將畦地詳開於後

三場原額畦四百六十四號餘畦九十三號後查出額畦王成業有錠無畦將餘畦補給一號又有額畦地逼淡水不可澆曬將餘畦補給八號今現存額畦四百六十五號餘畦八十四號二共五百四十九號

東場十一舖共畦二百二十八號內額畦二百二十號餘畦八號

無得舖額畦一十六號餘畦七號

一鋪額畦三十號餘畦七號

二鋪額畦二十二號

三鋪額畦二十六號

四鋪額畦二十七號

五鋪額畦二十三號

六鋪額畦一十五號

七鋪額畦一十六號

八鋪額畦一十七號

九鋪額畦一十二號

十鋪額畦一十六號

中場十鋪共畦一百五十七號內額畦一百四

十一號餘畦一十六號

一鋪額畦一十六號

二鋪額畦一十七號

三鋪額畦一十七號

四鋪額畦一十三號

五鋪額畦一十九號

六鋪額畦一十二號

七鋪額畦一十二號餘畦二號

八鋪額畦二十號餘畦一號

九鋪額畦一十四號

十鋪額畦一號餘畦一十三號

西場十一鋪共畦一百六十四號內額畦一百

四號餘畦六十號

一鋪額畦三號餘畦九號

二鋪額畦一號餘畦一十四號

三鋪額畦四號餘畦九號

四鋪額畦四號餘畦一十號

五鋪額畦一十號餘畦五號

六鋪額畦一十三號餘畦一號

七鋪額畦一十一號餘畦四號

八鋪額畦一十二號餘畦二號

九鋪額畦一十三號

十鋪額畦一十號餘畦三號

簽鋪額畦二十三號餘畦三號

畦頭有河名曰黑河三揚澆曬畦地皆汲水於

河是黑河者澆灑之源也每年勸商各濬畦頭
之河務加深廣毋使淤澱則蓄水多而澆灑不
竭矣
雍正八年巡鹽御史碩色於請墾鹽池荒畦等
事案內
題河東行鹽定額其間有額銷不敷州縣許請餘
引以濟民食迨餘引雖經請領恐引固有餘鹽
或不足是以奏請開荒是有餘引必有餘鹽乃
可經久行銷請自雍正八年為始每年行銷額

引之外如有不足酌量具題添發餘引部議應
如該鹽政所請將河東所開無商荒畦出產鹽
觔於雍正八年爲始在於添發餘引内搭配行
銷辦課可也奉
旨依議

勅修河東鹽法志卷之二

種治

產鹽之地必斥鹵東方謂之斥海鹽是也西方謂之鹵池鹽是也天生曰鹵人造曰鹽故海鹽全資煎熬而池鹽惟資澆曬鹽料之多寡視乎澆曬之勤惰鹽色之好醜視乎澆曬之精粗志種治

歷時既山海井竈之地置監院遊民業鹽者爲亭戶負鹽籍又崔敖曰乃滌場圃乃完廥倉畢

甚場功以謹秋備是唐時已有畦戶宋時墾地爲畦引池水沃之謂之種鹽水耗則鹽成籍戶民爲畦夫官廩給之復其家歲二月一日墾畦四月始種八月乃罷安邑池毎歲種鹽千席解池減二十席天聖以來兩池畦戶總三百八十以本州及旁州之民爲之戶歲出夫二人人給米日二升歲給戶錢四萬爲鹽歲百五十二萬六千四百二十九石石五十斤以席計爲六十五萬五千一百二十席席百一十六斤嘉祐時

兩池畦戸歲役解河中陝虢慶成民爲之官司
旁緣侵削民以爲苦乃詔三歲一貸中間以積
鹽多特罷種鹽一歲或二歲三歲以寛其力又
減畦戸之半稍以傭夫代之元時每歲五月場
官祠池鹽生結令夫搬摝鹽花其法必値亢陽
池鹽方就或遇陰雨則不能成明以鹽丁撈採○
國朝畦歸商種不勞民力而其種治之法仍如舊
法歲以二月一日畦工入池蕪庵治畦淘溝俟
風至引水澆曬自二月以至八月乃罷其種治

也先用橾橰挹水注於畦之首段攪之日曬味作挹注次段首段另注新水次段水鹹色赤挹移三段候其澄開門歷隅灌四段段段開灌其一二三段悉以前法挹注俾清流盈科而進極乎南埂而止水深一二寸乃已經時水面鹽花浮上若凝脂皎雪謂之撈花以其必擊撈而後成鹽也易說卦曰兌爲澤其於地也爲剛鹵書洪範水曰潤下潤下作鹹孔穎達疏曰水性本甘久浸其地變而爲鹵鹵味乃鹹上言曰者言

其本性此言作者從其發見是鹹全在於竹揖花者作之之意此種治之法也然其種治也秋冬生鹽多所春夏生鹽獨美正南風正東風鹽成朝夕東北西南風揚花不浮則天時宜知溝港深通雖遇旱乾不竭料臺高阜可備燥濕不時則地利宜知作頭剛作長工擇其才而勤者乘天時因地利量晴課雨疏港通溝澆曬合宜所收鹽料必潔淨而無砂味甘而粒大則人事宜勤一種治而天時地利人事備焉種治之圖

於鹽務最爲緊要

菴所以居治畦之工人日出而作則處於畦口

入而息則棲於菴凡工人飲食亦在此菴

料臺者築爲高基以堆鹽其上者也位取畦北

壑阜作之高以二尺五寸爲度長八丈八尺廣

二丈四尺堆鹽千引上覆以茅延還起伏望若

蘧廬宋元設立鹽菴基長八十有一尺廣四之

一高三尺上乃爲菴菴長基十之九廣減四之

一焉八菴聯覆必縣𪊲極乾而貯之今垣中屋

[illegible]處種治工人而非堆鹽之巷

也

作頭者專撓曬者也能占風日以作鹽甘潔爲

功旣廩稱事副作則次於作頭而督領長工撓

曬者長工計年做工故曰長

石港場蘆諸場各有蘆蕩鹽場有竈戸丁煎鹽

辦課○惟河東別無竈蕩○明於蒲解等州縣編審

鹽戸八千五百八十五戸○定鹽丁二萬二百二

十名○每二十名立料頭一人共撈鹽一千引爲

一料、其鹽戶除正役里甲應辦糧草外、一應雜泛差徭丁少者俱免、丁多者量減於商人名下每引徵賑濟銀一分、每鹽丁撈鹽一引即賑濟一分、又查佃種逃絕鹽丁地土者每地三十畝撈鹽一丁約九千餘、並前不下三萬、嘉靖間因富丁私自僱役料頭攬收影射、議每年清審聽民自願無力者照舊供役、有力者納銀一兩五錢、免其撈採如遇撈採不及、僱募貧民每一料給以前銀二十兩爲工費、此工本鹽所由昉也。

隆慶間因前項佃地人戶既應差役又復撈鹽

乃豁免佃丁另招貧民補數又題准南岸撈鹽

用鹽丁則民力不堪動賑濟恐財力不繼請廣

招貧民於兩岸毋撈鹽一料外給鹽十車此招

募簡便之法也又議照民戶編審均徭事例行

三門折丁之法照各州縣原額僉夫其打草修

墻二項責鹽夫供役若浩大工程仍起泗州縣

民夫毋累窮民萬曆四年御史陳用賓以富丁

出銀免役貧民包攬代辦富者愈逸貧者愈勞

况名爲富丁，不無豪强假鹽戶名色影蔽差役，
今宜將逃竄貧丁招徠復業，其富丁七百七十
餘名停止納銀，盡驅撈辦，管鹽官明信賞罰，毋
容虛應僱代。此時料頭七百四十號，丁夫一萬
四千七百不爲不多，既免差役，又每料撈鹽一
千引，賑濟八兩，後加至十兩，不爲不厚。然路途
跋涉，旅次艱食，沸湯濺足，烈日熏肌，勞苦萬狀，
故富者僱代，貧者强支查點，不及十之四五，撈
採不及十之二三，捏造鬼名，誑報虛數，皆由料

頭之包攬爲奸倉鹽官之扶同作弊也明末止
存鹽丁四百七丁半每歲正月行文州縣從公
清審汰年老收幼丁務足舊額一遇池鹽生結
調取職官督率料丁星夜赴池照依分定中東
西鄉道竭力撈採每丁每日責照定例撈鹽一
引二十丁爲一號一號所撈各自爲堆以辨多
寡美惡撈採完日各在鄉道高阜處每一千引
攢料一臺僉報臺頭一名日後鹽不足數責在
臺頭補撈三司仍照分定處所取州縣印結驗

收明白各執鐵號投院請掣每丁每年額撈鹽三十二引足額者官給賑濟銀三錢二分不足責令下次補撈今歲不足責令次歲補撈又每年九月終旬調取官丁在池南岸採取蘆葦每丁一十八束每束二十八觔堆放鄉道三場斗級看守備來歲苫蓋鹽料之用

國朝順治二三年間十三州縣存六千三百四丁撈採仍依舊法後僅存五千八百四十四丁半順治六年陞歸商人自行澆曬不用鹽丁撈採

康熙十六年爲清查晉省之鹽丁等事案內十
三州縣除紳衿優免七百七丁外查出實在鹽
丁共三萬一千一百三丁半酌留二千名備修
墻之用行差鹽丁二萬九千一百三丁半照依
民丁門則徵納徭銀而池內一切作頭副作長
工皆係商人自爲僱覓覘其澆曬之能否給以
工食之多寡附近居民踴躍赴工我
國家恤商愛民良法美意超越往古宋史謂解池
灌水盈尺暴以烈日鼓以南風須臾成鹽其利

囤博苟欲溢額不俟風日之便厚灌以水積水
而成味苦不適口又明巡鹽御史趙睿言河東
鹽有數種盛夏生者謂之伏鹽秋深撈採者謂
之秋鹽雜以硝鹻泥沙謂之黑鹽則乘風日之
便及時澆曬爲種治要務

勅修河東鹽法志卷之二

渠堰

護池諸堰、星羅碁布、周圍環繞、遠近稀密、不一其形、其程高低濶狹、不一其制、斜正曲直、不一其要、皆相勢建置、因時制宜、防客滂以護鹽池、而其名二十有二。曰白沙堰、曰李綽堰、曰賈鳴堰、曰黑龍堰、曰申家堰、曰遍水月堰、曰東禁堰、此在池東者也。曰賀家灣堰、曰桑園堰、曰龍王堰、曰短堰、曰常平堰、曰趙家灣堰、此在池南者也。

曰西禁堰、曰卓刀堰、曰七郎堰、曰黃平堰曰硝池堰、曰長樂堰、曰五龍堰、曰青龍堰、曰蝦蟆堰、此在池西者也。池北之保障則有姚暹渠、姚暹堤所以受東南諸水東之以洩於黃河者也、相其輕重緩急次第施工庶有稗益志渠堰

解鹽之賦以億萬計解池之水爲之也而每絀於埸水之敗池是裕賦之道惟在防客澇以護清淵而其法總不離乎疏與排兩策治渠者疏之治堰者排之排其水之自東至者則有自涉

堰以防白沙河之暴漲並堵蓮花横洛禹玉城一帶泉渠之水所謂李緯堰之外藩也李緯堰者起王峪而下接姚堤築自宋解令李緯因名焉在昔水勢淪悍多築月堰以為重固今則惟有峪口尚抱三重遶東轉北一以防中條諸谷聚流之入姚渠一以防白沙潰決之漫流瀦苦河而入姚渠決則淹没東郭併注東禁矣西而近山為東郭鎮鎮後有堰曰雷鳴東西横亘以防山中暴漲決則直走黑龍西灘而池東受其

思鎮前有堰口黑龍南北直延起東郭堤任村稍曲透西終於楊庄堰之東西各有灘以受南來磨兒盤窪子灘介村等處山泉野水西有黑龍潭深不可測堰亘灘中以分其勢并以防李綽之潰決也任村之東有湯里村之申家堰堰制雖小自北抵南爲東水浸池之門戶堰外村民恒決之以溲積澇黑龍之西北爲聖惠鎮自鎮南抵介村有逼水月堰堰西爲介村灘汪洋滙圍水淡鹵宜魚漁舠盪槳直泊東禁包深灘

而復置此堰者所以備黑龍決入灘中以摵東禁若夫東禁堰乃東垣之礎石故石工極其鞏固排其水之自南至者則自崖尤村東之賀家堰始次之有小李村南之桑園堰次之有大李村南之龍王堰次之有西姚村南之短堰次之有張家村南之常平堰次之有蠶房以西董家庄北之趙家灣堰以上諸堰統名護寶而禁垣以內更自有護寶長堤皆所以防條山之霪雨下注以侵池者也排其水之自西至者則西禁

堰爲垣西之宿衛外之有卓刀堰爲解州東灘起於風后廟北抵十里鋪實鹺海之藩籬也外之又有七郎堰爲解州之北灘南起州城東北北抵高坡形勢儼與卓刀相等外之又有黃平堰土名黃牛堰自南指北起北郭門至東鹽村高潤不及七郎亦足以洩硝池之洶湧云外之有硝池堤堰最爲池西扼塞蓋硝池北灘地最多勢皆北高而南陂硝池南爲中條山聳麓伏而硝池處山灘之中爲衆水所趨無所逃其委

受鹽池在東深如釜底上視硝池又居高岸是
以灘山水漲則趨硝池如建瓴而硝池溢則趨
鹽池如倒峽矣況姚渠既受東南諸水東而取
道於北灘決則灘水皆渠水能不以硝池爲居
停以鹽池爲歸宿乎堰以池東之南北爲首尾
決則黃平小堰淚可平遮七郎卓刀亦隨波而
靡西禁必難保固乃七郎卓刀北又有長樂堰
者防長樂灘之泛溢也起長樂灘北之官道南
與七郎卓刀相接灘既廣遠姚渠亦經其北渠

堰決則灘堰危灘堰決始西出而必復東入解之北灘而趨卓刀以堤矣再解治南有柳山之堰曰五龍起五龍峪左而北抵乎崇寧宫之右峪深邃難窮暴雨時行則水競從峪口而出淚奔人立濤激雷鳴設堰防之使西循澗道會靜林青龍石樓諸峪之泉流入新河又合賸溪出小潮橋以歸黄河決則隨其所射爲害潰垣破堰總有浸泄之患至硝池西南又有青龍堰蝦蟆堰相間地不遥遠制皆自南迤北以遏新河

之泛溢緣五龍之水會歸新河而虞其不能宣
洩故復爲此他如解州尚有鳳尾堰涑水河堰
夏縣尚有陽公堰橫洛堰蓮花堰蓮花二堰中
花堰匙尾堰軒轅堰苦池灘堰通稷堰安邑尚
有小月堰白家堰新堰張村朱里堰西姚西南
堰西姚東南堰西姚東北常家月堰大李村西
南堰小李村東南堰匙尾堰蚩尤村堰沈家堰
苦池備水月堰苦池灘河南小月堰苦池灘河
北小月堰楊家庄堰湯里堰各皆環池散布按

地課工要非連陰積潦不報潰不提修非若以前二十二堰之時勞經紀以工有緩急也然即二十二堰之中仍有外藩内固之分焉如李綽爲東南之半壁五龍乃西鄙之長城北藉姚渠自東抵西全當一面南山雖有居高臨下之勢然洪谿深谷按東西而已分屏於李綽五龍之外惟是山陰天澤有護寶長堤足以委蓄而使之在山是鹽池已成四塞之國果能周巡密視使無蟻隙之可乘何至爲患衢捍衛者貴持其

綱領矣至於姚暹渠古之永豐渠也隋大業間
都水監姚暹濬永豐古渠以洩東南山澤之聚
流而并堅其堤以障之渠之受東南之水也其
泒有四其經流由於平陸之横嶺嶺北水聚成
澗至夏縣之王峪口而北出東流過抱珠山又
東過史家峪與鴈崖溝八澗諸水會於小呂村
又東三里許有巫咸河自南來會遂轉而北流
有橋河之東有白沙堰又北三里許爲朱呂村
有朱呂橋李綽堰與姚暹渠分界於此自此以

北遂名姚暹渠又北八里許爲傅圖村有橋又
北七里許轉而迤西爲裴介村又西七里許有
苦水河自東北來會有苦水橋又西三里許爲
三家庄又西四里許爲黃天渠口有[illegible]家庄
南即黑龍堰尾閭也又西里許爲安邑縣治渠
昔經安邑城中明隆慶三年御史郜永春大議
開濬定以渠堤深廣倍於嘉靖元年之額恐薄
城不利乃於城東塡塞舊河百餘步改迤而北
作通惠橋於上遶城而西迤北郭[illegible]

以便行人即今之渠道是也西過魏豹城又西
六里許爲賀村北爲原王庄有原王橋又西二
里許過運治北門有迎渠橋又西四里許北爲
馮村有橋又西三里許爲八里舖北爲王家營
又西三里許爲二十里舖又西三里許爲長樂
灘北下渠南多灘地北爲馮家上張二村又西
里許爲西張村村南乃長樂堰起處有橋北爲
龍曲村又西六里許北爲買女村又西三里許
爲韋鹽村北爲赤蛇村又西三里許北爲侯村

西王村又西五里許北爲許家村又西八里許
北爲曾家營有橋又西四里許爲杜家營有橋
又西六里許有鴨子池北爲牌首營又西六里
許爲平壕村有平壕橋又西里許折而南里許
爲孫常堰而西入五姓湖通計水流一百一十
五里渠程百又三里工長三萬二千四百丈除
自史峪諸水合流而東又合巫咸河諸水而渠
滋大再合苦池之水而渠彌大況池南皆山更
過水至爲山麓諸堰所障遏而東走者莫不

北而以渠爲歸非渠深堤堅淤阻者漲溢卑濁者潰決勢所必然南堤潰則釜底窪池淹爲澤國至於雨淫洚發涑水亦能南漫而渰田農引水入渠以爲救田之計渠盈不受則又溢決南堤而以鹽池爲壑此渠堰之工必豫勤於乾涸之日而渠堰之戶必嚴防於淋湃之先也浚必濬土以深其渠取土以增其堰而勢不得不循舊側以發二州之民分工雖載舊冊欲募則恐無壯丁以應用民力之半餘節經費銀以益之

運使冀如錫言措設工費通渠修濬以一半塹工責之應濬民夫以一半濬工需之僱募力役因分工載定刋冊民夫不便別募卽以此半工價給與赴濬給以經費銀一千三百七兩向例四季提修任工州縣視爲具文

國朝康熙二十七年運使蘇昌臣議立均平徭役照丁分工之法二十八年巡鹽御史郝惟謙具

題請著爲例

勑下部議部覆禁垣渠堰爲鹽池保障不容不修額

設鹽丁條解臨等十三州縣民夫濬築工程尺
丈刊冊昭然但冊內所分者乃州縣應修總數
至某里修某渠某里修某堰係各該州縣私分
以致豪强隱佔姦吏朦朧多寡不均不若按丁
均攤以工之數配丁即以丁之數認工勞逸既
均工程必固至州縣怠玩工程定例罰俸一年
不足示懲乞酌議從重處分應如所請按丁均
攤認工務期修築堅固如有池墻渠堰不固倒
決者該州縣降職一級戴罪督修工完之日該

御史

題請開復奉

旨依議歷年遵行

十三州縣民工分修獨修各堰工程數目開後

五龍堰共長八百二十丈

蒲州分修八十二丈

榮河縣分修一百二十丈

河津縣分修一百二十八丈

萬泉縣分修四百九十丈

中刀渠共長五百八十丈

解州分修九十五丈

臨晉縣分修九十五丈

萬泉縣分修二十五丈

河津縣分修二十丈

榮河縣分修一十五丈

平陸縣分修二十五丈

芮城縣分修六十五丈

猗氏縣分修六十五丈

聞喜縣分修五十五丈

夏縣分修六十五丈

太平縣分修五十五丈

趙家灣堰共長七百五十丈

猗氏縣分修三百七十五丈

臨晉縣分修三百七十五丈

七郎堰共長四百三十五丈

解州分修八十七丈

夏縣分修八十七丈

聞喜縣分修八十七丈
平陸縣分修八十七丈
芮城縣分修八十七丈
黄平堰共長三百三十六丈
解州分修六十八丈
夏縣分修六十七丈
聞喜縣分修六十七丈
平陸縣分修六十七丈
芮城縣分修六十七丈

長樂堰共長三百九十六丈

解州分修八十丈

夏縣分修七十九丈

聞喜縣分修七十九丈

平陸縣分修七十九丈

芮城縣分修七十九丈

硝池堰共長九百二十四丈

解州獨修

鳳尾堰共長二百一十丈

解州獨修

涑水河堰共長八百五十丈

解州獨修

桑園堰共長六百丈

解州分修六十丈

太平縣分修二百丈

聞喜縣分修三百四十丈

常平堰共長三百八十丈

解州分修三百四十丈

夏縣分修二十丈

芮城縣分修二十丈

龍王𡑞共長三百三十三丈

解州分修一百一十丈

夏縣分修二十三丈五尺

聞喜縣分修四十四丈

平陸縣分修三十丈

芮城縣分修一百二十五丈五尺

短𡑞共長一百五十丈

解州分修九丈
夏縣分修二十五丈
聞喜縣分修二十五丈
平陸縣分修五十丈
芮城縣分修三十一丈
太平縣分修一十丈
賀家灣堰共長三百五十丈
解州分修三十七丈
聞喜縣分修三十六丈

夏縣分修一百二十丈

平陸縣分修一百二十丈

芮城縣分修三十七丈

安邑縣應修堰工

黑龍堰長一千二百六十丈

雷鳴堰長一十二丈

小月堰長一千二百六十丈

自家堰長六十丈

新堰長七十五丈

張村朱里堰長二百丈

西姚西南堰長九十丈

西姚東南堰長八十五丈

西姚東北常家月堰長一百丈

蝦蟆堰長四丈

大李村西南堰長一百七十丈

小李村東南堰長五十二丈

匙尾堰長七十四丈

蚩尤村堰長三十丈

備水月堰長五十一丈

東禁堰長一千五百丈

申家堰長八十丈

沈家堰長七十五丈

苦池灘備水月堰長四十丈

苦池灘河南小月堰長五百四十丈

苦池灘河北小月堰長六百二十丈

楊家莊堰長一[illegible]

湯思堰長一百[illegible]十丈

夏縣應修堰工

李綽堰長二千七百丈

楊公堰長七百二十丈

白沙堰長三千六百丈

横洛渠堰長三千六百丈

蓮花堰長五百四十丈

蓮花二堰長三百六十丈

中花堰長一百八十丈

匙尾堰長三百六十丈

軒轅堰長三百六十丈

軒轅二堰長三百六十丈

苦池灘堰長九百丈

通穆堰長三千六百丈

姚暹渠民丁工次數目附後比禁垣鹽丁州邑惟步蒲州與太平處

夏縣工自朱呂村起長三千二百五十八丈至

聞喜縣工

聞喜縣工自裴介村起長三千六十丈至[illegible]

縣工
安邑縣工自黃天渠起長三百六十九丈至平
陸縣工
平陸縣工自舊河口起長三千二百四十丈至
芮城縣工
芮城縣工自王家營起長二千九十五丈五尺
至解州工
解州工自西張村起長一千四百二十四丈五
尺至萬泉縣工

萬泉縣工自買女橋起長一千六百四丈四尺至猗氏縣工

猗氏縣工自侯村西起長二千七百六十五丈五尺至臨晉縣工

臨晉縣工自曾家營橋頭起長八百八十丈至榮河縣工

榮河縣工自杜家營橋西起長一千四百九十六丈至河津縣工

河津縣工自牌首營起長一千六百三十九丈

至臨晉縣工
臨晉縣工自平壕橋起長五百二十八丈至五
姓湖灘
雍正三年巡鹽御史馬喀
題免丁役改用募修雍正四年於額引項下動銀
八千餘兩委運同專司其事雍正五年巡鹽御
史塞欽
題請於額引公務項下動銀三萬五千餘兩大修
禁垣渠堰雍正六年巡鹽御史碩色又

題請每歲除額引項下公務內留存銀五千兩以為修築渠堰之用再於餘引項下公務內留存銀六千兩以三千兩修葺池墻以三千兩存庫積至五年作為大修皆委運同督修

敕修河東鹽法志卷之二

近池山澤

山澤而近於池皆有關於池也諸峯羅列或遠或近萬壑分流或原或委不可不詳記而周知志山澤

中條山在運治南十餘里以其居太行太華之中狹而延袤故曰中條伯益中山經謂爲薄山葢以南北狹薄也西起蒲州之雷首迤邐而東直接太行以河東之屬邑而言則南戻芮城平

陸垣曲諸邑而岸枕河濵北屏臨晉解州安邑夏縣聞喜而壓遮汾涑絕巘奇巒緜亘數百里鹽池坐當解安之交山之麓設有護寶長堤所以障千巖萬壑之注射也

文獻通考曰雷首山在今河東郡河東縣此山凡有九名即歷山首陽山薄山襄山甘棗山中條山渠猪山獨山等名是也是中條山即禹貢雷首山而其緜亘遥遠因隨所在而為名焉

分雲嶺乃中條極巔矗峙鹽池之上嶺嶺出雲

東西流布世傳尸鹽澤者山頂舊有分雲神祠
風谷洞在分雲嶺西形如半井投以木葉即飄
颺風出則飛沙摧樹
鹽風洞在風谷洞旁洞口若盆仲夏應候風出
聲隆隆然俗稱鹽南風鹽花得此一夕而成谷
口舊有風神祠今祀於臥雲岡池神廟中
橫嶺在分雲嶺東中條之脊也兩山夾路盤礴
多奇嶺南四十五里即平陸縣治北有山路五
十五里名車輞峪舊爲行鹽之徑較青石槽爲

徒今徑圮險仄不可以車

虞坂在横嶺東南北要道石崖險峻今名青石槽明御史張士隆修築俾可行鹽一名鹽坂伯樂冀驥驥之困鹽車晉荀息假道於虞以伐虢即此地以上安邑境内

傅說版築處書說命說築傅巖之野孔傳傅氏之巖在虞虢之界通道所經常使胥靡刑人築護此道說賢而隱代胥靡築之以供食今河東運鹽至豫省皆由此過在平陸縣界

五龍峪在解州正南五里其東岫有石巖巖水下懸如賓[寶]字上有酒島二字

青龍峪在五龍峪西

石樓峪在青龍峪西以上解州境內

王官峪在石樓峪西峪南爲芮城界北爲臨晉界即秦伯伐晉取王官處也有天柱峯峯東西各有瀑布水東注者行山中百餘里出夏縣王峪口其北流者爲賂溪

王峪口在横嶺東去王官峪百里許嶺南水入

黄河嶺北之水從此出口故名

抱珠山卽栢塔山在王峪口東峪中所出之水經其下山有古栢千株上聳無枝狀似虺蛇中有一栢琦瑰磊落獨大於衆稱曰栢母山後亦有風洞深不可測風自竅出有聲故栢塔秋風爲夏縣八景之一知縣姜洪大其竅遂無風聲

史家峪在栢塔山東

巫咸谷在瑶臺西白沙河所自出也地理志巫咸山在安邑縣東水經注鹽水出東南薄山西

北流逕巫咸山北

瑆臺山在巫咸谷東商相巫咸與子巫賢墳在

其下隋書名曰巫咸山孤嵐峭拔蒼翠摩空登

高俯視一邑山川俱在於目邑人以爲遊賞勝

地中秋尤盛以上夏縣境內

甘泉一名澹泉在鹽池垣內琴臺東畔池水作

鹹此泉獨淡有泉神廟在上春秋與池神同祀

沈括筆談曰解州鹽澤方百二十里久雨四山

之水悉注其中未嘗溢大旱未嘗涸滷色正赤

在版泉之下俚俗謂之蚩尤血惟中間有一泉乃是甘泉大滷之水不得甘泉和不能成鹽且得此水然後可以聚人

西淡泉在琴臺西里許味亦甘劉亭榭幽勝公餘之暇恒憩息焉

磨兒盤窰子溝俱在中條山內水之經流處因地立名能助黑龍潭之水勢本非巨澤

黑龍潭在縣東南十里許深不可測瀦水黑色故名舊有龍王祠

苦水河即苦池灘之一帶水道詳載灘地條以上安邑縣境

湧金泉在夏縣西南十里墻下村西流入安邑黑龍潭世傳此水潛入地中入鹽池則生鹽花故有湧金之號

橫洛渠發源夏縣北之方山諸谷流至西南會於白沙河

白沙河一名巫咸河一名堯稍水巫咸水入則鹽不復結故人謂之無鹽河爲鹽澤之患築大

堤以防之原其理菸巫咸乃濁水入滷中則淤澱滷脉鹽遂不成其源自中條山出巫咸谷口經邑南西流三十餘里北轉會入姚暹渠

蓮花池二一在夏縣城中西北隅環一頃八十畝一在城中東北隅視西池爲小水之有無視乎旱潦水平時植蓮其中水溢則近池民居被浸嘗穿城隅安鐵窻以分水勢故防解池之患亦有蓮花二堰之分工以上夏縣境內

鵰石崖在縣東孤山之南峪有常渠於石上

故名水出其下名鴟崖溝稷山縣境

静林澗在青龍峪東澗西有静林寺因寺得名

新河起石樓峪麓自東迤西主溲石樓東來諸

水使趨小潮橋以入黄河解州境

涑水源出絳縣横嶺山乾洞伏流盤東地中而

復出西流聞喜縣南經夏縣界西之水頭鎮又

西至安邑縣北經猗氏縣崔家灣稍西經智光

底胥村城子埒勃落頭諸村直入五姓湖其舊

道則自猗氏入臨晉之坑頭鎮西南合姚暹渠

水入湖明弘治十六年御史曾大有以姚暹渠首中太狹涑水爛入爲鹽池害故自崔家灣改引西行也若水經注則云涑水出河東聞喜縣東山黍葭谷又西過周陽邑南又西過其縣南又西南過安邑縣西又南過解縣又西注於張陽池水經係桑欽所撰其所稱述又與舊志五姓湖在臨晉縣西南四十里村有五姓湖即古張陽池也爲涑水姚暹渠經流之所注

鴨子池在五姓湖東姚暹渠南孟明橋淤則

水泛溢東注是池而姚暹亦有逆流之患上二條臨晉縣境內

黃河禹貢導河積石至於龍門南至於華陰東至於底柱又東至於孟津爾雅釋水河出崑崙虛色白所渠并千七百一川色黃百里一小曲千里一曲一直疏曰河源出於崑崙山下之基其初纖微源高激湊故水色白也所受之水并計凡有一千七百以其所受渠多沙壤渾淆故爲一川而水色黃也百里一小曲千里一曲一

直者此河自然之勢也按漢書西域傳云河有兩源一出葱嶺一出于闐于闐在南山下其河北流與葱嶺河合東注蒲昌海蒲昌海一名鹽澤者去玉門陽關三百餘里廣三四百里其水停居冬夏不增減皆以爲潛行地下南出積石爲中國河今以河東之黄河而言之自龍門而來經河津榮河臨晉而至蒲州西門南流至華陰東折至芮城南二十里走平陸至底柱過孟津是鹽池正當黄河折流之處唐崔敖曰地裕

之紀莫宗於河陰瀆之功光被於瀛既畢太華
浸淫中條嶽瀆宣精融爲巨浸又曰河源伏脉
潴爲廣斥郭璞曰傍峻巒以發源地萃爾而海
渟吸靈潤於河汾總膏液乎滄淶合而觀之可
以知鹽池矣

敕修河東鹽法志　卷之二　八

勑修河東鹽法志卷之二

護池灘地

灘地所以護池名則地爲鹽池設也重鹽池不得不重灘地志灘地

籽粒灘地

安邑縣經徵張良村東郭苦池三灘共地六千九百七十九畝五分二釐共銀六百五十兩二分一釐六毫

夏縣經徵苦水池平地一千四百三十畝每歲

額徵籽粒銀一百四十三兩四錢

以上二縣共地八千四百九畝五分二釐照上

中下不等起科歲共徵銀七百九十三兩四錢

二分一釐六毫原係明時晉藩牧地籽粒徵充

本藩為畜牧之資我

朝定鼎收解司庫抵給運城兵壯工食順治四年

裁去防壯改解戸部

小麥變價灘地

運司經歷司徵收在安邑縣境東郭村灘里

任村三灘共地三千九百三十一畝三分四釐
八毫照上中下不等起科共徵租麥一百八十
九石九斗八升三合五勺四抄每石變價九錢
應變價銀一百七十兩九錢八分五釐一毫八
緣六忽向係護池官地佃租存庫支抵鹽院公
用康熙七年奉文解部
東郭村灘在安邑東南十餘里地大十頃除現
收籽粒之外奉
旨不許開種

張艮村灘在安邑境鹽池東北大百十頃
苦池灘在安邑縣東一十三里夏縣東山巫咸
諸水滙此以達姚渠
城北灘在解州城北受女池之水地勢西高東
下
城東灘在解州城東內有數泉復受以上諸灘
水
長樂灘在鹽池北七里許周圍二十餘里停潦
不涸其中生魚

東臺坝灘在長樂灘西北數里極西者名曰西
臺厰又西北十五里名爲西辛庄
洗馬灘在西辛庄北二十五里
南扶灘在洗馬灘東北
衛諸灘在洗馬灘西北
三婁灘在衛諸灘西北十里
羅义灘在三婁灘東二十里
小張塢灘在羅义灘北十五里自洗馬灘以下
諸灘皆半生花𪊍地不可耕

卓頭村在鹽池之北長樂灘東離運治十里許

沙窩村在鹽池之北長樂灘之西離運治三十里以上二村解州境

前介村在運城北門外五里又名東畨灘

後介村在鹽池迤東離運治三十里

蚩尤村在鹽池東南離運治二十里

下段村在鹽池東離運治三十里

下王村在鹽池東離運治三十里

李庄村在鹽池東北離運治二十里

小李村在鹽池南蚩尤村西離運治三十里
北路村在東西灘運治迤北五里以上皆安邑境
祁任村在猗氏縣
南村在臨晋縣南
傅村在夏縣南離運治四十里以上諸村皆屬灘地
絳縣之白家凋村與横嶺關站嶺聞喜之東鎮教場西關夏縣之長樂村安邑之運城北門外與陶村鎮各有鹽站地屬鹾務
又介村蚩尤村有地一百八十餘畝每畝輸麥

二升穀三升收貯運阜倉以備公用湯里村荒
地五十畝向係三場大使收租雍正八年大使
詳明歸入運阜倉
運使臣蘇昌臣日池坐解州安邑而運志之詳
灘地乃有各州縣分屬之文則不問附池與不
附池凡泒池工而有灘在乎渠之內渠之外堰
之上堰之下切乎池之利害者統應名爲護池
灘地惟是簿書湮沒無從別其灘址之孰爲民
糧孰爲鹽課貪黠之奸競以乾沒爲倖就今之

討凡有護池之地以灘名者遇墾佃之請惟商則可准苟非商籍與池既無休戚愼勿混允行犂盋既佃之後麻麥在野倘值旱潦示禝雨則苦潰灘居堰上者勢必決堰洩流而以池爲壑暵則苦乾灘在渠內者又必破渠引灌而留隙漶池東郭一灘久爲民鹽交錯之地向聽佃種近奉禁止深有慮夫佃民之自愛其植盜決隄防以悞課源也

《山西文華》編纂委員會 編

山西出版傳媒集團
三晋出版社

山西文華·史料編

敕修河東鹽法志

第二册
卷三至卷四

清 覺羅石麟等◎修 清 朱一鳳等◎纂

新修河東鹽法志卷之三

引目

引導鹽以行者也。鹽出場而無引，謂之私鹽。[illegible]鹽與引相離以及舊引影射者。皆同私鹽[illegible]法之清，全在於引，志引目。

大清會典河東歲額正改鹽四十一萬七千四百四十三引內除太汾遼沁四萬三千九百八十五引鳳翔一萬六千三百引商人實行引三十五萬七千一百五十八道內有更名變價引二

千一百七十餘道乃明藩封官吏食鹽
國朝定鼎革明時藩封之食鹽變價以充正賦又
有西安加增引二萬二千九百六十七道引名
雖殊其實皆商人行銷之引也此三十五萬七
千一百五十八道舊例揭存三引爲解安引以
一百一十七引而支一百二十引之鹽雍正七
年部須引八千七百道每名添足三引以符一
百二十引爲一名之數增解安引八千七百引
招商行銷雍正八年長武請照鳳翔例行銷應

增額八百四引共額四十二萬六千九百四十
七引又因額引不敷行銷部頒餘引十萬道又
增餘引二萬五萬不等皆山
聖世生齒日繁食鹽日衆私鹽不行官鹽易銷也行
河東之引者三省曰山西曰河南曰陜西河南
省則南陽河南二府屬汝陝二州屬與許州之
襄城皆行河東之引而食河東池鹽山西省惟
平陽潞安澤州蒲州四府屬解絳吉隰四州屬
行河東引而食河東鹽太原汾州寧武三府屬

遼沁平保忻代六州屬皆食本處土鹽領河東之引而不食河東之鹽名曰鹽稅陝西省惟西安一府屬與安同商華耀乾邠七州屬領河東之引而食河東之鹽其鳳翔府屬皆食花馬池鹽名曰鳳課與西安長武皆領河東之引而不食河東之鹽是三省領引州縣共一百七十三處實行商鹽者一百二十二處額引四十二萬六千九百四十七引商人實行引三十六萬五千八百五十八引謹將三省州縣引目分晰開

後

○山西省額引二十二萬三千一百六引

太原府屬一州十縣食土鹽

陽曲縣額行三千八引

太原縣額行二千四十八引

榆次縣額行三千四百五十三引

太谷縣額行一千八百四十四引

祁縣額行一千五百五十四引

徐溝縣額行六百五十七引

清源縣額行七百三十五引

交城縣額行一千九百五十六引

文水縣額行二千二百五十引

岢嵐州額行一百五十四引

嵐縣額行二百七十九引

平定州屬三縣食土鹽

本州額行八百六十二引

樂平縣額行二百六十四引

盂縣額行一千七百二十八引

壽陽縣額行二千三百三十八引一百觔

忻州屬二縣食土鹽

本州額行二千三十九引一百觔

定襄縣額行八百六十引

靜樂縣額行六百二十五引

代州屬三縣食土鹽

本州額行四百七十三引

五臺縣額行五百八十一引

繁峙縣額行二百八十一引

崞縣額行一千三百三十一引

保德州屬二縣食土鹽

本州額行一百九十四引

河曲縣額行一百五十一引

興縣額行三百六十五引

寧武府屬二縣一路食土鹽

寧武縣額行一百四十引

神池縣額行八十引

寧武鹽捕同知西路額行一百七十引

汾州府屬一州七縣食土鹽

汾陽縣額行二千四百六十五引

平遥縣額行二千九百五十一引

介休縣額行二千九百一十二引

孝義縣額行五百五十三引

臨縣額行一百九十五引

永寧州額行四百四十七引

寧鄉縣額行一百五十一引

石樓縣額行五百二十引

遼州屬二縣食土鹽

本州額行八百三十引

榆社縣額行三百六十八引

和順縣額行三百七十一引

沁州屬二縣食土鹽

本州額行七百七十四引

沁源縣額行四百一十三引

武鄉縣額行六百一十四引

以上共四十二州縣額引四萬三千九百八十

五道係鹽稅皆領河東之引而不食河東之鹽

領引繳引皆係管鹽同知知州

平陽府屬一州

十縣

臨汾縣額行八千四百五引

洪洞縣額行八千五百一十八引

浮山縣額行一千一百七十九引

趙城縣額行三千五百八十七引

霍州額行一千一百七十九引

岳陽縣額行六百九十七引

曲沃縣額行八千四百五引

翼城縣額行五千一百七十六引

聞喜縣額行四千二百二引

絳縣額行三千四百五十四引

靈石縣額行一千四百八十六引

蒲州府屬五縣

永濟縣額行六千六百六十二引

臨晉縣額行四千二百五十四引

榮河縣額行二千七百六十七引

猗氏縣額行三千四百八十五引

雍正八年於遵

旨查議事案內減額一千七百引令山西能銷鹽地

方輪坐加增作餘引行銷該縣存額一千七百

八十五引

萬泉縣額行一千五百八十九引

解州屬五

縣

本州額行三千四百引

安邑縣額行五千三百引

解安引歷年俱不招商行銷虛貯在庫候奏銷
時搊扒截角繳部雍正七年巡鹽御史碩色以
解安額引應歸解安行銷等因具
題請名商領辦
敕下部議部覆解安額引仍歸解安行銷其三省商
人領銷引張按照一百二十引爲一名實數𡵸
鹽運銷所增鹽引八千七百道照數刷印發與
該鹽政自雍正七年爲始給商行運至解安額
引名募殷實商人領辦倘有未銷餘引於該年

奏銷時據實聲明將所存原引隨冊繳部查核

可也奉

旨依議

夏縣額行五千二百四十八引

垣曲縣額行一千七十六引

平陸縣額行一千二百三十引

芮城縣額行二千二百四引

絳州屬四

縣

本州額行五千二百二十七引

稷山縣額行四千四百五十九引

雍正八年於遵

旨查議事案內裁額一千八十七道令山西能銷鹽

地方輪坐加增作餘引行銷該縣存額三千三

百七十二道

襄陵縣額行五千四百八十四引

河津縣額行三千七十五引

太平縣額行四千四百七引

吉州屬二縣

本州額行五百六十四引

蒲縣額行二百八十七引

鄉寧縣額行六百三十五引

隰州屬三縣

本州額行一千二百三十引

大寧縣額行二百四十六引

汾西縣額行九百六十九引

永和縣額行一百八十四引

潞安府屬八縣

長治縣額行一萬一千六百七十九引

長子縣額行五千九百三十九引

屯留縣額行三千六十五引

襄垣縣額行四千三百六十三引

潞城縣額行二千八百五十二引

黎城縣額行二千五百七引

壺關縣額行三千七百六十一引

平順縣額行一千六百一十二引

澤州府屬五縣

鳳臺縣額行一萬一千六百四十五引

高平縣額行九千三百三十四引

陽城縣額行五千一百六十五引

陵川縣額行四十七百七十七引

沁水縣額行二千一百五十二引

以上共四十七州縣實行額引十七萬九千一百二十一引皆行河東鹽係商辦

陝西省額引共一十二萬四千七百一引

西安府屬十四縣

咸寧縣額行八千五十三引

長安縣額行六千九百八十一引

涇陽縣額行五千七百七十五引

三原縣額行三千五百八十七引

富平縣額行五千三百六十七引

渭南縣額行七千四百四十六引

臨潼縣額行三千八百九十五引

盩厔縣額行三千五百六十二引

醴泉縣額行二千六百六十五引

藍田縣額行三千一百三十六引

高陵縣額行三千一百五十引

雍正八年於遵

旨查議事案內減額一千三百一十八道輪坐加增

令陝西能銷鹽地方作餘引行銷該縣存額一

千八百三十二道

興平縣額行二千五十引

咸陽縣額行二千三百三十五引

鄠縣額行一千七百八十五引

商州屬四州縣

本州額行一千三百三十二引

鎮安縣額行二百八十七引

雒南縣額行六百一十五引

山陽縣額行三百八引

商南縣額行二百五引

興安州屬六州縣

本州額行八百六十九引

石泉縣額行二百五十八引

洵陽縣額行四百一十引

漢陰縣額行四百一十引

紫陽縣額行一百三引

平利縣額行十引

白河縣額行十二引

同州屬四縣

本州額行三千七十五引

朝邑縣額行五千五十八引

郃陽縣額行五千二百六十引

澄城縣額行二千八百七十引

韓城縣額行三千七十五引

華州屬三縣

本州額行三千二百七十四引

華陰縣額行二千九十六引

蒲城縣額行七千三百七引

潼關縣額行一百三十六引

耀州屬二縣

本州額行八百六十引

洵官縣額行三百五十九引

白水縣額行一千一百五十引

乾州屬二縣

本州額行二千八百四十八引

武功縣額行一千四百九十六引

永壽縣額行四百二十四引

邠州屬三縣

本州額行一千四百三引

三水縣額行六百一十五引

淳化縣額行一千二十五引

長武縣額行八百零四引

長武歷年食花馬池鹽不食河東鹽雍正八年照鳳課例行銷增引八百四道其原額六百六十道輪坐加增令陝西能銷鹽地方領作餘引行銷

以上共四十五州縣實行額引一十萬八千四百零一引皆食河東池鹽係商辦

鳳翔府屬一州七縣食花馬小池鹽

鳳翔縣額行一千六百五引

寶鷄縣額行三千二百八十一引

岐山縣額行二千九百九十七引

扶風縣額行五千八百一十三引

郿縣額行一千八百一十八引

麟遊縣額行六十八引

汧陽縣額行一百二十九引

隴州額行五百八十九引

以上八州縣額引一萬六千三百引名鳳課皆

領河東之引而不食河東之鹽領引係鄭府領

發州縣繳引亦係州縣

河南省額引七萬九千一百四十引

河南府屬十一縣

洛陽縣額行四千四百七十七引

偃師縣額行二千六百九十九引

鞏縣額行一千七百八十八引

孟津縣額行一千七十三引

宜陽縣額行六百八十三引

登封縣額行三千一百二十七引

永寧縣額行一千四十一引

新安縣額行八百五十一引

澠池縣額行一千二百九十五引

嵩縣額行一千八百一十二引

盧氏縣額行五百七十二引

陝州屬州縣二

本州額行一千四百二十六引

靈寶縣額行五千六百二十三引

閿鄉縣額行三千九百五引

南陽府屬二州九縣

南陽縣額行四千七百五引

唐縣額行四千九百七引

泌陽縣額行三千二百九十六引

鎮平縣額行四千八百一十六引

桐柏縣額行七百七十三引

鄧州額行六千五十七引

内鄉縣額行二千八百八十一引

新野縣額行三千三百八十九引

淅川縣額行一千八百五十四引

裕州額行一千三百七十七引

葉縣額行二千二百八引

汝州屬四縣

本州額行四千一百七十七引

魯山縣額行一千四百五十引

郟縣額行三千一百二十八引

寶豐縣額行七百四十三引

伊陽縣額行七百五十一引

許州屬一縣

襄城縣額行二千二百五十六引

以上共三十一州縣實行額引七萬九千一百四十引皆食河東池鹽係商辦

按引之名始於宋雍熙二年令河東北商人如要折博茶鹽令所在納銀赴京請領交引而引之名始顯天聖時大席受以要券即池驗券按數而出而用引驗鹽之法始詳元每鹽一引重

四百觔憲宗壬子年增撥一千八十五戸歲撈鹽一萬五千引、至元十年辦鹽六萬四千引、二十九年減一萬引、令入京兆鹽司添辦、大德十一年增歲額爲八萬二千引、至大元年、又增煎餘鹽爲二萬引、通爲十萬二千引、延祐六年增餘鹽五百料實計撈鹽十八萬四千五百引、明洪武初每引四百觔、後分一引爲二引、而以四百觔者爲大引、二百觔爲小引、名改辦小引、每引行鹽二百觔、河東歲辦課鹽六千八十萬觔合存積常股户鹽三項共成三十四萬引所謂存積乃現積在場遇有邊備急用納價放支不拘資次者常股乃常年派數以年例開中納價放支必俟先後者户鹽則派支各項食鹽所餘並與常股聽商報中者弘治間每歲辦鹽四十二萬引內常股鹽二十九萬四千引存積鹽一十二萬六千引至萬曆年歲辦小引鹽六十二萬引萬曆十六年將開歸二府改屬長蘆行鹽乃減引一十五萬又減免所增食鹽五萬照嵗

止存額引四十二萬、後又增鹽一萬二千引以
充兵餉、
國朝龍興革去明季之浮加順治三年將官吏食
鹽三千二百引爲更名食鹽變價解部共行額
引四十萬九千九百三十三引順治十三年因
兵餉不敷增引十萬十六年將所增十萬新引
减去應徵課銀加於舊額引價之中而河東歲
額仍行四十萬九千九百三十三引康熙十七
年科臣余國柱請令遇閏增課之例平鹺政以

佐軍需本年閏三月核加閏引三萬四千一百

六十二引十九年有閏照加二十一年

恩詔停免康熙十八年陝西道御史傅廷俊以商引

之歲額有限竈鹽之歲產無窮請

勅嵩查竈鹽酌加商引於陽曲等四十州縣按丁加

引一萬七千四百六十二引西安府屬按丁加

引二萬二千九百六十七引康熙十九年又議

於陽曲等四十州縣按丁復加四千三百三十

二引是年除閏引不計之外河東實共行引四

十五萬四千六百九十四引康熙二十四年懷慶改食蘆鹽除商引三萬七千二百五十一道撥歸長蘆行鹽河東其存額引四十一萬七千四百四十三道河東從前引之外有票嘉靖間因太汾所屬州縣山路崎嶇商運難至許行土鹽給票收稅每鹽百觔給票一紙聽其轉販於岢嵐保德河曲諸處惟平定代石十州縣地里稍平令行引鹽而商亦不至遂從御史趙睿之議查覈州縣戶口食鹽之數計口派鹽給票收

稅。先後增加共給鹽票一十一萬五千五百七十九張，抵作一萬六千三百二十引。萬曆三十七年，臺臣議稱引票兼行，互相影射，大爲弊竇。宜令行票之地，盡復行引。庶頭緒不多，稽察爲便。而百勑納稅之票遂停。又河東採鹽之法有二：一爲官丁撈採之鹽。鹽丁撈鹽在場，商人納課領引，支鹽發賣，此官鹽之用引者也。一爲商人撈採之鹽。商人自備工本撈鹽，百引內分七十引於官，照常納課領引行銷，許存三十引在

商抵作捞盐工本不必纳課請引止給官票照
賣
國朝順治十年将工本商盐盡裁以疏有引官盐
河東遂無行盐以票之例矣至於河東行盐地
方柳宗元則言西出秦隴南過樊鄧北極燕代
東逾周宋崔敖則言止於中州濟於横汾爰距
隴坂東下京鄭而抵於宛皆以池之行盐幅員
而言也後周世宗以食末盐之地犯私多於顆
盐末盐煎湅搬運費用倍於顆盐乃割曹宋以

西十餘州令食顆鹽宋制顆鹽以給本州及三
京京東之濟兗曹濮單鄆州廣濟軍京西之滑
鄭陳潁汝許孟州陝西之河中府陝虢州慶成
軍河東之晉絳慈隰州淮南之宿亳州河北之
懷州及澶州諸縣之在河南者其通商之地京
西則蔡襄鄧隨唐金房均郢州光化信陽軍陝
西則京兆鳳翔府同華耀乾商涇原邠寧儀渭
鄜坊丹延環慶秦隴鳳階成州保安鎮戎軍及
澶州諸縣之在河北者舊制河南北曹濮以西

蔡鳳以東皆食解鹽自仁宗時解鹽通商官不
復榷熙寧中市易司始榷開封曹濮等州八年
人理寺丞張景溫提舉出賣解鹽於是開封府
界陽武酸棗封邱考城東明白馬中牟陳留長
垣胙城韋城曹濮澶懷濟單解州河中府等州
縣皆官自賣未幾復用商人議以唐鄧襄均房
商蔡郢隨金晉絳虢陳許汝潁隰州西京信陽
軍通商畿縣及澶曹濮懷衛濟單解同華陝河
中府南京河陽令提舉解鹽司運鹽貨鬻時皮

公弼沈括等言官賣當罷於是河陽同華解州
河中陝府陳虢等處通商其入不及官賣者
官復自賣詔用其議又以唐鄧商均等十一州
爲在京入納金銀交引地分永興鳳翔等二十
五州爲陝西入納糧草交引地分熙寧中患蜀
井鹽不可禁欲盡實私井而運解鹽以足之沈
括以爲不可遂寢九年劉佐入蜀歲運解鹽十
萬席未幾罷之明會典載河東行鹽地方陝西
省則西安漢中延安鳳翔四府河南省則歸德

懷慶河南南陽汝寧並南汝州山西省則平陽
潞安二府澤沁遼三州嘉靖二十七年議准惟
汝州并所屬四縣係本司鹽其餘十三州縣業
行本司並淮北鹽三十一年議准南陽府歸德
目增入太原大同等條行令二府一例行鹽隆
慶元年題准御史郝顧宗條奏淮鹽原屬宜賣
南陽汝寧陳州係淮北行鹽地方難以改屬河
鹽地方近南陽十二州縣爲河東所侵訖今未
復也河北商人告稱無利可通宜查照舊界

南陽所屬地方悉行淮鹽以充國儲隆慶二年山西巡鹽趙睿條奏河東課少利微宜定議言陽十二州縣仍行解鹽陝西延慶所屬法禁不號退引多徽者比照淮浙會選富民爲積鹽商戶聽其承買轉販所至地方官吏仍查盤引目勿容他鹽入境則分地定而鹽利遂戶部覆奏從之九月總理屯鹽都御史龐尚鵬請令南召內鄉新野淅川裕州葉縣專行解鹽著爲令從之初上用撫臣龐尚鵬議將河東行鹽地方南

陽鎮平唐鄧泌陽桐柏六縣改行淮鹽河東巡
鹽部永春言南陽汝寧二府據銅版則兼行淮
鹽據會典則專行解鹽往年鄢懋卿建言將汝
寧舞陽分屬淮北非兼行初意乃又中分南陽
是續淮商之一指而斷解商之肩背失平甚矣
夫利不百者不變法今法一變而解商告急者
相屬於道鹽引日壅額課日損尚鵬議不便上
然之隆慶四年令河南南陽府所屬鄧唐十二
州縣改鑄銅版仍屬河東行鹽地方漢中延安

二府改食池鹽又令山西太原府所屬陽曲等
十州縣并汾州及所屬三縣共十四州縣以後
通食票鹽每票抽稅六分責令屯鹽道督理完
解運司每年終巡鹽御史題解戸部濟邊其關
防稽查之法悉照鹽法則例舉行其原泒陽曲
等十四州縣引目准令攤河東運司行鹽地方
萬厯十七年將開歸二府改隷山東長蘆四十
一年鳳翔府屬改食花馬小池仍在河東納課
領引

國朝順治二年立河東鹽法本年巡鹽御史劉令
尹以申明轄屬題稱陝西之平涼慶陽乃食花
馬小池之鹽山西太原汾州乃食本地煎鹽舊
皆河東所轄以其與河東相近也若河南之汝
寧府逼近淮境係食淮鹽陝西臨洮鞏昌係食
西和漳鹽皆有該管衙門舊非河東所轄以其
與河東俱有二千餘里之懸隔也乞照成規將
太汾二府并陝西之平慶一府行臣督理其食
淮鹽之汝寧食西和漳鹽之臨鞏仍行各原屬

整飭部議准將汝寧歸轄兩淮臨鞏就近歸轄
甘肅巡按今按臣停差引課責歸撫臣而本院
止一察核入之奏報而已
大清會典開載河東地方山西太平潞汾大五府
遼沁澤三州陝西西鳳二府興安一州河南河
南南陽二府汝州襄城二州縣是統三省行鹽
地方與納稅課地方而言也順治十三年垣臣
王紀直陳鹽法之獘兼陳救獘之方內中一條
請均引目題稱宜將行鹽地方見在戶口應銷

引目酌派適均毋倹十年審丁仍照戸丁毎屆
酌定則引不偏枯議下巡鹽御史酌覆時御史
朱紱覆稱合照賦役全書丁口數目令各省布
政司將領引額丁通盤打筭均匀派銷
僉旨准行未經均定御史焦毓瑞順治十四年接任
以河南俱食解池商鹽易於均派外其山西太
汾遼沁側食本地土鹽食解鹽者平潞二府澤
州一州陝西鳳翔側食花馬池鹽食解鹽者西
安一府興安一州在行解池商鹽者州縣止有

督銷之責而納課之責在商若行土鹽并花馬
池鹽之處則銷引納課之責紥并在州縣事例
原有不同丁引難以互通據各藩司議照事例
分晰酙量情理畧爲增減具題部議應如所請
遵定瓜引刊冊以永遵守康熙十年御史布舒
疏請汾州七縣俱食本地土鹽獨有石樓一縣
行銷解鹽道路阻長行運維艱請照改土鹽商
民兩便部議自十一年准其改食是以商行引
課改爲縣徵鹽稅又康熙四年有河南懷慶府

人沈澄等以懷民代商賠課懷地銷引無鹽奏
稱懷慶路抵解池中隔太行一山崎嶇之徑六
百餘舟船不通車輛難載肩挑背負安能賠額
運行近來解池滲沒粒鹽不至國課又不敢虧
欠百姓典兒賣產買引繳而又淡食查開封一
府向來亦食解鹽明季因從民便改食長蘆見
與彰德衛輝同銷蘆引而懷慶與彰衛相接河
道直可運至新鄉分運懷屬地止三五十里改
食蘆鹽商無陸運之苦民無賠課之累上請遂

有解商楊四德以洑澄圖私變法奏許又有淮民孟見知等以楊四德串通瞿濟民奏中假稱情願運鹽孟津發賣以便懷民赴買等語在小民升合食鹽豈有向百里以外渡河買食之理

明欲高價害民具本覆奏部將三疏請

勅下三省總督河南巡撫會同長蘆河東鹽院查審會疏題覆隨據覆稱河東鹽商例止在池種鹽多倈地方土商販回任賣土販少則引不足額有司督催里長銷引爲累故有改食長蘆之奏

請令解商情願運至各縣鎮開店賣鹽商運商
銷永不累民巳經公立合同各相允議遂𢿱結
案康熙二十四年河南廵撫王日藻以再請懷
屬改食蘆鹽疏引便民具
題部議以該撫所稱河鹽運道崎嶇兼又觧澁積
水無鹽可賣改食長蘆旣便民食又使
國課早完應如該撫所請將懷慶府屬歸長蘆行
銷奉
旨依議以上河東額引行銷之州縣也而引之式則

戶部鑄造鋪版刷印引目上鈐戶部堂印下鈐
山東司印及頒發到司又鈐運司印信凡商人
納課五十兩謂之一錠給引一百二十張謂之
一名卽於引目塡寫商名搊省縣扒赴場支掣
大使在禁門截第一角掣畢出場截第二角搊
門扒起運搊吏扒運發到地州縣驗明引鹽截
第三角鹽銷完截第四角州縣鈐印呈巡鹽御
史鑿孔發運司彙繳戶部明永樂時運司給客
商引目每引納中夾紙一張至關引之時類解

戶部刨引正統時令各運司提舉司徵解商人引紙每一百張收銀三錢今隨課徵收每引徵銀三釐領引時差吏赴戶部交納凡引貯庫未掣省縣扒謂之生引以其未拘定行鹽地方也揚扒報掣謂之熟引截角鑿孔謂之退引又謂之殘引從前鹽引通融奏銷以三年爲期及至奏銷或那後補前或移甲換乙不拘年分惟期每年起解引四十一萬七千四百四十三道之數便可足額然截清年分按年奏銷實多虧缺

雍正七年奏

旨按年銷引停止通融雍正八年巡鹽御史碩色奏

請自雍正八年爲始如雍正七年之引至雍正

八年六月內清查奏銷十月解部部議應如該

鹽政所請嗣後總以上年額引次年按月清奏

報解著爲定例奏

旨依議

引式附後

戸部爲鹽法事山東清吏司案呈照得河東鹽法題
准各項事例已經通行遵奉訖所有引目除場竈丁人守禦官
吏軍民權豪勢要官運鹽貨倚取插和場戸運鹽攜帶軍
器諸人買食私鹽載鹽不用官船七欵另文申飭外其題
定鹽觔繳引二欵并行鹽地方合行開列鑄造銅版印刷
給付客商收執照鹽前去發賣施行須至引者

一河東運司凡客商賣鹽每引淨鹽二百觔爲一引給
【運使印信】半印引目每引先納引價隨即支鹽運賣

一凡各商興販鹽貨不許鹽引相離違者同私鹽追斷
如賣鹽畢三日內不繳退引者杖六十將舊引影射

鹽貨同私鹽論罪僞造鹽引者處斬

一行鹽地方

山西平陽府　潞安府　澤州　太原府　汾州府

遼州　沁州

河南南陽府　河南府　汝州　開封府襄城壹縣

陝西西安府

右引付客商［山東司印］收執照鹽准此

雍正［戶部堂印］年　月　日

部　押

勅修河東鹽法志卷之三

課額

聖主撫御萬邦時以恤商愛民爲念衆商感戴
皇恩共以急公報効爲恍葢以商行一名之引官收
一名之課民得一名之食
國計民生均有禆益也志課額

河東歲額正雜課一十七萬一千七百二十八兩八錢一分六釐零內除太汾遼沁鹽稅鳳課二萬三千八百三十七兩二錢一分五釐零外

三省運商實納額引課一十四萬六千七百八十兩九分零而其中有額引課更名食鹽引課西安加增課之名又賑濟米價其名雖異實皆引課運使照引目徵收皆正課也其池灘地租銀七百九十三兩四錢二分零池灘地租小麥變價銀一百七十兩九錢八分零京書廩費銀一百四十七兩一錢此出之於州縣地租非由商辦係雜課合共一十七萬一千七百二十八兩八錢零至於紙價批文解部關領引目此不

入奏冊者也贖鍰無定額儘收儘解亦入奏冊

造報茲將正雜欵目分晰於後

一三省商辦額引並加增引三十五萬四千九

百八十七道零二分九釐每引徵課銀三錢九

分八釐六絲一忽五微零該正課銀一十四萬

一千三百六兩七錢八分六釐五毫八絲八微

內有加增課銀八千二百七十八兩六錢一分

三釐二毫六絲九忽五微

一更名食鹽引舊額二千五百七十二引零九

十二觔除石樓改食本地煎鹽內減除商人引
四百一引一百四十八觔商人實行二千一百
七十引一百四十四觔每引額徵課三錢九分
八釐六絲一忽五微零該正課一千二十四兩
按商辦額引西安加增引更名食鹽引其名
雖異其實皆商辦之引今三省商辦皆照各
縣定額領引納課併無分別惟奏冊有此各
耳
一商課賑濟米價銀四千四百四十九兩三錢

八釐二絲五忽五微八纖此項每引徵銀一分
二釐零原爲額設撈採鹽丁米價而設故曰賑
濟米價同鹽課徵收自鹽歸商種丁不赴工順
治二年存酉解部內商辦銀四千四百四十二
兩八錢三分九釐五毫二絲七忽一微八纖山
西石樓縣解銀六兩四錢六分八釐四毫九絲
八忽四微鹽稅鳳課無米價者以鹽非鹽丁撈
採石樓有米價者以石樓原食解鹽康熙十四
年始改食土鹽領池引五百二十道照例輸銀

一鳳翔府屬額引一萬六千三百引每引徵課銀三錢九分八釐六絲一忽五微零該正課六千四百八十八兩四錢

一太汾遼沁領引四萬三千九百八十五道九分九釐每引額徵課銀三錢九分八釐六絲一忽五微零該正課一萬七千三百四十八兩八錢一分五釐二毫八絲四忽二微

以上六項共徵解銀一十七萬六百一十七兩三錢九釐八毫九絲五微八纖皆按引徵

收出之於引也而額課加增課更名食鹽課
係運商辦共一十四萬六千七百八十兩九
分零至鹽稅並石樓更名食鹽則係太汾管
鹽同知遼沁知州經收鳳課則係知府督催
州縣經徵亦出之於引皆爲正課
一池灘地租銀七百九十三兩四錢二分一釐
六毫安邑縣徵收解銀六百五十兩二分一釐
六毫夏縣徵收解銀一百四十三兩四錢此項
向給散運營兵丁順治四年御史宋鼎延以運

營不設題明充餉

一池灘地租小麥變價銀一百七十兩九錢八分五釐一毫八絲六忽此項向收存以充養濟節孝等用順治四年部議養濟節孝自有存留不必又動麥租應存貯候撥係經歷徵解

一裁省京書廪費銀一百四十七兩一錢此項係曲沃縣徵解爲明巡鹽御史有京書隨衎給其廪費而設順治九年裁解充餉

以上三項計一千一百一十一兩五錢六釐

七毫八絲六忽非出之於引非徵之於商而出之於州縣地租也係雜課合正課一十七萬六百一十七兩三錢九釐八毫九絲五微八纖共銀一十七萬一千七百二十八兩八錢一分六釐六毫七絲六忽五微八纖此河東鹽課原額春秋季報候文撥解

額引加增徵收則例

一商人領引一名封納大課一錠重五十兩內正課四十八兩賑濟銀一兩五錢紙價銀三錢

六分一釐七毫五絲三忽多銀一錢三分八釐
二毫四絲七忽合額課二千七百八十八錠半
筭每年多三百八十五兩零名曰扣錠雍正六
年歸公充餉
一商人領加增引每引八張爲一把合十五把
爲一名封課四十六兩二錢四分五釐五毫五
絲五忽五微內正課四十四兩五錢一分八釐
八毫二絲五忽賑濟銀一兩三錢九分一釐二
毫一絲三忽紙價銀三錢三分五釐五毫一

釐四毫四絲四忽五微雍正六年巡鹽御史碩
色
題奏加增課錠亦照額課大錠五十兩徵收每年
徵收加增課六百九十八兩二錢一釐五毫二
絲八忽八微五纖
一商人領額引加增引每引納紙價三釐每年
納紙價銀一千七十一兩四錢七分四釐又鹽
稅解紙價銀一百三十一兩九錢五分五釐鳳

課解紙價銀四十八兩九錢共令一千二百五
十二兩三錢二分九釐皆隨正課徵收赴部領
引時差吏批解戶部戶科每年給有批廻實收
存案領增解安長武引並餘引皆有紙價按引

徵解

一河東鹽務衙門向有河工銅觔水脚等名色
雍正三年川陝總督帶管鹽務年羹堯
題請將河工銅觔名色併各衙門陋規俱行裁革
惟於商辦額引加增引項下每引一名收官錢

十一兩收公務銀二十四兩零八分共收銀十萬四千三百四十一兩九錢四分九釐以五萬兩充餉餘作公用後巡鹽御史馬喀定有公務欵冊一本內開歲修渠堰銀五千兩都察院飯食四川寧夏西安將軍都統巡鹽御史運使運同經歷知事三場大使教授訓導典史巡檢把總等養廉各衙門書役弓兵巡役等工食又祭祀池神各廟歲科考文武生員花紅盤費鄉會場文武舉人貢監生員盤費以及解餉領引路

費背逐欵開明數目運使遵照支給年終造冊
呈巡鹽御史報銷
一官置昌零引一百一十二引向係運使發商
人運銷得銀一百零一兩八錢八釐不入正額
雍正六年歸公充餉
一解州三千四百引課銀一千四百六兩四錢
六分六釐六毫六絲紙價銀一十兩二錢官錢
公務銀九百九十三兩九錢三分三釐三毫三
絲共銀二千四百一十兩五錢九分九釐九毫

九絲內除紙價銀一十兩二錢實課銀二千四
百兩三錢九分九釐九毫九絲
一安邑縣五千三百引課銀二千一百九十二
兩四錢三分三釐三毫三絲紙價銀一十五兩
九錢官錢公務銀一千五百四十九兩三錢六
分六釐六毫六絲共銀三千七百五十七兩六
錢九分九釐九毫九絲內除紙價銀一十五兩
九錢實課銀三千七百四十一兩七錢九分九
釐九毫九絲解安引遵照部文儘銷儘運如有

餘剩仍行解部或作餘引行銷無定額

一長武縣八百四引係雍正八年新增照鳳翔

例應徵課銀三百二十兩八分八釐紙價銀二

兩四錢一分二釐仍留長武原額六百六十引

給陜西能銷鹽地方商人作餘引行銷應徵課

二百七十三兩零二分紙價銀一兩九錢八分

官錢公務銀一百九十二兩九錢四分此係以

額作餘仍入額引公務項支給俸工

餘引徵收則例

一雍正三年川陝總督帶管鹽務年羹堯請領餘引十萬道接濟額引不敷之州縣行銷儘收儘解每引一名納大課一錠重五十兩內無賑濟惟納正課四十九兩五錢紙價三錢六分每錠多銀一錢四分雍正六年歸公充餉其每名納官錢十一兩公務銀二十四兩零八分與額引同又每名輸公費銀六兩是部頒餘引十萬道每年應收銀七萬五千六百兩九釐六毫六絲雍正六年又增餘引二萬道共徵收餘引課

錠等銀九萬七百二十兩九釐六毫雍正七年
又增餘引三萬道共徵收餘引課錠等銀一十
一萬三千四百兩九釐六毫但餘引課無定額
儘收儘解
一贖鍰雍正二年七月內川陝總督年羹堯疏
稱河東巡鹽贓罰每年額銀九百兩先因額銀
不敷向以羨餘墊補臣思贓罰乃鹽徒之罪贖
安能必有定數自應獲多報多獲少報少部議
應如該督所題嗣後河東巡鹽贓變銀兩照

年所獲多寡實數

題報等因奉

旨依議

府食鹽停車之地我

一籽粒銀一十兩二錢六分三毫此明季潞王

朝定鼎以來革除食鹽其地給附近居民墾種絲

縣徵銀二兩一錢四分四釐聞喜縣徵銀一兩

九錢八分夏縣徵銀二兩八錢八分安邑縣徵

銀三兩二錢五分六釐三毫名曰鹽站籽粒批

解運庫向爲巡鹽御史給吏書紙筆之用雍正
六年歸入正項充餉
一蘆價銀一百一十七兩九錢七分五釐七毫
四絲此係護池盛水灘地坐落安邑縣湯里等
村附近居民種植蘆葦該縣徵收批解運庫向
爲巡鹽御史運使給吏書紙筆之用雍正六年
歸入正項充餉
按領引輸課自宋雍熙始課以錠計自元始
在運司領引納課自明弘治始元大宗庚寅

[illegible]運司[illegible]辦課每[illegible]
[illegible]斗觔得銀一兩每鹽一引重四百觔價銀
一十兩世祖中統二年減銀爲七兩至元十
三年每引改爲中統鈔九貫二十六年增爲
五十貫元貞丙申每引增爲六十五貫至大
己酉至延祐乙卯七年之間累增爲一百五
十貫憲宗壬子年增撥一千八十五戶歲撈
鹽一萬五千引辦課銀三千錠中統三年以
太原民戶自煎小鹽歲辦課銀一百五十錠

五年又增小鹽課銀爲二百五十錠至元十
年命撈鹽戶九百八十餘每丁撈鹽一石給
工價鈔五錢歲辦鹽六萬四千引計中統鈔
一萬一千五百二十錠延祐三年以池爲雨
所壞止辦課鈔八萬二千餘錠天曆二年辦
課鈔三十九萬五千三百九十五錠明洪武
初鹽法開中於九邊每引價八分內地支鹽
一引永樂中每鹽一引輸邊粟二十五升成
化稍增至三斗七升二合弘治中始行運使

招商輸課之法解部送邊河東每引納銀二錢一分嘉靖二十七年議淮河東正鹽四十二萬引每引納銀三錢二分該銀一十三萬四千四百兩除解宣府年例八萬兩外剩餘銀五萬四千四百兩併餘鹽二十萬引折銀六萬四千兩共餘銀一十一萬八千四百兩內除四萬三千一百一十六兩八錢徑解大同府補給代府祿糧其餘七萬五千二百八十三兩二錢俱解布政司抵補民糧及通融

變補祿糧嘉靖三十七年以六十二萬引爲
歲額除官吏俸鹽三百五十引王府食鹽二
千九十九引外一年辦課共計一十九萬七
千三百七十六兩迨開歸故食續增停免始
照舊時四十二萬引額徵課嘉靖四十年御
史鄢懋卿每引正鹽正課之外溢增浮課之
鹽二十觔歲斂四萬三百兩天啟六年大工
匱乏議增鹽課每引銀二錢共加銀八千四
[illegible]餉缺又增鹽[illegible]加銀四千兩[illegible]

新餉又加練餉銀七千解戶部是時課額加

至一十九萬三千七十六兩有奇。

國朝龍興以來恤愛商民食鹽更名變價解部

實行引四十萬九千九百三十三道課額一

十三萬一千一百七十八兩五錢六分以三

錢二分爲率十三年因軍需不給增引十萬

以所有課錠三萬二千攤入四十萬九千九

百三十三引之中每引該攤課七分八釐六

絲一忽五微與前課三錢二分合核乃得引

價三錢九分八釐有畸歲額課銀一十六萬三千一百七十八兩五錢六分十五年量加鹽課以佐軍需每引加銀五分康熙十七年按引復加課銀七分康熙十八年御史傅廷俊以清查竈鹽酌加商引具題山陝二屬共加引四萬四千七百六十一道按引加課二萬三千一百八十八兩九錢五分八毫零本年通核共徵引課二十三萬五千五百五十九兩有奇康熙二十四年除五

分加增課二十八年除七分加增課仍照順
治十三年定額每引止納三錢九分八釐零
後懷慶改食長蘆減除課一萬九千八百七
十三兩四錢實存正雜課銀一十七萬一千
七百二十八兩八錢一分六釐六毫七絲六
忽五微八纖此河東從前每年奏銷䟦規冊
正雜課一十七萬一千七百餘兩之定額也
今春秋季報正雜課每年約增十六七萬兩
不等皆由我

皇上澄清鹽法私派嚴禁商人之俯仰皆寬陋規俱
除
國家之正賦自裕也

新修河東鹽法志卷之三

商人

河東之商有二。一曰坐商，一曰運商。坐商四百二十一名，内十二錠者四十五名，單月六錠者一百九十名，雙月六錠者一百八十六名，十二錠者矖畦雙號六錠者矖畦單號，種畦收鹽納課領引。或賣與運商，或賣與土販，不事遠涉，故曰坐商。今三省地方皆有商包運，一切納課領引，皆係運商辦理，坐商惟守場賣鹽，是今之坐商。即兩淮長蘆之竈戶也。而今仍稱坐商者蓋以河東引目皆揭坐商錠名、於是鹽場食利之徒、空典錠名。畦不澆曬且六錠原本一名、而頂此名者有三四八五六八不等、零星混雜、稽查難清、惟六錠歸一、凡歸併商錠者、畦即隨之、則坐商之籍清矣、至於運商係認地住賣納課領引行銷之商也。運商之中有錠坐足、有畦澆曬、商引商銷、商鹽商運、此良商也、若借一錠名軟包地方、或租於供商、或賣於小販、此律所謂詭

立商名占窩取利者惟嚴禁歎包則運商之弊
清矣、周禮天官太宰九職、六曰商賈、註曰行曰
商、處曰賈、是行運引鹽之商乃商也、而河東坐
運兩商均謂之商、志商人、
坐商共四百二十一名
十二錠者四十三名六錠者三百七十三名不
足十二錠者二名不足六錠者三名舊例十二
錠商人每月依限納課一錠該五百一十六錠
六錠商人共三百七十三名分雙單月單月者

逢單月納課雙月者逢雙月納課共該二千二百三十八錠不足十二錠商人二名共十九錠零一百一十一引不足六錠商人三名該十五錠零五十九引正課大錠共二千七百八十八錠每錠合引一百二十道共合引三十三萬四千五百六十道每錠封課四十八兩共合課銀十三萬三千八百二十四兩又不能成錠零引一百七十道封課銀六十八兩二錢五分六毫八絲四忽五微加增小錠亦共二千七百八十

十[illegible]八道共合引二萬二千三百四
道額錠封課二兩九錢六分七釐九毫二絲一
忽[illegible]錠共封課銀八千二百七十四兩五錢六
分五釐四毫二絲八微又不能成錠零引十二
道封課四兩零四分七釐八毫四絲八忽七微
以上正課加增按錠合引共三十五萬七千四
十六道皆有各限商名按限封課掣鹽其各錠
名下畸零鹽數不能歸錠餘出引一百一十二
道名曰官鹽昌共引三十五萬七千一百五十

八道共封課銀十四萬二千一百七十兩八錢
六分三釐九毫五絲四忽

種鹽納課領引舊係坐商之事誠恐坐商碎雜頑良強懦不一納課則頑者居後掣鹽則強者爭先故立限分雙單月以晝均平今課係運商納惟照該商之額課納引歸運商領惟照該商之額引領並未見運商有照坐商之限分雙單月而始納始掣者若照舊依限納掣不惟羈遲運發且恐有悞引課引課既係運商之事坐商

推種（畦）賣鹽猶掣用坐商錠名者蓋以河東額

引四十一萬七千四百四十三引太汾遼沁各

屬并鳳翔府屬皆收鹽稅不由商人行銷故不

掣錠名惟商人實行引三十五萬七千一百五

十八引掣用錠名然解安額引八千七百道餘

引十萬道皆係商人運銷又無錠可坐且餘引

以不坐錠較額引行銷更易且一商全名分坐

三省一錠之引折爲數處甚爲不便易曰易則

易知簡則易從長蘆淮浙引掣運商之名易簡

之道也

通商

宋寶慶時監察御史趙至道言産鹽囿籍於鹽

戶會鹽實賴於鹽商故鹽戶所當存恤鹽商尤

當優潤慶元之初歲爲錢九百九十萬八千有

奇寶慶元年止七百四十九萬九千有奇乃知

蓋[illegible]之斷實鹽商之無所贏利也爲今之計惟

[illegible]減汰浮派則商力寬而正賦足矣但河東

[illegible][illegible][illegible]迭而無力者多在地立店者少而

占窩取利者多有一人而包數地、有數人而包一地、零星碎雜、不時更換、故無定數、亦無定名、此如寄食浮民、買帖開行、客來則招牌高掛、客不投行、無利可獲、則亦落牌而去、拖引累課、責將誰歸、甄別運商、實關緊要、惟坐運兩商、令而爲一、既有地方行銷、又有池鹽運發、則商皆殷實、引課無悞矣、又運鹽路有遠近、必乘時和年豐天晴路乾、多積鹽觔於住賣地方、即有旱乾水溢、亦可接濟民食而無虞、若一季止運一季之鹽、一年僅供一年之食、萬一歲偶不登、鹽價昂貴、天陰雨雪運發不前、百姓必致淡食、故運商以積鹽爲貴。

勑修河東鹽法志卷之四

運程

淮浙等處運鹽定有水程河東運鹽惟陝西有水程其餘皆係陸程若不定以程限則脚戶任意繞道越境逗遛隨處盜賣有虧商本艮由行無定程交無定限河東舊志將三省州縣各序路程核其道里定以時日刋刻應行程途單給付車戶船戶牛車每日約三十里騾每日約五十里船則每日約五十里有枉道逗遛所過

地方不許容隱鹽到地方有司驗收其無㤀期

盗賣所在官司應行究治志程途

山西省

臨汾縣　計程三百一十里限六日到

白運城三十里至陶村三十里至水頭二十里至小郭店十二里至閭喜縣三十里至東鎮三十里至隘口二十里至侯馬驛三十里至高縣鎮二十里至蒙城驛四十里至趙曲鎮四十里至臨汾縣

洪洞縣　計程三百七十里限七日到

自運城三十里至陶村三十里至水頭二十里至小郭店二十

里至聞喜縣三十里至東鎮三十里至隘口二十里至侯馬驛

三十里至高縣鎮二十里至裳城驛四十里至趙曲鎮四十里至

平陽府四十里至楊曲鎮二十里至洪洞縣

浮山縣計程三百三十里限六日到

自運城三十里至陶村三十里至水頭二十里至小郭店二十

里至聞喜縣三十里至東鎮三十里至隘口二十里至侯馬驛

三十里至曲沃縣三十里至樊店二十里至翼城縣轉郿四十里至

東張三十里至浮山縣

趙城縣　計程四百里限七日到
自運城三十里至陶村三十里至水頭二十里至小郭店二十
里至聞喜縣三十里至東鎮三十里至隘口二十里至侯馬驛
三十里至高縣鎮二十里至棠城驛四十里至趙曲鎮四十
里至平陽府四十里至陽曲鎮二十里至洪洞縣三十里至趙城
縣

霍州　計程四百五十里限八日到
自運城三十里至陶村三十里至水頭二十里至小郭店二十
里至聞喜縣三十里至東鎮三十里至隘口二十里至侯馬驛

三十里至高縣鎮二十里至蒙城驛四十里至趙曲鎮四十里至
平陽府四十里至楊曲鎮二十里至洪洞縣三十里至趙城
縣轉鄉三十里至辛置鎮二十里至霍州
岳陽縣計程四百二十里限七日到
自運城三十里至陶村三十里至水頭二十里至小郭店十二
里至開喜縣三十里至東鎮三十里至隘口二十里至侯馬驛
三十里至高縣鎮二十里至蒙城驛四十里至趙曲鎮四十里至
平陽府五十里至曲停鎮轉鄉三十里至蘇堡三十里至岳陽
縣

曲沃縣　計程一百一十里限三日到

自運城三十里至陶村三十里至水頭二十里至小郭店十二里至聞喜縣三十里至東鎮三十里至隘口二十里至侯馬驛三十里至曲沃縣

翼城縣　計程二百六十里限四日到

自運城三十里至陶村三十里至水頭二十里至小郭店十二里至聞喜縣三十里至東鎮三十里至隘口二十里至侯馬驛三十里至曲沃縣三十里至樊店二十里至翼城縣

聞喜縣　計程一百里限二日到

自運城三十里至陶村三十里至永頭二十里至小郭店二十里至聞喜縣

絳縣　計程一百九十里限四日到

自運城三十里至陶村三十里至水頭二十里至小郭店二十里至聞喜縣三十里至東鎮三十里至橫水三十里至絳縣

靈石縣　計程五百五十里限九日到

自運城三十里至陶村三十里至水頭二十里至小郭店二十里至聞喜縣三十里至東鎮三十里至隘口二十里至侯馬驛三十里至高縣鎮二十里至蒙城驛四十里至趙曲鎮四十里至

平陽府四十里至楊曲鎮二十里至洪洞縣三十里至趙城
縣轉腳三十里至辛置鎮二十里至霍州三十里至史庄三十里至
仁義四十里至靈石縣
永濟縣計程一百四十里限二日到
自運城四十里至解州四十里至虞鄉三十里至庄子二十里至
孟明橋十里至永濟縣
臨晉縣計程八十五里限一日到
自運城二十里至大張三十里至王遼二十里至樊橋驛十五
里至臨晉縣

虞鄉縣　計程八十里限一日到

自運城四十里至解州四十里至虞鄉縣

榮河縣　計程一百五十里限二日到

自運城三十里至楚胡二十里至荊華十里至猗氏縣三十里至坡兒里四十里至孫計二十里至榮河縣

猗氏縣　計程六十里限一日到

自運城三十里至楚胡二十里至荊華十里至猗氏縣

萬泉縣　計程一百一十里限二日到

自運城三十里至相裡二十里至中臣二十里至楊里村十里

至河所十里至七里庄二十里至萬泉縣

解州 計程四十里限一日到

自運城四十里至解州

安邑縣 計程十五里限一日到

自運程十五里至安邑縣

夏縣 計程六十里限一日到

自運城三十里至裴界三十里至夏縣

垣曲縣 計程三百一十里限五日到

自運城三十里至陶村三十里至水頭二十里至小郭店二十

里至聞喜縣三十里至東鎮三十里至橫水鎮轉鄉七十里至桃

園八十里至垣曲縣

平陸縣計程一百零五里限二日到

自運城三十里至東郭鎮十五里至張店三十里至八政十三

里至平陸縣

芮城縣計程一百二十里限二日到

自運城四十里至解州四十里至朱呂鎮四十里至芮城縣

絳州計程一百八十里限三日到

自運城三十里至陶村三十里至水頭二十里至小郭店十二

里至聞喜縣三十里至蘭村五十里至絳州

稷山縣　計程一百六十里限三日到

自運城三十里至相裡二十里至中臣二十里至楊裡村十里

至河所十里至七里庄十五里至車店二十五里至汾河

三十里至稷山縣

襄陵縣　計程二百九十里限六日到

自運城三十里至陶村三十里至水頭二十里至小郭店二十

里至聞喜縣三十里至東鎮三十里至隘口二十里至侯馬驛

三十里至高縣鎮二十里至蒙城驛四十里至趙曲鎮二十里至

襄陵縣

河津縣計程一百三十五里限二日到

自運城三十里至相裡四十里至皇甫村四十里至李堡村

二十五里至河津縣

太平縣計程二百四十里限四日到

自運城三十里至陶村三十里至水頭二十里至小郭店十二

里至聞喜縣四十里至蘭村三十里至絳州三十里至王師庄

四十里至太平縣

吉州計程三百二十里限五日到

自運城三十里至相裡四十里至皇甫村四十里至李堃村
四十里至河村三十里至樓底村十里轉腳三十里至西坡村三十里至
金城嶺二十里至寬井河三十里至三侯村二十里至吉州

蒲縣　計程四百六十里限八日到

自運城三十里至陶村三十里至水頭二十里至小郭店十二
里至聞喜縣三十里至東鎮三十里至隘口二十里至侯馬驛
三十里至高縣鎮二十里至蒙城驛四十里至趙曲鎮四十里至
平陽府西關轉腳二十里至劉村鎮七十里至黑龍關二十里至
化樂鎮四十里至蒲縣

鄉寧縣　計程四百七十里限八日到

自運城三十里至相裡四十里至皇甫村四十里至李堃村

四十里至河村三十里至樓底村十里轉脚七十里至喜村七十里至衛

營里七十里至寬水峪八十里至鄉寧縣

隰州　計程五百八十里限十日到

自運城三十里至陶村三十里至水頭二十里至小郭店十二

里至聞喜縣三十里至東鎮三十里至隘口二十里至侯馬驛

三十里至高縣鎮二十里至蒙城驛四十里至趙曲鎮四十里至

平陽府西關轉脚二十里至劉村鎮七十里至黑龍關二十里至

化樂鎮四十里至蒲縣六十里至仵城六十里至隰州

大寧縣　計程五百五十里限十日到

自運城三十里至陶村三十里至水頭二十里至小郭店十二

里至聞喜縣三十里至東鎮三十里至隘口二十里至侯馬驛

三十里至高縣鎮二十里至蒙城驛四十里至趙曲鎮四十里至

平陽府西關轉鄜二十里至劉村鎮七十里至黑龍關二十里至

化樂鎮四十里至蒲縣六十里至仵城三十里至大寧縣

汾西縣　計程四百八十里限八日到

自運城三十里至陶村三十里至水頭二十里至小郭店二

里至聞喜縣三十里至東鎮三十里至隘口二十里至侯馬驛
二十里至高縣鎮二十里至蒙城驛四十里至趙曲鎮四十里至
平陽府四十里至楊曲鎮二十里至洪洞縣三十里至趙城
縣轉脚二十里至水閆鎮四十里至僧念鎮二十里至汾西縣

永和縣計程五百八十里限十日到

自運城三十里至陶村三十里至水頭二十里至小郭店十二
里至聞喜縣三十里至東鎮三十里至隘口二十里至侯馬驛
三十里至高縣鎮二十里至蒙城驛四十里至趙曲鎮四十里至
平陽府西關轉脚二十里至楊村鎮七十里至黑龍關二十里至

化樂鎮四十里至蒲縣六十里至仵城二十里至索壁四十里至

永和縣

長治縣　計程六百九十里限十二日到

自運城三十里至陶村三十里至水頭二十里至小郭店十二里至聞喜縣三十里至東鎮三十里至隘口二十里至侯馬驛三十里至高縣鎮二十里至蒙城驛四十里至趙曲鎮四十里至平陽府五十里至曲停鎮轉郿三十里至古羅二十里至堯店二十里至朱家窰二十里至草峪嶺四十里至富城三十里至勞遝二十里至良馬二十里至邊寨四十里至豐義四十里至鮑店

五十里至長治縣

長子縣　計程六百九十里限十二日到

自運城三十里至陶村三十里至水頭二十里至小郭店二十里至聞喜縣三十里至東鎮三十里至隘口二十里至侯馬驛三十里至高縣鎮二十里至蒙城驛四十里至趙曲鎮四十里至平陽府五十里至曲停鎮轉腳三十里至古羅二十里至堯店二十里至朱家窰二十里至草峪嶺四十里至富城三十里至勞遞二十里至良馬二十里至邊寨四十里至豐義四十里至鮑店五十里至長子縣

屯留縣　計程七百里限十二日到

自運城三十里至陶村三十里至水頭二十里至小郭店二十
里至聞喜縣三十里至東鎮三十里至隘口二十里至侯馬驛
三十里至高縣鎮二十里至蒙城驛四十里至趙曲鎮四十里至
平陽府五十里至曲停鎮轉腳三十里至古羅二十里至堯店
二十里至朱家窰二十里至草嵱嶺四十里至富城三十里至勞
運二十里至艮馬二十里至邊寨四十里至豐義四十里至鮑店
六十里至屯留縣

襄垣縣　計程七百七十里限十三日到

自運城三十里至陶村三十里至水頭二十里至小郭店二十里至聞喜縣三十里至東鎮三十里至隘口二十里至侯馬驛三十里至高縣鎮二十里至蒙城驛四十里至趙曲鎮四十里至平陽府五十里至曲停鎮轉脚三十里至古羅二十里至堯店二十里至朱家窰二十里至草峪嶺四十里至富城三十里至勞遲二十里至良馬二十里至邊寨四十里至豐義四十里至鮑店一百三十里至襄垣縣

潞城縣　計程七百八十里限十三日到

自運城三十里至陶村三十里至水頭二十里至小郭店二十

里至聞喜縣三十里至東鎮三十里至隘口二十里至侯馬驛三十里至高縣鎮二十里至蒙城驛四十里至趙曲鎮四十里至平陽府五十里至曲停鎮十里轉郇三里至古羅二十里至堯店二十里至朱家窰二十里至草峪嶺四十里至富城三十里至勞遷二十里至艮馬二十里至邊寨四十里至豐義四十里至鮑店一百四十里至潞城縣

黎城縣　計程八百四十里限十四日到

自運城三十里至陶村三十里至水頭二十里至小郭店十二里至聞喜縣三十里至東鎮三十里至隘口二十里至侯馬驛

三十里至高縣鎮二十里至蒙城驛四十里至趙曲鎮四十里至

平陽府五十里至曲停鎮十里至轉腳三十里至古羅二十里至堯店

二十里至朱家窯二十里至草峪嶺四十里至富城三十里至勞

逕二十里至艮馬二十里至邊寨四十里至豐義四十里至鮑店

二百里至黎城縣

壺關縣　計程七百五十里限十三日到

自運城三十里至陶村三十里至水頭二十里至小郭店二十

里至聞喜縣三十里至東鎮三十里至隘口二十里至侯馬驛

三十里至高縣鎮二十里至蒙城驛四十里至趙曲鎮四十里至

平陽府五十里至曲停鎮轉脚三十里至古羅二十里至堯店

二十里至朱家窰二十里至草峪嶺四十里至富城三十里至勞

逕二十里至良馬二十里至邊寨四十里至豐義四十里至鮑店

一百一十里至壺關縣

平順縣計程九百里限十五日到

自運城三十里至陶村三十里至水頭二十里至小郭店十二

里至閆喜縣三十里至東鎮三十里至隘口二十里至侯馬驛

三十里至高縣鎮二十里至蒙城驛四十里至趙曲鎮四十里至

平陽府五十里至曲停鎮轉脚三十里至古羅二十里至堯店

二十里至朱家窰二十里至草嵴嶺四十里至富城三十里至勞
遲二十里至艮馬二十里至邊寨四十里至豐義四十里至鮑店
二百六十里至平順縣

鳳臺縣　計程五百九十里限十日到

自運城三十里至陶村三十里至水頭二十里至小郭店二十
里至聞喜縣三十里至東鎮三十里至隘口二十里至侯馬驛
三十里至曲沃縣三十里至樊店二十里至翼城縣轉郿二十里至
北撖二十里至龍華四十里至王寨三十里至沁水縣二十里至
富店三十里至劉村五十里至小城三十里至陽城九十里至鳳

臺縣

高平縣　計程六百八十里限十一日到

自運城三十里至陶村三十里至水頭二十里至小郭店二十

里至閻喜縣三十里至東鎮三十里至陰口二十里至侯馬驛

三十里至曲沃縣三十里至樊店二十里至翼城縣十里至轉那二

北撖二十里至龍華四十里至王寨三十里至沁水縣二十里至

富店三十里至劉村五十里至小城三十里至陽城九十里至澤

州府九十里至高平縣

陽城縣　計程五百里限九日到

自運城三十里至陶村三十里至水頭二十里至小郭店二十里至聞喜縣三十里至東鎮三十里至隘口二十里至侯馬驛三十里至曲沃縣三十里至樊店二十里至翼城縣轉脚二十里至北撖二十里至龍華四十里至王寨三十里至沁水縣二十里至富店三十里至劉村五十里至小城三十里至陽城縣

陵川縣計程七百里限十二日到

自運城三十里至陶村三十里至水頭二十里至小郭店二十里至聞喜縣三十里至東鎮三十里至隘口二十里至侯馬驛三十里至曲沃縣三十里至樊店二十里至翼城縣轉脚二十里至

北撖二十里至龍華四十里至王寨三十里至沁水縣二十里至富店三十里至劉村五十里至小城三十里至陽城九十里至澤州府二十里至王台舖二十里至高都二十里至附城五十里至陵川縣

沁水縣 計程三百七十里限六日到

自運城三十里至陶村三十里至水頭二十里至小郭店二十里至聞喜縣三十里至東鎮三十里至隘口二十里至侯馬驛三十里至曲沃縣三十里至樊店二十里至翼城縣轉脚二十里至北撖二十里至龍華四十里至王寨三十里至沁水縣

陝西省

咸寧縣　計程六百里限二十四日到

自運城二十里至龍曲三十里至客頭四十里至七記鎮六十里至下馬頭二十里至黃河口上船三百七十里至草灘起旱六十里至咸寧縣

長安縣　計程六百里限二十四日到

自運城二十里至龍曲三十里至客頭四十里至七記鎮六十里至下馬頭二十里至黃河口上船三百七十里至草灘起旱六十里至長安縣

涇陽縣　計程五百九十里限十五日到

自運城四十里至太凡二十里至下仁鎮二十五里至臨晉

縣五十里至黃龍鎮二十里至黃河口上船八十里至三河口

二百五十里至交口起旱四十里至高陵縣二十里至羅家店三十

里至永樂鎮二十里至涇陽縣

三原縣　計程五百五十五里限十四日到

自運城四十里至太凡二十里至下仁鎮二十五里至臨晉

縣五十里至黃龍鎮二十里至黃河口上船八十里至三河口

二百五十里至交口起旱四十里至毘西鎮三十里至三原縣

富平縣　計程三百九十里限九日到

自運城二十里至龍山三十里至客頭四十里至七記鎮十六

里至下馬頭二十里至黃河口十里至太興關十里至朝

邑縣四十里至同州三十里至船社鎮十里至晉城鎮三十

里至党木鎮三十里至玉村鎮三十里至留集鎮三十里至富

平縣

渭南縣　計程三百九十五里限十日到

自運城四十里至太凡二十里至下仁鎮二十五里至臨晉

縣五十里至黃龍鎮二十里至黃河口上船八十里至三河口

起旱一百六十里至渭南縣

臨潼縣　計程四百六十里限十七日到

自運城二十里至龍曲三十里至客頭四十里至七記鎮六十里至下馬頭二十里至黃河口上船二百四十里至臨潼凌口鎮起旱五十里至臨潼縣

盩厔縣　計程七百四十五里限三十日到

自運城四十里至太凡二十里至下仁鎮二十五里至臨晉縣五十里至黃龍鎮二十里至黃河口上船八十里至三河口三百九十里至咸陽縣起旱九十里至終南三十里至盩厔縣

醴泉縣　計程七百一十里限二十八日到

自運城二十里至龍曲三十里至客頭四十里至七記鎮六十里至下馬頭二十里至黃河口上船八十里至三河口一百一十里至華州五十里至渭南縣五十里至交口五十里至新豐鎮八十里至草灘四十里至咸陽縣起旱五十里至興平邸張驛三十里至醴泉縣

藍田縣　計程五百八十五里限二十二日到

自運城四十里至太凡二十里至下仁鎮二十五里至臨晉縣五十里至黃龍鎮二十里至黃河口上船八十里至三河口

二百五十里至李家嘴兒起旱四十里至洪慶三十里至新街鎮

三十里至藍田縣

高陵縣　計程五百里限十三日到

自運城二十里至龍曲三十里至客頭四十里至七記鎮六十

里至下馬頭二十里至黃河口上船八十里至三河口四十里至

華陰縣七十里至華州五十里至渭南縣五十里至交口起旱

四十里至高陵縣

興平縣　計程六百九十里限二十八日到

自運城二十里至龍曲三十里至客頭四十里至七記鎮六十

里至下馬頭二十里至黃河口上船八十里至潼關縣三百九十
里至咸陽縣起旱二十五里至馬抱泉二十五里至興平縣
咸陽縣計程六百四十里限二十八日到
自運城二十里至龍曲三十里至客頭四十里至七記鎮六十
里至下馬頭二十里至黃河口上船八十里至潼關縣四十里至
華陰縣七十里至華州五十里至渭南縣五十里至交口五十
里至新豐鎮三十里至臨潼縣五十里至西安府五十里至咸
陽縣
鄠縣計程六百八十里限二十六日到

自運城二十里至龍曲三十里至客頭四十里至七記鎮六十里至下馬頭二十里至黃河口上船八十里至三河口一百一十里至華州五十里至渭南縣五十里至交口五十里至新豐鎮八十里至草灘起旱九十里至鄠縣

商州計程五百二十里限十三日到

商州

自運城二十里至龍曲三十里至客頭四十里至七記鎮六十里至下馬頭二十里至黃河口上船八十里至潼關縣起旱四十里至太嶍口七十里至石墻兒七十里至雒南縣九十里至商州

鎮安縣　計程九百里限三十日到

自運城二十里至龍曲三十里至客頭四十里至七記鎮六十

里至下马頭二十里至黃河口上船八十里至三河口四十里至

華陰縣七十里至華州五十里至渭南縣五十里至交口八十

里至草灘起旱二百四十里至舊縣關一百二十里至鎮安縣

雒南縣　計程四百三十里限十一日到

自運城二十里至龍曲三十里至客頭四十里至七記鎮六十

里至下馬頭二十里至黃河口上船八十里至潼關縣起旱四十

里至太峪口七十里至石墻兒七十里至雒南縣

山陽縣　計程六百四十里限十六日到

自運城二十里至龍曲三十里至客頭四十里至七記鎮六十里至下馬頭二十里至黃河口上船八十里至潼關縣起旱四十里至太峪口七十里至石墻兒七十里至雒南縣九十里至商州一百二十里至山陽縣

商南縣　計程八百二十里限十六日到

自運城二十里至龍曲三十里至客頭四十里至七記鎮六十里至下馬頭二十里至黃河口上船八十里至潼關縣起旱四十里至[illegible]七十里至石墻兒七十里至經村一百里至龍駒

縣一百里至商南縣

興安州計程一千二百四十五里限三十六日到

自運城四十里至太凡二十里至下仁鎮二十五里至臨晉縣五十里至黃龍鎮二十里至黃河口十里至上船八十里至三河口四十里至華陰縣七十里至華州五十里至渭南縣五十里至交口八十里至草灘十里起旱二百四十里進山至舊縣關一百二十里至晉司里一百二十里至趙家灣一百二十里至硫磺溝一百二十里至興安州

石泉縣　計程一千四百二十五里限三十九

日到

自運城四十里至太凡二十里至下仁鎮二十五里至臨晉

縣五十里至黃龍鎮二十里至黃河口上船八十里至三河口

四十里至華陰縣七十里至華州五十里至渭南縣五十里至交

口八十里至草灘起旱二百四十里進山至舊縣關一百二十里至晉

司里一百二十里至趙家灣一百二十里至硫磺溝一百二十里至

興安州一百八十里至石泉縣

洵陽縣　計程一千一百二十五里限三十三

日到

自運城四十里至太凡二十里至下仁鎮二十五里至臨晉

縣五十里至黄龍鎮二十里至黄河口上船八十里至三河口

四十里至華陰縣七十里至華州五十里至渭南縣五十里至交

口八十里至草灘起旱二百四十里進山至舊縣關一百二十里至晉

司里一百二十里至趙家灣一百二十里至洵陽縣

漢陰縣計程一千四百四十里限四十日到

自運城二十里至龍曲三十里至客頭四十里至七記鎮十六

里至下馬頭二十里至黄河口上船八十里至三河口四十里至

華陰縣七十里至華州五十里至渭南縣五十里至交口八十
里至草灘起旱二百四十里進山至舊縣關一百二十里至晉司里
一百二十里至趙家灣一百二十里至硫磺溝一百二十里至興安
州九十里至恒口九十里至漢陰縣
紫陽縣計程一千四百二十五里限三十九
日到
自運城四十里至太凡二十里至下仁鎮二十五里至臨晉
縣五十里至黃龍鎮二十里至黃河口上船八十里至三河口
四十里至華陰縣七十里至華州五十里至渭南縣五十里至交

口八十里至草灘起旱二百四十里進山至舊縣關一百二十里至晉

司里一百二十里至趙家灣一百二十里至硫磺溝一百二十里至

興安州一百八十里至紫陽縣

平利縣　計程一千三百六十里限三十八日

到

自運城二十里至龍曲三十里至客頭四十里至七記鎮六十

里至下馬頭二十里至黃河口上船八十里至三河口四十里至

華陰縣七十里至華州五十里至渭南縣五十里至交口八十

里至草灘起旱二百四十里進山至舊縣關一百二十里至晉司里

一百二十里至趙家灣一百二十里至硫磺溝一百二十里至興安

州一百里至平利縣

白河縣計程一千三百六十五里限三十八

日到

自運城四十里至太凡二十里至下仁鎮二十五里至臨晉

縣五十里至黃龍鎮二十里至黃河口上船八十里至三河口

四十里至華陰縣七十里至華州五十里至渭南縣五十里至交

口八十里至草灘起旱二百四十里進山至舊縣關一百二十里至晉

司里一百二十里至趙家灣一百二十里至硫磺溝一百二十里至

興安州一百二十里至白河縣

同州計程二百叅五里限五日到

自運城四十里至太凡二十里至下仁鎮二十五里至臨晉縣五十里至黃龍鎮二十里至黃河口十里至新關四十里至

同州

朝邑縣計程一百七十五里限五日到

自運城四十里至太凡二十里至下仁鎮二十五里至臨晉縣五十里至黃龍鎮二十里至黃河口十里至新關十里至

朝邑縣

郃陽縣　計程二百四十五里限七日到

自運城四十里至太凡二十里至下仁鎮二十五里至臨晉縣五十里至黃龍鎮二十里至黃河口五十里至下陽鎮四十里至郃陽縣

澄城縣　計程二百六十五里限七日到

自運城四十里至太凡二十里至下仁鎮二十五里至臨晉縣五十里至黃龍鎮二十里至黃河口三十里至營田庄四十里至寺前鎮四十里至澄城縣

韓城縣　計程二百六十里限八日到

自運城二十里至龍曲三十里至客頭四十里至七記鎮六十

里至下馬頭二十里至黃河口七十里至緇川二十里至韓城

縣

華州計程四百一十五里限十一日到

自運城二十里至龍曲三十里至客頭四十里至七記鎮六十

里至下馬頭一十里至黃河口上船八十里至三河口四十里至

華陰縣一百一十里至華州周家庄起旱十五里至華州

華陰縣計程三百二十里限九日到

自運城二十里至龍曲三十里至客頭四十里至七記鎮六十

里至下馬頭二十里至黃河口上船八十里至三河口四十里至

華陰縣東宅起旱三十里至華陰縣

蒲城縣　計程三百二十里限七日到

自運程二十里至龍曲三十里至客頭四十里至七記鎮十六

里至下馬頭二十里至黃河口十里至太興關十里至朝

邑縣四十里至同州三十里至船社鎮十里至晉城鎮二十

里至龍陽鎮十里至旱地二十里至蒲城縣

潼關縣　計程二百四十里限八日到

自運城二十里至龍曲三十里至客頭四十里至七記鎮十六

里至下馬頭二十里至黄河口七十里至潼關縣

耀州　計程四百零五里限九日到

自運城四十里至太凡二十里至下仁鎮二十五里至臨晉縣五十里至黄龍鎮二十里至黄河口上船十里至太興關起旱十里至朝邑縣四十里至同州三十里至船社鎮十里至蒲城晉城鎮一百二十里至富平莊裏鎮三十里至耀州

同官縣　計程四百二十里限九日到

自運城二十里至龍曲三十里至客頭四十里至七記鎮六十里至下馬頭二十里至黄河口上船十里至太興關起旱十里

至朝邑縣四十里至同州三十里至船社鎮十里至蒲城

晉城鎮一百二十里至富平莊裏鎮三十里至同官縣

白水縣　計程三百六十里限八日到

自運城二十里至龍曲三十里至客頭四十里至七記鎮十六里至下馬頭二十里至黃河口五里至新庄五里至朝邑縣四十里至同州九十里至蒲城縣五十里至白水縣

乾州　計程七百四十五里限三十日到

自運城四十里至太凡二十里至下仁鎮二十五里至臨晉縣五十里至黃龍鎮二十里至黃河口上船八十里至潼關縣

三百九十里至咸陽縣起旱五十里至邸張驛三十里至醴泉縣四十里至乾州

武功縣計程七百八十里限三十一日到

自運城二十里至龍曲三十里至客頭四十里至七記鎮六十里至下馬頭二十里至黃河口上船八十里至潼關縣三百九十里至咸陽縣起旱二十五里至馬抱泉二十五里至興平縣三十里至馬嵬鎮二十里至東扶峰四十里至武功縣

永壽縣計程八百五十里限三十一日到

自運城二十里至龍曲三十里至客頭四十里至七記鎮六十

里至下馬頭二十里至黃河口上船八十里至潼關縣四十里至

華陰縣七十里至華州五十里至渭南縣五十里至交口五十

里至新豐鎮三十里至臨潼縣五十里至西安府五十里至咸

陽縣起旱五十里至邸張驛三十里至醴泉縣四十里至乾州

五十里至監郡庄四十里至永壽縣

邠州計程九百二十里限三十二日到

自運城二十里至龍曲三十里至客頭四七里至七記鎮六十

里至下馬頭二十里至黃河口上船八十里至潼關縣四十里至

華[illegible]七十里至華州五十里至渭南縣五十里至交口五十

里至新豐鎮三十里至臨潼縣五十里至西安府五十里至咸
陽縣起旱五十里至邸張驛三十里至醴泉縣四十里至乾州
五十里至監郡庄四十里至永壽縣四十里至太峪鎮三十里至
邠州
三水縣計程七百六十里限十八日到
自運城二十里至龍曲三十里至各頭四十里至七記鎮六十
里至下馬頭二十里至黃河口上船八十里至三河口二百五十
里至交口起旱一百一十里至雲陽鎮七十里至淳化縣八十里至
三水縣

淳化縣　計程六百八十里限十六日到

自運城二十里至龍曲三十里至客頭四十里至七記鎮六十里至下馬頭二十里至黃河口上船八十里至三河口二百五十里至交口起旱一百一十里至雲陽鎮七十里至淳化縣

長武縣　計程一千里限三十九日到

自運城二十里至龍曲三十里至客頭四十里至七記鎮六十里至下馬頭二十里至黃河口上船八十里至潼關縣四十里至華陰縣七十里至華州三十里至渭南縣五十里至交口五十里至新豐鎮三十里至臨潼縣五十里至西安府五十里至咸

陽縣起早五十里至邸張驛三十里至醴泉縣四十里至乾州五十里至監郡庄四十里至永壽縣四十里至太峪鎮三十里至邠州八十里至長武縣

河南省

洛陽縣計程三百九十里限十二日到

自運城二十里至聖惠鎮十里至東郭二十里至張店三十里至八政二十里至茅津渡過河五里至會興鎮十五里至磁鍾二十五里至張茅二十里至硤石驛二十里至觀音堂二十里至英豪鎮二十五里至澠池縣四十里至義昌驛二十里至

鐵門鎮三十里至新安縣三十里至磁澗二十里至谷水村
二十里至洛陽縣
偃師縣 計程四百六十里限十三日到
自運城四十里至解州二十里至鹽房四十里至張村二十里至
太陽渡過河至陝州南關三十里至磁鍾二十五里至張
茅二十里至硤石驛二十里至觀音堂二十里至英豪鎮二十
五里至澠池縣四十里至義昌驛二十里至鐵門鎮三十里至
新安縣三十里至磁澗二十里至谷水村二十里至洛陽縣
七十里至偃師縣

鞏縣　計程五百一十里限十五日到

自運城二十里至聖惠鎮十里至東郭二十里至張店三十里至八政二十里至茅津渡過河五里至會興鎮十五里至磁鍾二十五里至張茅二十里至硤石驛二十里至觀音堂二十里至英豪鎮二十五里至澠池縣四十里至義昌驛二十里至鐵門鎮三十里至新安縣三十里至磁澗二十里至谷水村二十里至洛陽縣七十里至偃師縣五十里至鞏縣

孟津縣　計程四百四十里限十三日到

自運城二十里至聖惠鎮十里至東郭二十里至張店三十

里至八政二十里至茅津渡過河五里至會興鎮十五里至磁

鍾二十五里至張茅二十里至硤石驛二十里至觀音堂二十

里至英豪鎮二十里至澠池縣四十里至義昌驛二十里至

鐵門鎮三十里至新安縣三十里至磁澗二十里至谷水村

二十里至洛陽縣五十里至孟津縣

宜陽縣　計程三百八十里限十一日到

自運城四十里至解州二十里至鹽房四十里至張村二十里至

太陽渡過河至陝州南關三十里至磁鍾二十五里至張

茅二十里至硤石驛二十里至觀音堂六十里至河底鎮四十

里至韓城鎮五十里至宜陽縣

登封縣計程五百一十里限十五日到

自運城二十里至聖惠鎮十里至東郭二十里至張店三十里至八政二十里至茅津渡過河五里至會興鎮十五里至磁鍾二十五里至張茅二十里至硤石驛二十里至觀音堂二十里至英豪鎮二十五里至澠池縣四十里至義昌驛二十里至鐵門鎮三十里至新安縣三十里至磁澗二十里至谷水村二十里至洛陽縣四十里至翟家庄五十里至叅駕店二十里至少林寺二十里至登封縣

永寧縣　計程四百五十里限十三日到

自運城四十里至解州二十里至蠶房四十里至張村二十五里至太陽渡過河陝州南關三十里至磁鍾二十五里至張茅二十里至硤石驛二十里至觀音堂六十里至河底鎮四十里至韓城鎮六十里至三鄉鎮六十里至永寧縣

新安縣　計程三百五十五里限十一日到

自運城四十里至解州二十里至蠶房四十里至張村二十五里至太陽渡過河陝州南關三十里至磁鍾二十五里至張茅二十里至硤石驛二十里至觀音堂二十里至英豪鎮

二十五里至澠池縣四十里至義昌驛二十里至鐵門鎮三十里至新安縣

澠池縣計程二百三十里限八日到

自運城二十里至聖惠鎮十里至東郭二十里至張店三十里至八政二十里至茅津渡過河五里至會興鎮十五里至磁鍾二十五里至張茅二十里至硤石驛二十里至觀音堂二十里至英豪鎮二十五里至澠池縣

嵩縣計程五百里限十四日到

自運城二十里至聖惠鎮十里至東郭二十里至張店三十

里至八政二十里至茅津渡過河五里至會興鎮十五里至磁鍾二十五里至張茅二十里至硤石驛二十里至觀音堂六十里至河底鎮四十里至韓城鎮四十里至趙堡四十里至白楊樹三十里至鳴臯六十里至嵩縣

盧氏縣 計程二百八十里限九日到

自運城四十里至解州四十里至陌底十里至曲里過河十里至靈寶縣四十里至川口七十里至閿道鎮七十里至盧氏縣

陜州 計程一百一十里限四日到

自運城二十里至聖惠鎮十里至東郭二十里至張店十三里至八政二十里至茅津渡過河十里至陝州

靈寶縣　計程一百里限四日到

自運城四十里至解州四十里至陌底十里至曲里十里過河至靈寶縣

閿鄉縣　計程四百四十里限十三日到

自運城五十里至太樊村四十里至樊橋鎮五十里至東張鎮四十里至黃龍鎮十里至河岸裝船由黃河順流五十里至下馬頭八十里至潼關五十里至文底鎮三十里至盤

豆鎮三十里至大河南岸卸船起旱十里至閿鄉縣

南陽縣　計程一千零十五里限二十七日到

自運城二十里至聖惠鎮十里至東郭二十里至張店十三

里至八政二十里至茅津渡過河五里至會興鎮十五里至磁

鍾二十五里至張茅二十里至硤石驛二十里至觀音堂十二

里至英豪鎮二十五里至澠池縣四十里至義昌驛二十里至

鐵門鎮三十里至新安縣三十里至磁澗二十里至谷水村

二十里至洛陽縣二十里至龍門鎮五十里至白沙鎮三十里至

臨汝三十里至廟下三十五里至汝州四十里至長埠五十里至

郟縣三十里至長橋三十里至襄城縣六十里至葉縣三十里至

舊縣十里至獨樹二十里至保安驛六十里至裕州六十里至

博望驛六十里至南陽縣

唐縣　計程一千一百一十五里限三十日

到

自運城二十里至聖惠鎮十里至東郭二十里至張店三十

里至八政二十里至茅津渡過河五里至會興鎮十五里至磁

鍾二十五里至張茅二十里至硤石驛二十里至觀音堂二十

里至英豪鎮二十五里至澠池縣四十里至義昌驛二十里至

鐵門鎮三十里至新安縣三十里至磁澗二十里至谷水村
二十里至洛陽縣二十里至龍門鎮五十里至白沙鎮三十里至
臨汝三十里至廟下三十五里至汝州四十里至長埠五十里至
郟縣三十里至長橋三十里至襄城縣六十里至葉縣三十里至
舊縣十里至獨樹二十里至保安驛六十里至裕州六十里至
博望驛六十里至南陽縣六十里至桐寨鋪四十里至唐縣
泌陽縣　計程九百零五里限二十四日到
自運城二十里至聖惠鎮十里至東郭二十里至張店三十
里至八政二十里至茅津渡過河五里至會興鎮十五里至磁

鍾二十五里至張茅二十里至硤石驛二十里至觀音堂十二里至英豪鎮二十五里至澠池縣四十里至義昌驛二十里至鐵門鎮三十里至新安縣三十里至磁澗二十里至谷水村二十里至洛陽縣二十里至龍門鎮五十里至白沙鎮三十里至臨汝三十里至廟下三十五里至汝州四十里至長埠五十里至郏縣三十里至長橋三十里至襄城縣六十里至葉縣三十里至舊縣十里至獨樹五十里至牛王庄五十里至泌陽縣

鎮平縣計程一千七十五里限二十八日到

自運城二十里至聖惠鎮十里至東郭二十里至張店十三

里至八政二十里至茅津渡過河五里至會興鎮十五里至磁鍾二十五里至張茅二十里至硤石驛二十里至觀音堂二十里至英豪鎮二十五里至澠池縣四十里至義昌驛二十里至鐵門鎮三十里至新安縣三十里至磁澗二十里至谷水村二十里至洛陽縣二十里至龍門鎮五十里至白沙鎮三十里至臨汝三十里至廟下三十五里至汝州四十里至長埠五十里至郏縣三十里至長橋三十里至襄城縣六十里至葉縣三十里至舊縣十里至獨樹二十里至保安驛六十里至裕州六十里至博望驛六十里至南陽縣六十里至鎮平縣

桐柏縣　計程一千二百七十五里限三十四日到

自運城二十里至聖惠鎮十里至東郭二十里至張店三十里至八政二十里至茅津渡過河五里至會興鎮十五里至磁鍾二十五里至張茅二十里至硤石驛二十里至觀音堂四十五里至澠池縣四十里至義昌驛二十里至鐵門鎮三十里至新安縣三十里至磁澗二十里至谷水村二十里至洛陽縣二十里至龍門鎮五十里至白沙鎮三十里至臨汝三十里至廟下三十五里至汝州四十里至長埠五十里至郟縣三十里至長

橋三十里至襄城縣六十里至葉縣三十里至舊縣十里至獨
樹二十里至保安驛六十里至裕州六十里至博望驛六十里至
南陽縣六十里至桐寨鋪四十里至唐縣七十里至平氏鎮
九十里至桐柏縣
鄧州　計程一千一百三十五里限三十日
到
自運城二十里至聖惠鎮十里至東郭二十里至張店三十
里至八政二十里至茅津渡過河五里至會興鎮十五里至磁
鍾二十五里至張茅二十里至硤石驛二十里至觀音堂二十

里至英豪鎮二十五里至澠池縣四十里至義昌驛二十里至
鐵門鎮三十里至新安縣三十里至磁澗二十里至谷水村
二十里至洛陽縣二十里至龍門鎮五十里至白沙鎮三十里至
臨汝三十里至廟下三十五里至汝州四十里至長埠五十里至
郟縣三十里至長橋三十里至襄城縣六十里至葉縣三十里至
舊縣十里至獨樹二十里至保安驛六十里至裕州六十里至
博望驛六十里至南陽縣六十里至穰東六十里至鄧州
內鄉縣　計程一千一百六十五里限三十一
日到

自運城二十里至聖惠鎮十里至東郭二十里至張店十三
里至八政二十里至茅津渡過河五里至會興鎮十五里至磁
鍾二十五里至張茅二十里至硤石驛二十里至觀音堂二十
里至英豪鎮二十五里至澠池縣四十里至義昌驛二十里至
鐵門鎮三十里至新安縣三十里至磁澗二十里至谷水村
二十里至洛陽縣二十里至龍門鎮五十里至白沙鎮三十里至
臨汝三十里至廟下三十五里至汝州四十里至長埠五十里至
郟縣三十里至長橋三十里至襄城縣六十里至葉縣三十里至
舊縣十里至獨樹二十里至保安驛六十里至裕州六十里至

博望驛六十里至南陽縣六十里至鎮平縣九十里至內鄉

縣

新野縣計程一千一百三十五里限三十日

到

自運城二十里至聖惠鎮十里至東郭二十里至張店三十

里至八政二十里至茅津渡過河五里至會興鎮十五里至磁

鍾二十五里至張茅二十里至硤石驛四十里至英豪鎮二十

五里至澠池縣四十里至義昌驛二十里至鐵門鎮三十里至

新安縣三十里至磁澗二十里至谷水村二十里至洛陽縣

二十里至龍門鎮五十里至白沙鎮三十里至臨汝三十里至廟

下三十五里至汝州四十里至長埠五十里至郟縣三十里至長

橋三十里至襄城縣六十里至葉縣三十里至舊縣十里至獨

樹二十里至保安驛六十里至裕州六十里至博望驛六十里至

南陽縣六十里至瓦店六十里至新野縣

淅川縣　計程六百三十里限十九日到

自運城四十里至解州四十里至陌底十里至曲里過河十里

至靈寶縣四十里至川口七十里至關道鎮七十里至盧氏

縣一百四十里至朱陽關十五里至黃砂里八十里至跋石硤

十五里至華陽關一百里至淅川縣

裕州計程八百九十五里限二十四日到

自運城二十里至王惠鎮十里至東郭二十里至張店三十

里至八政二十里至茅津渡過河五里至會興鎮十五里至磁

鍾二十五里至張茅二十里至硤石驛二十里至觀音堂二十

里至英豪鎮二十五里至澠池縣四十里至義昌驛二十里至

鐵門鎮三十里至新安縣三十里至磁澗二十里至谷水村

二十里至洛陽縣二十里至龍門鎮五十里至白沙鎮三十里至

臨汝三十里至廟下三十五里至汝州四十里至長埠五十里至

郟縣三十里至長橋三十里至襄城縣六十里至葉縣三十
舊縣十里至獨樹三十里至保安驛六十里至裕州
葉縣　計程七百六十五里限二十一日到
白運城二十里至聖惠鎮十里至東郭二十里至張店十三
里至八政二十里至矛津渡過河五里至會興鎮十五里至磁
鍾二十五里至張茅二十里至硤石驛二十里至觀音堂十二
里至英豪鎮二十五里至澠池縣四十里至義昌驛二十里至
鐵門鎮三十里至新安縣三十里至磁澗二十里至谷水村
二十里至洛陽縣二十里至龍門鎮五十里至白沙鎮三十里至

臨汝三十里至廟下三十五里至汝州四十里至長埠五十里至
郟縣三十里至長橋三十里至襄城縣六十里至葉縣

汝州計程五百五十五里限十六日到

自還城四十里至解州二十里至蠶房四十里至張村二十五里
至太陽渡過河至陝州南關三十里至磁鍾二十五里
至張茅二十里至硤石驛二十里至觀音堂二十里至英豪
鎮二十五里至澠池縣四十里至義昌驛二十里至鐵門鎮
三十里至新安縣三十里至磁澗二十里至谷水村二十里至洛
陽縣二十里至龍門鎮五十里至白沙鎮三十里至臨汝鎮

三十里至廟下三十五里至汝州

魯山縣　計程六百七十五里限十九日到

自運城二十里至聖惠鎮十里至東郭二十里至張店三十里至八政二十里至茅津渡過河五里至會興鎮十五里至磁鍾二十五里至張茅二十里至硤石驛二十里至觀音堂二十里至英豪鎮二十五里至澠池縣四十里至義昌驛二十里至鐵門鎮三十里至新安縣三十里至磁澗二十里至谷水村二十里至洛陽縣二十里至龍門鎮五十里至白沙鎮三十里至臨汝鎮三十里至廟下三十五里至汝州六十里至大營十六

里至魯山縣

郟縣　計程六百四十五里限十八日到

白運城二十里至聖惠鎮十里至東郭二十里至張店三十

里至八政二十里至茅津渡過河五里至會興鎮十五里至磁

鍾二十里至五　張茅二十里至硤石驛二十里至觀音堂十二

里至英豪鎮二十五里至澠池縣四十里至義昌驛二十里至

鐵門鎮三十里至新安縣三十里至磁澗二十里至谷水村十

二十里至洛陽縣二十里至龍門鎮五十里至白沙鎮三十里至

臨汝鎮三十里至廟下三十五里至汝州四十里至長埠鎮

五十里至郟縣

寶豐縣　計程六百四十五里限十八日到

自運城四十里至解州二十里至鹽房四十里至張村二十五里

至太陽渡過河至陜州南關三十里至磁鍾二十五里至

張茅二十里至硤石驛二十里至觀音堂二十里至英豪鎮

二十五里至澠池縣四十里至義昌驛二十里至鐵門鎮三十

里至新安縣三十里至磁澗二十里至谷水村二十里至洛陽

縣二十里至龍門鎮五十里至白沙鎮三十里至臨汝鎮十二

里至毛廟下三十五里至汝州七十里至寶豐縣

伊陽縣　計程五百四十里限十五日到

白運城四十里至解州二十里至鹽房四十里至張村二十五里至太陽渡過河至陝州南關三十里至磁鍾二十五里至張茅二十里至硤石驛二十里至觀音堂二十里至英豪鎮二十五里至澠池縣四十里至義昌驛二十里至鐵門鎮三十里至新安縣三十里至磁澗二十里至谷水村二十里至洛陽縣二十里至龍門鎮五十里至白沙鎮三十五里至臨汝鎮十里至伊陽縣

襄城縣　計程七百零五里限十九日到

自運城二十里至聖惠鎮十里至東郭二十里至張店十三
里至八政二十里至茅津渡過河五里至會興鎮十五里至磁
鍾二十五里至張茅二十里至硤石驛二十里至觀音堂十二
里至英豪鎮二十五里至澠池縣四十里至義昌驛二十里至
鐵門鎮三十里至新安縣三十里至磁澗二十里至谷水村
二十里至洛陽縣二十里至龍門鎮五十里至白沙鎮三十里至
臨汝鎮三十里至廟下三十五里至汝州四十里至長埠鎮
五十里至郏縣三十里至長橋三十里至襄城縣

勑修河東鹽法志卷之四

支掣

律載起運官鹽每引照額定觔數爲一袋並帶

額定耗鹽經過批驗所依數掣摯秤盤但有夾

帶餘鹽同私鹽法若越過批驗所不經掣摯關

防者押回盤驗河東掣放皆由禁門不能越過

但摺角乾扒重複影射偹名跳高高以及車戸

夾帶觜鹽稽察宜嚴志支掣

掣鹽之法凡商人納課領引將該商姓名引目

帖下該場大使編號催掣及掣完報明某月某
日某商出鹽若干以憑稽查催其運發車戸入
場以十引載於一車每引分裝二袋每袋淨鹽
一百觔
大清會典順治元年題准掣騐引鹽每月一次又
覆准鹽包觔數太重稱掣爲難酌定成規引鹽
雖分課觔仍舊長蘆一引分爲三引每引鹽二
百觔包索二十觔山東一引分爲三引每引鹽
二百觔河東仍舊每引鹽二百觔兩淮一引分

為二引每引鹽二百觔又補鈌額餘課鹽一十
觔食鹽每引三百三十五觔兩浙二引分為三
引改肩挑小票為改引每引鹽二百觔福建各
路分幇行鹽西路鹽每引六百觔東路鹽每引
六千觔南路鹽每引四千八十觔漳屬鹽每包
三百觔㽜票徵稅不行鹽引陜西大小二池漢
中府每引二百觔西河縣每引二百觔二兩漳
縣每引一百七十八觔五兩兩廣鹽每引分為
十四包今更定每包俱重一百五十觔四川行

小票每包鹽一百觔加耗一十五觔河東每引
只作一引零星搬運折耗維艱雍正三年巡鹽
御史馬喀
題請每袋加耗鹽二十觔今河東掣鹽每袋裝鹽
一百二十觔兩袋共二百四十觔禁門掣摯先
逐車驗明袋數次逐袋掣摯不得任意低昂中
禁門出者卸於運城東西二門東禁門出者卸
於安邑南門西禁門出者卸於解州東門各有
轉夥店在焉舊時三場掣鹽每月掣各三次中

三東六西九中禁門掣鹽在本門者十二日移
中向東者三日移中向西者三日東禁門掣鹽
在本門者六日移東向中者九日移東向西者
三日西禁門掣鹽在本門者三日移西向中者
九日移西向東者三日東西二門相距不下五
六十里逢六則轉中而西者三日逢十則轉西
而東者三日此六日之內豈真輓東轍而西向
又廻西轍而東來哉其實商人未嘗依限支掣
如果依限支掣不用譸揚矣當日所以分限輪

轉者因係坐商守場賣於土販如商人一限之
引有十名彼土販來買僅止一名誰先誰後故
設立轉次挨限輪轉以便貨賣均匀今三省州
縣皆運商包認整齊躉發不比零星小販何庸
立轉分限徒滋煩擾雍正六年詳定在中者中
出在東者東出在西者西出不立轉限就便支
掣於商爲便但一場之中路有遠近近者腳賤
而遠者腳貴人皆希圖腳賤就近買鹽則路遠
之鹽堆積於場誰人貨買必致苦樂不均而澆

竈無資且或以此畦之錠而買别畦之鹽則錠與畦相離恐仍有空典錠名而畦不澆竈者凡闔分商錠坐某錠之商名必支某錠之畦鹽必潔淨價必公平庶苦樂均平不至攙越至畦鹽掣放必藉車裝有附近村庄之車戶有商人自家之車戶車戶有夾帶私鹽重複透出等弊且一名之鹽而分四五日掣放竟有遲至一月者非特躭遲悞賣擁且零星拆掣便於影射應將三門車戶開明住址隣保舖車給牌印烙登

冊商人報掣即於報單書明車戶姓名報掣一名即於本日掣完不得報多掣少零星影射驗之官私觀引引之生熟觀扒商人領引赴掣則搦省縣扒防越境犯界也入場支鹽則搦門扒防夾帶餘鹽也運發之日則搦吏扒防遲留不運影射重複也謹將扒式列後

省縣扒長六寸
　　闊一寸

押某省某縣發賣官鹽引

省縣扒舊在商廳揚用雍正十六年移於運使二
堂防書役作弊

門扒長六寸
門扒濶一寸三門各一

雍正　年　月　日東中西場大使驗掣　押

門扒在三禁門揭用舊係運使支科拚房書辦
揭扒雍正八年詳歸三場大使掌管

吏扒　長六寸　闊一寸

雍正　年　月　日東中西門場吏驗發起運

吏扒舊在蕭曹廟內搨用雍正六年移於運使二堂防書辦作槩

餘引扒長六寸

餘引扒濶一寸

雍正　年

部頒餘引　某省某州縣發賣官鹽引押

此扒始自雍正三年凡領餘引者用此扒

《山西文華》編纂委員會 編

山西文華·史料編

敕修河東鹽法志

第三册

卷五至卷六

清 覺羅石麟等◎修 清 朱一鳳等◎纂

山西出版傳媒集團
三晉出版社

勅修河東鹽法志卷之五

律例

昜大傳理財正辭禁民為非曰義恭讀我

皇上御製大清律集解謀程鹽法斟酌盡善凡雍正

元年以來奉

旨僉允現行則例欽遵備編志律例

凡犯無引私鹽凡有確貨即是不必贓之多少者杖一百徒三年

若帶有軍器者加一等流二千里鹽徒誣指平人者

加三等流三千里拒捕者斬監候鹽貨車船頭匹並

入官道塗引領行手牙人及窩藏鹽犯寄頓鹽貨者杖九十徒二年半受僱挑擔馱載者與例所謂肩挑背負者不同杖八十徒二年非應捕人告獲者就將所獲私鹽給付告人充賞同販中有一人能自首者免罪一體給賞若一人自犯而自首止免罪不賞仍追原贓○若私鹽事發止理見獲人鹽如獲鹽不獲人者不追獲人不獲鹽者不坐當該官司不許聽其展轉攀指違者官吏以故入人罪論謂如人鹽同獲止理見發有確貨無犯人若其鹽沒官不須追究

註此禁販私鹽以杜正課也凡屬財賦除正稅

外莫大於鹽課領引行鹽曰官鹽無引販賣曰私鹽私鹽行則官鹽阻故欲清鹽法必嚴私販首節言軍民販賣私鹽不計多寡即杖一百徒三年帶有軍器雖不拒捕亦加一等鹽徒被獲而誣指平人爲同犯不論有無軍器亦加三等不服追捕而抗拒者雖不傷人亦坐斬監候以上犯人所販鹽貨及馱載之車船頭匹並沒入官其引領道路之人與牙儈並窩藏鹽犯寄頓鹽貨者皆是同謀故杖

九十徒二年半若受僱而為挑擔馱載者亦係從惡故杖八十徒二年非應捕人役而能告發及捕獲送官者即將所獲私鹽給與告獲人充賞若同販人及引領人等有能自首者免其本罪仍如告獲人一體給賞末節吉

私鹽事發止許官司據見獲之鹽問理見獲人之罪不許聽私販罪人展轉攀指濫害平人違者官吏以故入人罪論

凡鹽場竈丁人等除歲辦正額鹽外夾帶餘鹽出

場及私煎鹽貨賣者同私鹽法該管總催知情

故縱及通同貨賣者與犯人同罪

註此一條嚴竈丁夾帶私煎之罪以靖私販之

源也凡各處鹽場竈戶人丁每歲有應辦額

引每日有額煎正數除正額課鹽之外卽爲

餘鹽夾帶餘鹽出場及私煎貨賣總催人知

情故縱及通同貨賣各坐以罪葢鹽徒私販

必由夾帶私煎故首及之

凡婦人有犯私鹽若夫在家或子知情罪坐夫

男其雖有夫而遠出或有子幼弱罪坐本婦
決杖一百
餘罪收贖
凡買食私鹽者杖一百因而貨賣者杖一百徒
三年
註此二條皆禁民間之私販也凡婦人犯罪例
坐夫男若有犯貨賣私鹽之罪者其夫在家
則不論知情與否一槩以夫當之罪其治家
不嚴也子則知情者坐罪以其不能喻親於
道也若有夫而遠出在外則未及顧家或子

雖知情而年在十五以下則不能勸諫故仍罪坐本婦依婦人犯罪本條科斷至於私鹽斷買然後私販可止故知爲私鹽而利其價賤買食者坐滿杖因而轉賣者坐滿徒

凡守禦官司及鹽運司巡檢司巡獲私鹽即發有司歸勘（原獲各衙門）不許擅問若有司官吏通同（原獲各衙門）脫放者與犯人同罪受財者計贓以枉法從（其罪之）重論

凡守禦官司及有司巡檢司設法差人於該管

地面并附場緊關去處常川巡禁私鹽若有
透漏者關津把截官及所委巡鹽人員初犯
笞四十再犯笞五十三犯杖六十公罪並留職
役若知情故縱及容令軍兵隨同販賣者與
犯人同罪私罪受財者計贓以枉法從重論○
其巡獲私鹽入已不解官者杖一百徒三年
若裝誣平人者加三等杖一百流三千里
註此二條嚴官司巡緝之責以絕私販也凡各
行鹽地方設有守禦官司及鹽運司巡檢司

巡緝私鹽一有所獲即應發與有司衙門歸結勘問不許原獲衙門擅自審理所以杜姦拏賄脫之弊也若已發有司而官吏通同原獲衙門脫放者與鹽犯同罪受財者各計入已之贓坐以枉法從重論至守禦各官旣有巡緝之責自應於各該管地面並附場緊關去處設法差人常川巡禁不許私販透漏若致透漏出外者把截官及所委巡察人員均難辭咎故各按次分別笞杖並罷職役若官

役明知私販而故縱透漏及容令軍兵隨同私販貨賣者各與犯人同罪受其財物而故縱容者並計入己之贓以枉法從重論其巡緝所獲之私鹽自應照數盡解送官如有隱匿入己不解官者事屬違法故坐滿徒至若裝誣平人爲興販而送官者是借緝捕之法行誣陷之私故又加三等夫見獲者既嚴其脫放隱匿之罪而非見獲者又禁其揑造攀指之姦此於制法之中防亂法之漸也

凡起運官鹽每引照額定觔數爲一袋並帶額定耗鹽經過批驗所依引目數掣摯秤盤隨手取袋摯其輕重但有夾帶餘鹽者同私鹽法○若客鹽越過批驗所不經掣摯及引上不使關防者杖九十押回逐一盤驗盡盤鹽而驗之有餘鹽以夾帶論罪

凡客商販賣有引官鹽當照引發鹽不許鹽與引相離違者同私鹽法○其賣鹽了畢十日之內不繳退引者笞四十○若將舊引不繳影射鹽貨者同私鹽法

凡起運官鹽并竈戶運鹽上倉將帶軍器及不用官船起運者同私鹽法

凡客商將驗過有引官鹽插和沙土貨賣者杖八十

凡將有引官鹽不於拘定應該行鹽地面發賣轉於別境犯界貨賣者杖一百知而買食者杖六十不知者不坐其鹽入官

註此五條皆指鹽商假公行私諸弊以清鹽政也第一條言各商起運有引官鹽毋引眞有額定鹽觔並耗鹽數目須照數裝包成袋經

過批驗所照引數目隨掣一二袋掣其輕重
但有額數之外夾帶餘鹽者同私鹽論若將
引鹽不出正路越過批驗所而不經官掣掣
及引上未曾印蓋關防者杖九十仍押回批
驗所盤驗如盤有餘鹽亦從私鹽法論第二
條言額鹽販賣全憑鹽引以辨官私故鹽與
引不許相離違者雖官鹽亦坐以私鹽之律
其鹽既經賣畢則將引截角是爲退引應於
十日之內即赴所賣地方官司繳納以防影

射如有過限不繳者雖無影射亦笞四十若將不繳之舊引影射鹽貨私行販賣者即以私鹽之法坐之第三條言商竈起運官鹽設有官船以辨私載原不須軍器隨行若有將帶軍器及不用官船起運者必是私販故罪以同私鹽論不用官船滿徒將帶軍器加等第四條言客商將官鹽貨賣之時插和沙土者是爲罔利病民故罪坐不應重杖第五條言一應行鹽地方各有疆界以杜越販凡客

商將有引官鹽不照原定地面發賣違例於别境犯界之處貨賣者杖一百知係越境之鹽而買食者杖六十不知者不坐其鹽入官

此又於官販之中剔私販之弊也

條例

原例　一越境（如淮鹽越過浙鹽地方之類）興販官司引鹽至三十觔以上者問發附近衛所充軍其客商收買餘鹽買求掣摯至三千觔以上者亦照前例發遣經過官司縱放及地方甲鄰里老知而

不舉各治以罪巡捕官員乘機興販至三千
觔以上亦照前例問發須至三千觔不及三
千觔在本行鹽地方
雖越府省
仍依本律
一凡僞造鹽引印信賄囑運司吏書人等將已
故并遠年商人名籍中鹽來歷塡寫在引轉
賣誆騙財物爲首者依律處斬外其爲從并
經紀牙行店戸運司吏書一應知情人等但
計贓滿數應流者不拘曾否支鹽出場俱發
邊衛充軍

一各鹽運司總催名下該管鹽課納完者方許
照名塡給通關若不曾納課總催買囑官吏并覆
盤委官假指上課已僉指國扶同作弊者俱
問發邊衛充軍

一各處鹽場無籍之徒號稱長布衫趕船虎光
棍奸漢等項名色把持官府詐害客商犯該
徒罪以上及再犯杖罪以下者俱發邊衛充
軍

一凡豪强鹽徒聚衆至十人以上撑駕大船張

掛旗號擅用兵仗響器拒敵官兵若殺人及傷三人以上者比照强盜已行得財律皆斬爲首者仍梟首示衆其强拒敵不曾殺傷人爲首者依律處斬爲從者俱發邊衛充軍若止十人以下原無兵仗遇有追捕拒敵因而傷至二人以上者爲首者依律處斬下手之人比照聚衆中途打奪罪人因而傷人律絞其不曾下手者仍爲從論若貧難軍民將私鹽肩挑背負易米度日者不必禁捕

增例 一凡兵民聚衆十人以上帶有軍器興販私鹽者不問曾否拒捕傷人照强盜已行得財律皆斬立決若十人以下拒捕殺人不論有無軍器爲首者斬下手者絞俱監候不曾下手者發邊衛充軍其不帶軍器不曾拒捕不分十人上下仍照私鹽律杖一百徒三年若十人以下雖有軍器不曾拒捕者亦照私鹽帶有軍器加一等律杖一百流二千里其失察文武各官該督撫題參俱交該部照例議處

有拏獲大夥私販者亦著該督撫題明交與
各該部照例議敘
一凡竈丁販賣私鹽大使失察者革職知情者
枷號一個月發落不准折贖該管上司官俱
交該部議處
欽定例一凡回空糧船如有夾帶私鹽闖閘闖關不服
盤查聚至十人以上持械拒捕殺人及傷三
人以上者爲首并殺傷人之人擬斬立决未
曾下手殺傷人者發邊衛永遠充軍其雖拒

捕不曾傷人及十人以下拒捕傷人致死者
爲首擬斬監候爲從者發邊衛充軍頭船旗
丁頭舵人等雖無夾帶私鹽但闖閘鬧閘者
枷號兩個月發邊衛充軍隨同之旂丁頭舵
照爲從例枷號一個月杖一百徒三年不知
情不坐賣私之人及竈丁將私鹽賣於糧船
者俱各杖一百流二千里窩藏寄頓者杖一
百徒三年其雖不闖閘鬧閘但夾帶私鹽亦
照販私加一等流二千里兵役受賄縱放者

計贓以枉法從重論未受賍者杖一百革退

販私地方之專管官降三級調用兼轄官降

一級罰俸一年押運官照徇庇例議處隨幇

革退其倚恃糧船閩闖閩關者搬運等官照

溺職例革職隨幇責三十板革退不服盤查

持械傷人者押運等官革職隨幇責四十板

革退倘闖關各官勒索留難運官呈明督撫

參處

一凡販賣私鹽案內擬徒之犯已經發往配所

逃走者緝獲到案除去役過月日面上刺逃

徒二字原犯徒一年者枷號一個月杖八十

徒二年徒一年半者枷號三十五日杖一百

徒三年徒二年者枷號四十日枷廿百流二

千里徒二年半者枷號四十五日杖一百流

二千五百里徒三年者枷號五十日杖一百

流三千里其發往流所又逃走者面上刺逃

流二字枷號兩個月照依地里遠近改發充

軍

一凡販賣私鹽至三千觔以上者照越境販鹽例發邊衛充軍

一鹽課錢糧不完者將經督各官照分數議處外其各商名下應完鹽課作爲十分欠不及一分者責二十板欠一分者枷號一個月責二十板欠二分者枷號一個月半責三十板欠三分者枷號兩個月責三十板欠四分者枷號兩個月半責三十五板欠五分者枷號三個月責四十板以上欠課各商題參

日枷限一個月全完者免處如逾限不完照
此例枷責如於枷限内照數全完釋放免責
如枷限滿日仍全不完納除杖責外將該商
洛參革退并帶征等項俱以引窩變抵欠六
分者將該商杖六十徒一年所欠課項限四
個月全完欠七分者杖七十徒一年半限六
個月全完欠八分者杖八十徒二年限八個
月全完欠九分者杖九十徒二年半限十個
月全完欠十分者杖一百徒三年限一年全

完以上自六分至十分將該商鎖禁嚴查家
產如限內全完革退商人免其杖徒倘逾限
不完即將該商發配所欠新課帶征等項著
落引窩家產變抵其額征錢糧果能於歲
如數全完該御史按其課項多寡量給花紅
匾額以別優劣

監臨勢要中鹽

凡監臨鹽法官吏詭立偽名及內外權勢之人中納錢
糧於各倉庫請買鹽引勘合支領官鹽貨賣侵奪民利者

杖一百徒三年鹽貨入官鹽引斷令追繳

註此禁倚恃權勢以奪民利也中鹽之法始於宋初令商人輸芻粟塞下繼聽商人輸來京師優其值而給以鹽故曰中鹽商資國用民食官鹽商民兩利明初猶仍其制至弘治間始停輸粟法而改令輸銀於運司給以鹽引其中鹽之名如舊至今因之監臨官吏謂監臨鹽法之官吏詭名謂揑造僞名也凡監臨官吏假託詭名及權要勢力之人中 納課銀

請引行鹽以致滋弊百出占奪鹽利重爲民困者各杖一百徒三年其所行之引鹽並追入官

阻壞鹽法

凡客商赴官中買鹽引勘合不親赴場支鹽中途增價轉賣以致轉賣日多中買日少且詭冒易滋因而阻壞鹽法者買主賣主各杖八十牙保減一等買主轉支之鹽貨賣主轉賣之價錢並入官其各衙鹽地方鋪戶轉買本主之鹽而拆賣者不用此律

註此禁客商賣引之弊也凡客商納課領引必須親自赴場支鹽若不照引親支而於中途將所領之引增添原買之價賣與他人支鹽以致鹽法阻抑廢壞買者賣者各杖八十牙保減一等杖七十賣主之鹽買主之價並追入官其舖戶轉買商人之鹽零拆貨賣者不用此律

現行則例

煎販私鹽

一官員該管界內有伊衙役私行煎鹽或私賣者革職其軍民人等在伊境內私行煎鹽或私賣者降三級調用如旗下人私鹽事發犯主保官罰俸兩個月如本官自行拏獲者免議至鹽池未經修築以致池墻倒壞州縣官降職一級戴罪督修 工完開復行鹽無術商販不前或不遵行食鹽舊例借端不行鹽者

俱罰俸一年

興販私鹽

一凡興販私鹽民人兵丁俱照律治罪其地方官失於覺察被旁人赴鹽院衙門首告一次者許該御史指名題參降職一級首告二次者降職二級俱准其戴罪限一年內緝獲私鹽一次者還職一級緝獲二次者還職二級被人首告三次者革職爲民至於營兵販賣私鹽皆由該管營官失於鈐束如被地方官民拏獲一次者該御史指名題參亦降職一級拏獲二次者降職二級亦俱戴罪限一年

內有能將私販兵丁拏獲一次者還職一級

二次者還職二級如被地方官民拏獲三次

者革職為民凡旗下人并放馬人等私鹽事

犯本犯之主係官罰俸兩個月不係官鞭七

十佐領驍騎校包衣大各罰俸一個月小撥

什庫催庄撥什庫各鞭五十放馬人等興販

私鹽者總管去的旗下章京每甲喇去的章

京等俱罰俸兩個月撥什庫等各鞭八十不

及十人一二人私販或十人以上不帶軍器

仍照律治罪官員照前定例議處興販私鹽
旗下人之主佐領驍騎校小撥什庫等及放
馬人等所管章京撥什庫等仍照前定例議
處外凡旗人兵民聚衆十人以上帶有軍器
興販私鹽者無論拒捕傷人俱照強盜已行
得財律立斬至於興販私鹽一體交與文武
各官嚴行緝拏其不及十人及十人以上不
帶軍器者汛地武官失於覺察亦應照前定
文官之例處分若十人以上帶有軍器興販

私鹽失於覺察者將失事地方岀管文武官
員革職兼轄官降二級俱留任限一年緝拏
緝獲一半以上者還其官級若不獲者題參
之日照此定例革職降級仍應請
勑下各該督撫巡鹽御史提督總兵官嚴加督緝如
有失察官員即行題參倘狗庇不參或被旁
人出首或科道官糾參照狗庇例議處專管
官一年內拏獲十人以上帶有軍器大夥私
販一次者紀錄一次二次者紀錄二次三次

者加一級四次者加二級五次者不論俸滿
即陞兼轄官一年內拏獲三次者紀錄一次
六次者紀錄二次九次者加一級若拏獲次
數多者俱照此次數紀錄加級

銷引 附鹽引賣與別縣處分

一定例銷引欠一分者停其陞轉欠二分者降
俸一級欠三分者降俸二級欠四分者降職
一級欠五分者降職二級欠六分者降職三
級欠七分者降職四級以上俱令戴罪督銷

欠八分以上者革職其戴罪督銷者限一年
銷完如限年內不完照徐淮等倉錢糧年限
內未完例處分如行鹽地方各官有私派戶
口勒買銷引者州縣官革職未經查報之司
道府等官各降三級調用巡鹽御史及兼理
鹽法巡撫不行查參者將御史降一級調用
巡撫降一級留任如鹽引不行題明私自挪
撥者該管官員各降一級調用巡鹽御史降
一級留任兼管巡撫罰俸一年其前官已完

銷引不行送部者及題報鹽引遲延者或申
報鹽引前後矛盾者將該管官罰俸一年巡
鹽御史及兼管巡撫俱各罰俸六個月
一此縣之引賣於別縣者未經查報之府廳官
員罰俸一年布政使按察使罰俸六個月
巡鹽御史考核
一定例巡鹽御史鹽課欠不及一分者罰俸一
年欠一分以上者降俸二級欠二分以上者
降職一級欠三分以上者降職二級俱留任

欠四分以上者降三級調用欠五分以上者
降四級調用欠六分以上者降五級調用欠
七分以上者俱革職

鹽課初參

一定例兼管鹽務之知縣知州知府布政使各
道欠不及一分者停其陞轉欠一分以上者
降俸一級欠二分三分者降職一級欠四分
五分者降職三級欠六分七分者降職四級
以上俱令戴罪督催停其陞轉完日開復欠

八分以上者革職

一運司提舉司分司大使等官係專管鹽課之官欠不及一分者停其陞轉罰俸六個月欠一分者罰俸一年欠二分者降職一級欠三分者降職二級欠四分者降職三級欠五分者降職四級以上俱令戴罪督催欠六分以上者俱革職

一廣東廣西福建四川雲南貴州巡撫管理通省糧餉其鹽課考成欠一分者罰俸三個月

欠二分者罰俸六個月欠三分者罰俸九個
月欠四分者罰俸一年欠五分者降俸一級
欠六分者降俸二級欠七分者降職一級欠
八分者降職二級欠九分者降職三級欠十
分者降職四級以上俱令戴罪督催停其陞
轉
一署運司提舉司分司大使等署事官員欠不
及一分者罰俸三個月欠一分者罰俸六個
月欠二分者罰俸九個月欠三分者罰俸一

年欠四分五分者降一級調用欠六分七分者降二級調用欠八分以上者革職不及一月者免議署司道府州縣事兼理官員欠一分二分者罰俸三個月欠三分四分者罰俸六個月欠五分六分者罰俸九個月欠七分八分者罰俸一年欠九分十分者降一級調用署印不及一月者免議

鹽課限滿

一定例鹽課被參後州縣大使等官限一年其

年限內不完不復作分數照原參分數處分
州縣等官欠不及一分一年內不全完者降
一級留任再限一年督催如再不完照依所
降之級調用欠一分二分一年內不全完者
降三級調用欠三分四分一年內不全完者
降四級調用欠五分六分一年內不全完者
照原品降五級調用欠七分以上一年內不
全完者革職
一兼管鹽法之布政使各道併知府直隸知州

被參後限一年半全完如欠不及一分年限內不全完者降職一級停其陞轉欠一分二分年限內不全完者降三級調用欠三分四分年限內不全完者降四級調用欠五分六分年限內不全完者降五級調用欠七分以上年限內不全完者革職

一各省兼管鹽法之巡撫限二年全完如欠不及一分二年內不全完者停其陞轉欠一分二分二年內不全完者降職一級欠三分四

分二年內不全完者降職二級欠五分六分二年內不全完者降職三級欠七分八分二年內不全完者降職四級欠九分十分二年內不全完者照原品降職五級以上俱留任督催完日開復

一運使提舉分司被參後限年半全完至運使提舉係專管鹽課之官應照布政使地丁錢糧例處分分司大使照州縣官地丁錢糧例處分如年限鹽課係原被參之官限內不完

者不復作分數仍照原參分數題參如係接

徵接催官員以到任之日爲始接徵州縣大

使等官限一年催完如不能完題參之日照

初次分數例處分接催布政使道府直隸州

運使等官限年半接催巡撫限二年

增例

雍正二年會議得長蘆鹽課御史莽鵠立條奏

鹽梟拒捕巡役格殺一案據直隸巡撫李維

鈞疏稱定例內十八以上帶有軍器興販私

鹽失於覺察者將失事地方專管文武各官
革職兼轄官降二級俱照任限一年緝拏緝
獲一半者還其官級等語夫例內既准限年
緝拏獲犯一半者還其官級則鹽梟入境即
行緝捕巡役格殺或當時拏獲餘犯或肆月
疎防限內獲犯一半以上之案既無失察又
非疎縱職分已盡若因拒捕格殺仍叅疎防
則州縣官弁畏避處分彼此推諉隱諱亦未
可定據此應如鹽臣所請嗣後除州縣文武

各官失察私鹽及鹽梟拒捕殺傷兵役不能
擒獲者仍照例題參外其過有販私鹽梟由
他處入境巡役緝拏拒捕殺傷鹽梟之案或
當場人鹽並獲或於疎防限內拏獲過半以
上者將事由據實呈報督部免其疎防參處
以示鼓勵倘該州縣不實力查緝并有火踐
興販隱諱不報或人鹽並獲輕爲開脱者一
經發覺即據實題參照縱放私梟不行擒拏
例專汛官革職兼轄官降二級調用不知情

者仍照失察私鹽例處分等因具
題前來除州縣文武官弁失察私鹽及鹽梟拒
捕殺傷兵役不能擒獲併有大夥興販隱諱
不報或人鹽並獲輕爲開脫者仍照例題參
議處外該撫疏稱遇有販私鹽梟由他處入
境巡役緝拏拒捕殺傷鹽梟之案或當場人
鹽並獲或於疏防限內拏獲過半以上者將
事由據實呈報咨部免其疏防參處以示鼓
勵等語應如該撫所請嗣後有販私鹽梟由

他處入境巡役緝拏拒捕殺傷鹽梟之案或
當場人鹽並獲或於疎防限內拏獲過半以
上者將事由據實呈報吏部免其疎防參處
餘犯照案緝拏再該撫疏稱貧難男婦藉鹽
養生假應分別聽其挑負現於漕臣張大有
議奏糧船夾帶私鹽例內免其治罪長蘆地
方亦宜仰遵
皇仁依例遵行誠恐巡捕兵役指此等私鹽妄拏訛
詐致傷人命併揑報大夥扳累擾民令地方

官弁鹽法衙門一體稽察以杜借端生事等
語查肩挑背負不在禁例此指八歲而言長
蘆一帶男女絡繹雖肩挑背負而與鹽課有
虧於雍正元年八月内公舅舅隆科多與直
隸廵撫李維鈞古北口提督董象緯天津衛
總兵徐仁廵鹽御史莽鵠立會議將肩挑背
負亦交與各地方文武官嚴拏杖責即時發
落私鹽入官等因具題奉
旨依議欽遵在案令該撫疏稱聽其挑賣毋許稽察

則積久鹽梟將來藉此貧難爲詞糾衆興販
拒捕格殺而地方官弁又懼干失察處分瞻
徇隱匿有虧
國課勢所必至嗣後果係老幼殘疾貧難男婦
肩挑背負易米度日者應如該撫所議照例
免罪毋許官弁兵役借端生事扳累擾民如
有積梟藉稱貧難男婦將私鹽潛行窩頓興
販貿易者令地方官弁及鹽政衙門一體稽
察照例從重治罪庶私販可杜而鹽課亦不

致有虧矣俟

命下之日通行直隸各省併鹽政衙門一體遵行等

因雍正二年十一月初七日題初九日奉

旨依議

雍正四年長蘆巡鹽御史顧琮疏稱查各州縣

有承審私鹽案件每至拖延監斃人犯詎知

販私犯法律有杖徒原非死罪者比一經拏

獲便可審結今易結者不結以致監斃囹圄

實可憫惻請嗣後人鹽並獲除大夥興販持

械拒捕有窩頓地棍賣私店主者需時完結

其餘肩挑背負易結之案隨獲即審隨審即

報隨報即批結如該州縣再有任意遲延易

結不結拖累四月之外監斃一案至三人或

一年之內監斃鹽犯至三案者許會同督撫

題參將州縣照司獄之例議處等因部議查肩

挑背負鹽犯罪不至死其案亦易完結承審

各官不速完結以致拖累監斃其情實可憫

惻嗣後除大夥興販持械拒捕有窩頓地棍

賣私店主者仍照定限審結至實係老幼貧
難男婦肩挑背負四十觔以下易米度日者
例不緝捕無容監禁外其餘拏獲私鹽肩挑
背負四十觔以上等犯易結之案應如該鹽
政條
奏務令該地方官將現獲之犯隨獲即行審結
其有遲延在四月内將人犯監斃者該鹽政
會同督撫將遲延緣由咨部照承審官例議
處倘再有任意不結拖累至四月之外以致

一案監斃至三八一年監斃至三三案者許該
鹽政會同督撫查參將該州縣照司獄監斃
例議處庶州縣知有警惕而民命不致輕殘
矣恭候
命下通行直隸各省督撫并廵鹽御史一體遵行九
月十八日奉
旨依議
雍正六年九月二十三日會議得刑部尚書
延儀將禁止販賣私鹽分列四款條奏前來

一窩頓私鹽之家宜根究也查窩藏寄頓私鹽者律有明條森嚴窩頓之弊正所以清私販之源近來場竈設立火伏嚴行保甲零星私賣其弊可清至有一種不法棍徒巧爲影射亦以辦課行鹽爲名每每賤買堆積賣與私梟及至拏獲鹽犯不以零收散買爲詞即以水次路旁支飾在梟徒不肯供出窩家倘欲審爲興販地步而地方各官只圖易於結案亦不確究由來致使窩頓之人脫然事外

得以肆意容奸坐享重利是窩頓不究則私
販必不能除請嗣後拏獲私鹽必詳究其買
自何地賣自何人嚴拏到案訊出根底與私
販者一體科罪庶梟徒無容奸之地而私販
之源可清等語應如所奏行令各督撫及巡
鹽御史嗣後嚴飭所屬地方文武各官實力
緝拏如拏獲私販務須逐加究訊嚴緝窩頓
之家立除犯私之首將該犯及窩頓之人一
併取具確供實據照與販私鹽例治罪若私

鹽買自場竈即將該管司并沿途失察各官題參議處其不行首報之竈丁均照販賣私鹽例治罪倘承審之該地方官任由梟犯之狡供不究私鹽之來歷遽行草率完結亦即照例參處一無引私鹽之禁宜酌定也查律内凡犯私鹽者杖一百徒三年條例内又開越境興販官司引鹽至三千斤者發附近邊衛所充軍伏思越境興販尚屬有引之鹽祇以越境問以軍罪而所犯無引私鹽止科以

杖徒之罪似覺於法太疏請嗣後拏獲私鹽計觔定罪如三千觔以下仍照律杖徒其三千觔以上照越境販鹽律問發邊衛充軍則立法均而人知儆懼等語應如所奏行令各督撫及巡鹽御史嚴飭所屬文武各官嗣後拏獲私鹽計其觔數之多寡定罪名之輕重如三千觔以下者仍照律擬以杖徒三千觔以上者即照越境販鹽律問發邊衛充軍如此則罪無枉縱而私販之徒皆知儆懼矣一

獲鹽不獲人有司開脫之弊當嚴也查律內開載私鹽事發止理現獲人鹽註云如獲鹽不獲人者不追等語此不過恐株累無辜而地方官即以爲寬縱之階一則開脫市恩一則侵隱入己所以鹽犯之倖免者多而得以肆行無忌也竊思鹽梟私販驢騾則有脚夫船隻則有水手皆係朋比作奸之徒就使私梟脫逃而拏獲脚夫水手即可究其踪跡乃官役利在獲鹽並不力擒梟犯所以多致漏

緝請嗣後令巡緝各官獲鹽務其獲人照例

治以販私脫逃之罪如有故爲疎縱不實心

緝獲者文武各官從重議處各役加倍治罪

則梟徒無倖免之途有司亦不敢爲開脫之

計等語應如所奏行令各督撫及巡鹽御史

嚴飭文武各官嗣後拏獲私販本販逃脫者

卽將載鹽舠之艄夫水手拘獲到案詳究本

犯踪跡勒限嚴緝務獲照例於販私罪上加

治逃罪倂究出售與之人亦照私販例治罪

其脚夫水手分别懲治若大夥興販聚衆拒

捕及執持器械殺傷廵拏人等以致脫逃之

鳥徒照緝拏强盜例勒限嚴緝務獲按律擬

罪倘有仍前不行擒拏梟犯故爲疎縱情弊

或經上司察出或被傍人首告將該地方文

武各官俱指名題叅從重議處各役嚴行加

倍治罪如上司容隱不叅被傍人告發將專

轄之上司亦照狥庇例題叅一有司申報不

實之罪宜嚴也查文武廵鹽等官於僻遠地

方拏獲私鹽之時或與各役分肥不將實數詳報入官并有故縱鹽梟竟不詳報將所獲鹽觔盡入已橐者惟遇拒捕傷人之案勢難隱諱始行詳究而不肖官吏復有從中漁私將人鹽數目槩行減報以致梟徒愈無忌憚請嗣後如有此等情弊或經上司察出或經別案發覺將文武各官隱匿肥已而不報與減多報少者計贓照枉法律治罪其未曾侵匿者照徇隱例處分各上司知情故縱及雖

不知情而未經揭參者照狥庇失察例處分
如此則不肖官弁不敢玩法營私而梟徒亦
不至肆行興販等語應如所奏行令各督撫
及巡鹽御史嚴飭所屬地方文武各官嗣後
拏獲私鹽務將人鹽數目據實詳報凡一切
私鹽贓物俱應盡行入官者不得有一毫隱
諱該督撫等不時細加察訪如有將所獲私
鹽侵入已槖或與各役分肥不行據實詳報
并大夥拒捕之案雖行詳究從中復有漁私

將人鹽數目以多報少者即將該官并指名
題參革職計贓照枉法律治罪其未曾侵匿
者照徇隱例處分上司各官知情故縱及雖
不知情而未經揭參者或被傍人告發或於
別案發覺將該上司交與該部照徇庇失察
例議處奉
旨依議
雍正六年户部議覆河東巡鹽御史碩色疏稱
河東各商歷年失爆引張不取地方官印結

至奏銷時止具甘結部覆由來已久令該鹽
政不時查察如有揑稱遺失重複影射行私
情弊即將該商牙照販私例治罪嗣後設有
遺失之處即將遺失情由立時報明該地方
官取具印甘各結報部查核倘仍於清查繳
引時始行具報即將經手之人照遺失公文
律治罪十一月二十九日題十二月初一日
奉

雍正七年長蘆巡鹽御史鄭禪寶疏稱私鹽變
價銀兩例應具
題充餉之項所屬州縣拏獲私鹽案內車船驢
鹽等物理宜據實估變解貯司庫充餉無如
該州縣膜視鹽法經年累月不行報解乘機
抵換任意侵漁竟將船每隻只變銀八九錢
馱私鹽重載之騾驢俱以瘸病老瘦爲詞騾
每頭只變銀一二兩驢每頭變銀三五錢甚
至捏稱倒斃每驢一頭只變銀三分零鹽每

飭只變銀一二整種種弊端固結陋習業經屢檄長蘆山東二運司嚴飭務令其據實確估變解在案長蘆山東各屬未完私鹽案件尚有數十件該州縣仍延挨觀望任催不解見今造報數目較之時價大相懸殊任意揑報除餉二運司嚴查侵漁情弊據實詳揭另行指參外臣思私鹽變價之項豈容朦混揑報經臣屢次駁飭無如該州縣以此項並非地丁錢糧可比因循苟且恣意侵漁相沿成

風牢不可破若不定其章程各屬效尤則以
例應變價之公帑竟爲貪員之私橐臣愚以
爲嗣後各州縣拏獲私鹽案件審結之日即
將鹽物等項所變之價銀一併報解其案內
私鹽應交本處鹽商較時價減去十分之一
二令其即日交價領去銷售其騾馬牛驢各
按肥瘦大小定爲三等價值騾每頭四兩五
兩六兩馬每匹三兩四兩五兩牛每隻二兩
三兩四兩驢每頭一兩二兩三兩如有延挨

不變以致倒斃者着落該州縣官照中等價
值賠補車船等物亦按新舊大小務照時價
據實變解倘仍有侵漁捏報情弊或經察出
或被告發將該州縣照侵欺錢糧例議處挐
獲私鹽該州縣隱匿不報者請照諱盜例議
處至從前未變案件分檄各屬自文到之日
扣限起仍限一個月內完解嗣後批發私鹽
案件定限四個月內完結報解倘逾限不結
以及延挨覬望不即解交者請照承審承變

遲延例處分再運司乃通屬引鹽之總滙如
一任州縣朦混漫無覺察據詳率轉以及因
循曠顧逾限不行揭報者即指名題參聽候
部議庶公帑不致侵漁州縣咸知儆惕等因
前來查拏獲私鹽車船驢騾牛馬等物例應
變價入官之項乃不肖有司往往乘機抵換
任意侵漁不將所獲鹽物據實變價詳報其
賣多報少扣尅入己情弊若不嚴定處分積
弊究難剔除應如該御史鄭禪寶所請嗣後

各州縣拏獲私鹽案件定限四個月內完結
其案內私鹽交與本處鹽商較時價減去十
分之一二令其即日交價領去銷售騾馬牛
驢各按肥瘦大小定爲三等價值如有延挨
不變以致倒斃者着落該州縣官照中等價
值賠補車船等物亦按新舊大小照依時價
據實變解報部查核倘仍有侵漁揑報情弊
或經上司察出或被旁人告發將該州縣照
侵欺錢糧例議處拏獲私鹽該州縣隱匿不

報者照譁盜例議處至於各州縣拏獲私鹽案件倘於四個月限内不行完結以及延挨觀望不即變價報解照承審承變遲延例處分倘運司一任州縣朦混漫無覺察據詳率轉及因循瞻顧逾限不行揭報該御史即行指名題參等因雍正七年閏七月二十七日題本月二十九日奉

旨依議

附禁緝事宜

煮海者託跡大荒行旅盡可攫取汲井者棲身湫隘游手咸能作竊雖畦畟峻垣門鑰有守然或私販外來及巡緝兵壯朋比爲奸不可不察作竊者必伺隙以漸移鹽未出垣宜有暗藏之處作竊者必怯人之追躡鹽始出垣宜有暫頓之所私商傳舍未必不在負垣警鋪間也所當不時稽察池硝可掃則池鄰之釜鑊盡是牢盆土嫌可淋則土著之人民居然畦戸潛窺容伺奸無不露但恐巡緝者

及爲分銷宜加詳察

土鹽味飴俯取甚易燒蓬瀝鹵一煎即成二者不須價買而能充食若不禁其刮煮而徒查買鹽之票於鄉保則鹽店之空票可賣而坐商之鹽益滯

山鄉之食私禁易而緝難透漏嚴於入境私踪可絕然保甲竊頓分銷稽察無從水鄉之食私禁難而緝易船筏遠來何能間阻然停泊即應搜查贓無不獲

最宜防者水陸交通之地舟車接運極難查
者軍民雜處之區縣衛異商
馬頭貯越境之鹽即宜畀鄉保以知情盖必
無不知而竟來者場務有販私之犯役自當
坐以庇縱盖旣司場務何乃踈忽若此革斥
自難寬兎
解鹽遍行三省秦豫在河西南渡口廵檢實
持吭咽越河興販而得以自如廵檢未有不
知者溺職其位不可踈縱玩法

廵役恃有印牌則打鹽賣鹽遇敗儒反行裝陷汛防倚持令票每縱私護私逢大夥竟自逼逃此等情獘文武官昧而不知知而庇護法所難容

執法原爲申法議決贖當決屢犯以去敗羣使興販者不敢玩法明刑本爲省刑權輕重宜重積窩以破奸窩則附黨者自然遠罪

引目自無僞造扒記恐有私刻字痕文理之閒總收州邑必須親自查驗

巡緝得法巡邏始非具文典守得人挈挈方
爲令甲是在司其職者端本而清流也
禁緝扼塞
山西省
平陽府屬
腳戶偷賣商鹽多在安邑平陸翼城洪洞蒲
州曲沃臨晉等處以離家尚近買有積囤而
又不必渡河當窩爲蹤跡
洪洞之窩村地方居民掃土熬硝以爲熟皮

之用其他類鹽脚戶偷鹽額缺專買攙和以
抵鹽數
蒲州臨晉二處有葫蘆灘庄民多煎私
曲沃太平河津榮河四縣各有汾河灘之私
煎芮城有潼關對渡私販

潞安府屬

合府屬縣皆與沁州武安咫尺私煎小鹽就
近販賣襄垣潞城黎城壺關四縣皆與河衛
蘆鹽接壤本地鹽徒慣於涉縣河南店井店

諸處勾引蘆商越境
平順壺關黎城三縣又與河南之彰德林縣
武安涉縣接壤蘆鹽越賣為多
澤州府屬
本州與修武輝縣近境長蘆海鹽透漏最便
陵川縣北鄰於輝縣獲嘉山東奸民專取蘆
鹽回賣
河南省
許州之行解鹽止襄城一縣因與禹州緊接

泌陽鎮平內鄉淅川裕州五處私販皆從河
南之永寧宜陽嵩縣澠池四縣經過串通店
家盜賣若過盤詰將引影射名爲過路私鹽
鄧州新野唐縣桐柏之南卽與楚地襄陽隨
州棗陽接壤又近長蘆外來鹽徒皆自泌陽
裕州經過本地奸民相與勾通載送
南陽縣南臨淮鹽從舞陽攔入東近長蘆自
裕州以進
汝州所屬

本州與所屬之郷縣寶豐伊陽並接禹州盧
鹽公行最爲商害

陝西省

陝西所屬之私鹽皆平慶奸民將小池之鹽
販馱越賣亦有販鹽在於鳳屬發賣賣不盡
者即馱入咸寧等縣界內
盩厔咸陽高陵長安臨潼渭南華州華陰等
處各渡口船戶結交鹽徒慣將渭河以南一
帶私鹽接引入境

花馬池鹽之入西安其從渭河迤北來者則
自淳化縣之江原鎮通仁鎮口子頭耀州之
鐵天嶺同官之陳緣鎮又有由邠州三水醴
泉澄城白水韓城諸處絡繹搬行遍售府域
醴泉縣域爲花馬小池私鹽越境之通衢西
達乾州南趨省會東則涇陽北則淳化皮包
騾負公然肆布積奸旅店亦樂揢延射利
蒲城富平有自高椿樹鹵泊灘越賣之鹽
朝邑韓城二縣有鹽池凹黃河邊越境販賣

郃州漢興等處有花馬川越境之鹽

華州與渭南接壤渭南船户串通蒲州馬頭

轉脚店家裝載滚庄私鹽沿河變賣

華州有湖村四圍盡是華地惟村民屬同州

奸民開張鹽店鄰近鄉村無不買食且有小

車私鹽推入華地發賣遇盤詰則稱過路

黄河兩岸臨水省府州邑每多私鹽有以牛

羊之皮置成大袋者名曰餛飩裝鹽紮口浮

諸中流善水者秉附袋上順流而下沿途發

長蘆海曬多從此來又且假道散入河南等
州縣洛陽近接蘆境地棍慣引蘆鹽越賣陸
路則自滎陽地方入境由鞏縣偃師布散水
路則自黄河邁南由滎陽縣之邢渾口孟津
縣之馬後村新安縣之隹口鎮爲經路其傍
徑又從鞏縣地界泛黄河插入洛河伊河流
行於偃洛交界之桑園頭洛陽之東園村河
頭庄白河鎮登封縣之丁劉鎮散各州邑
閿鄉縣專燒蓬淋鹵刮土煎私更兼蒲州潼

關北隔一河私鹽北越或在芮城或在河北
楊家灣或在盤豆或在十二河口賃夜放船
閿鄉縣背河面山東西不過八十里其間有
潼關衛軍戸十數家居住不由閿鄉縣管轄
不食縣鹽每多私販
靈寶縣與晉省止隔一河鹽徒專偷西池之
鹽於北門夜渡潛藏窩店發賣各村至遇巡
獲佯爲過路或以一引影射往返居然貨賣
南陽府屬

賣收袋擕回禁緝俱難若非禁其入河漏危

昜塞應着保甲覺察舉報挐獲必究下河處

所地方以協謀同坐

勅修河東鹽法志卷之六

鹽法

洪範八政以食爲先而食一日不可缺鹽與五穀同況河東之鹽天施地生其益無方自古帝王皆有道以經綸之而法立焉得其法則萬民以濟國用以充稽之於經考之於史歷代之鹽法可知也志鹽法

書舜典帝曰疇若予上下草木鳥獸僉曰益哉帝曰俞咨汝益汝作朕虞傳曰上謂山下謂澤

順謂施其政教取之有時用之有節虞謂山澤之官河東條山之下有大鹽澤說者謂亦益所掌解鹽卑則即此池也禹貢海濱廣斥厥貢鹽絺疏曰東方謂之斥西方謂之鹵堯都安邑鹽池為帝都畿內之地故不入貢繇禹導河積石至於龍門南至於華陰東至於底柱又東至於孟津鹽池正在其中三門鑿而解梁冀安是治水正所以治鹽也說命若作和羹爾惟鹽梅傳說河東人故舉此以命之周禮鹽人掌鹽之政

令以共百事之鹽祭祀共其苦鹽散鹽賓客共
其形鹽散鹽王之膳羞共飴鹽貢公彥疏曰鹽
鹽出於鹽池今之顆鹽是也是河東鹽自虞夏
商周以來皆有政令久矣齊管仲曰海王之國
謹正鹽筴十口之家十人食鹽百口之家百人
食鹽終月大男食鹽五升少半大女食鹽三升
少半吾子食鹽二升少半此其大曆也鹽百升
而釜令鹽之重升加分強釜五十也升加一強
釜百也升加二強釜二百也鍾二千十鍾二萬

百鍾二十萬千鍾二百萬萬乘之國人數開口千萬也禺筴之商日二百萬十日二千萬一月六千萬萬乘之正九百萬也月人三十錢之籍爲錢三千萬今非籍之諸君吾子而有二國之籍者六千萬人無以避此者數也桓公曰然則國無出海不王乎管仲曰因人山海假之名有海之國售鹽於吾國釜十五吾受而官出之以百我未與其本事也受人之事以重相推此人用之數也又曰齊有渠展之鹽請君伐菹薪煑

水爲鹽正而積之十月始征至於正月成三萬
鍾彼饋食之國無鹽則腫守圉之國用鹽獨甚
桓公乃使糶之得成金萬斤漢武帝元狩四年
置鹽鐵官東郭咸陽孔僅言山海天地之藏宜
屬少府陛下弗私以屬大農佐賦願募民自給
費因官器作鬻鹽官爲牢盆浮食奇民欲擅斡
山海之貨以致富羨役利細民其沮事之議不
可勝聽元封元年置鹽官凡二十八郡而河東
太原居其二昭帝始元六年詔郡國賢良文學

之士、問以民所疾苦敎化之要、皆對願罷鹽鐵
酒榷均輸、御史大夫桑弘羊以爲此國家所以
安邊足用之本、不可廢也、丞相奏曰、賢良文學
不明縣官、猥以鹽鐵爲不便、宜罷之、奏可、宣帝
地節四年詔鹽民之食而賈咸貴、其減天下鹽
賈、元帝初元五年罷鹽鐵官、永光二年復鹽鐵
官、東漢郡有鹽官、隨事廣狹置令長及丞、明帝
時、尙書張林言鹽食之急、雖貴人不得不須、官
可自鬻、和帝初罷鹽鐵禁、建安初置使者鹽

鹽時關塞百姓流入荆州者十餘萬家及關内
土安寧皆企願思歸而無以自業於是衛覬議
以爲鹽者國家之大寶宜依舊置使者監賣以
其直益市犂牛百姓歸者勸耕積粟以豐殖關
中後魏河東郡有鹽池舊立官司以收利於是
時罷之而人有富強者專擅其用貧弱者不得
資益延興末復立監司量其貴賤節其賦入於
是公私兼利世宗即位御史中尉甄琛表曰周
禮山林川澤有虞衡之官爲之厲禁蓋取之以

時、雖置有司、實爲民守之也、夫一家之長惠養
子孫、天下之君惠養兆民、宜弛鹽禁、與民共之、
錄尚書彭城王勰曰、聖人斂山澤之貨以寬田
疇之賦、收關市之稅以助什一之儲、取此與彼
皆非爲身、所謂資天地之產、惠天地之民、鹽池
之禁、爲日已久、積而散之、以濟國用、非專爲供
大官之用、宜如舊、魏王從琛議、復罷其禁、自弛
禁之後、官雖無權而豪貴之家復乘勢占奪、近
池之人又輙障吝、神龜初太師高陽王雍、太傅

清河王懌等奏鹽池天藏資育羣生因置主司
令其裁察務令得所且十一之稅自古及今取
輙以次所濟爲廣遠近齊平公私兩宜琛坐談
則理高行之則事閼今依琛計稽池之民擅自
固護語其障禁倍於官司取與自由貴賤任口
請仍舊禁之爲便於是復置監官以檢焉後周
文帝置掌鹽之政令一曰散鹽煮海以成之二
曰盬鹽引池以化之三曰形鹽掘地以出之四
曰飴鹽於戎以取之凡監鹽每池爲之禁百姓

取之皆稅焉隋時鹽池置總監副監等員管東西南北面等監亦各置丞唐有鹽池十八井六百四十皆隸度支蒲州安邑解縣有池五總曰兩池歲得鹽萬斛以供京師天寶至德間鹽每斗十錢乾元元年鹽鐵鑄錢使第五琦初變鹽法就山海井竈近利之地置監院遊民業鹽者爲亭戶免雜徭盜鬻者論法鹽每斗加時價百錢而出之爲錢一百一十自流庸未復租稅不足供費鹽鐵使劉晏以爲因民所急而稅之則

國用足於是上鹽法輕重之宜以鹽吏多則州縣擾出鹽鄉因舊監置吏亭戶糶商人縱其所之江嶺去鹽遠者有常平鹽每商人不至則減價以糶民官收厚利而人不知貴晏又以鹽生霖潦則鹵薄暵旱則土溜墳乃隨時爲令遣吏曉導倍於勸農初晏之始至也鹽利歲纔四十萬緡至大曆末六百餘萬緡天下之賦鹽利居半宮闈服御軍饟百官祿俸皆仰給焉正元四年淮西節度使陳少游奏加民賦河中兩池鹽

每斗爲錢三百七十，順宗時減河中兩池鹽價
每斗錢三百，後鹽鐵使李錡奏每斗減錢十以
便民，未幾復舊，方是時多爲虛估，率千錢不滿
百三十而已，兵部侍郎李巽爲使，兩池鹽利歲
收百五十餘萬緡，四方豪商猾賈雜處解縣，主
以郎官，其佐貳皆御史，鹽民田園籍於縣，而令
不得以縣民治之，憲宗之討淮西也，度支使皇
甫鎛請加鹽估以供軍，宣宗即位，戶部侍郎判
度支盧弘正以兩池鹽法敝，遣巡院官司空輿

更立新法其課倍入遷榷鹽使以壕籬者鹽池之隄禁有盜壞與鬻醝皆死鹽盜持弓矢者亦皆死戶部侍郎裴休爲鹽鐵使上鹽法八事其法皆施行兩池榷課大增周顯德元年上謂食末鹽州郡犯私鹽多於顆鹽界分割宋曹以西十餘州食顆鹽不惟輦運省力兼免小人犯禁宋安邑池每歲種鹽千席解池減二十席以給本州及三京京東之濟兗曹濮單鄆州廣濟軍京西之滑鄭陳潁汝許孟州陝西之河中府陜

虢州、慶成軍、河東之晉、絳、慈、隰州、淮南之宿、亳州、河北之懷州及澶州諸縣之在河南者，凡禁榷之地，官立標識、候望以曉民，其通商之地，京西則蔡、襄、鄧、隨、唐、金、房、均、郢州、光化、信陽軍，陝西則京兆、鳳翔府、同、華、耀、乾、商、涇、原、邠、寧、儀、渭、鄜、坊、丹、延、懷、慶、秦、隴、鳳、階、成州、保安、鎮戎軍及澶州諸縣之在河北者，顆末鹽皆以五斤爲斗，顆鹽之直每斤自四十四至三十四錢，有三等。凡通商州軍在京西者爲南鹽，在陝西者爲西

鹽若禁鹽地則爲東鹽各有經界以防侵越天
聖初官南鹽者入錢京師榷貨務乾興元年歲
入數損十四萬請一切罷之專令入中邊芻
粟久之復詔入錢京師從商人所便三京二十
八州軍官自輦鹽百姓困於轉輸天聖八年上
書者言縣官禁鹽得利微而爲害博兩池積鹽
爲阜其上生木合抱數莫可較宜聽通商平估
以售可以寬民力詔罷三京二十八州軍榷法
聽商人入錢若金銀京師榷貨務受鹽兩池行

之一年、視天聖七年增緡錢十五萬其後歲課減耗、因聽入中他貨予券償以池鹽、繇是羽毛筋骨膠漆毛木鐵炭之類一切以鹽易之猾商貪吏表裏爲姦、至入椽木二估錢千給鹽一大席、爲鹽二百二十斤虛費池鹽不可勝計、鹽直益賤、販者不行公私無利、慶曆二年復京師榷法、凡商人虛估受券及已受鹽未鬻者、皆計直輸虧官錢內地州軍、民間鹽悉收市入官官爲置塲、增價出之、復禁永興同華耀河中陝虢解晉絳慶成十一州軍府監官自輦運以衙前主之、又禁商鹽私入蜀、置折博務於永興鳳翔、聽人入錢、若蜀貨易鹽、趨蜀中以售、久之東南鹽地悉復禁榷、兵民輦運、不勝其苦、所得鹽利不足以佐縣官之急、並邊務誘人入中芻粟、皆爲虛估、騰踊至數倍、大耗京師錢幣、太常博士范祥謂兩池之利甚博、而不能少助邊計者。公私侵漁之害也。倘一變法、歲可省度支緡錢數十百萬、乃畫策以獻、是時韓琦爲樞密副使、與知

制誥出。況皆請用祥策，後祥制置解鹽事，其法
舊禁鹽地，一切通商，聽鹽入蜀，罷九州軍入中
芻粟，令入實錢，償以鹽，視入錢州軍遠近，及所
指東西南鹽第優其直。東南鹽又聽入錢永興
鳳翔河中，歲課入錢總爲鹽三十七萬五千大
席，授以要券，即池驗券，按數而出，盡弛兵民輦
運之役。詔從之。行之數年，黠商貪賈無所僥倖。
關中之民得安其業，公私便之。田況爲三司使，
請久任祥，俾專其事。擢祥權陝西轉運使，賜金

紫服至和元年命轉運使李恭代之並邊復聽
入芻粟以當實錢而虛估之弊滋長券直亦從
而賤歲損官課無慮百萬嘉祐三年三司使張
方平及包拯請復用祥於是復以祥總鹽事後
以轉運副使薛向繼之鬻鹻爲鹽向开州永利
監歲鬻十二萬五千餘石以給本州及忻代石
嵐憲遼澤潞麟府州威勝岢嵐火山平定寧化
保德軍許商人販鬻不得出境仁宗時分永利
東西兩監東隸并州西隸汾州籍州民之有鹻

主者爲鐺戶。戶歲輸鹽於官、謂之課鹽。餘則官以錢售之、謂之中賣鹽法。河東惟晉絳慈隰食池鹽、餘皆食永利鹽、神宗熙寧七年中書議陝西鹽鈔出多虛鈔而鹽益輕以鈔折兌糧草有虛擡邊糴之患請用西蜀交子法、使其數與錢相當、可濟緩急、詔以內藏錢二百萬緡假三司遣市易吏行西路、請買鹽引、舊制河南北曹濮以西秦鳳以東皆食解鹽、自仁宗時解鹽通商官不復榷、熙寧中市易司始榷開封曹濮等州

八年大理寺丞張景温提舉出賣解鹽於是開
封府界陽武酸棗封邱考城東明白馬中牟陳
留長垣胙城韋城曹濮澶懷濟單解州河中府
等州縣皆官自賣未幾復用商人議以唐鄧襄
均房商蔡郢隨金晉絳虢陳許汝潁隰州西京
信陽軍通商畿縣及澶曹濮懷衛濟單解同華
陝河中府南京河陽令提舉解鹽司運鹽貨賣
時皮公弼范括等言官賣當罷於是河陽同華
解州河中陝府陳留等處聽通商其入不及官

賣者、官復自賣、詔用其議、熙寧八年三司使章
惇言東西永利兩監鹽請如解鹽例募商人入
錢請買、或官自運鬻於本路、重私販之禁、歲課
且大增、元豐元年三司戶部副使陳安石言永
利東西監鹽、請如慶曆前商人輸錢於麟府豐
代嵐憲忻岢嵐寧化保德火山等州軍本州軍
給券於東西監請鹽、以除加饒折糴之弊、仍令
商人自占戶所賣地、即鹽已運至場務者、商人
買之加運費、如是則官鹽價平而商販通、遂行

其說，用安石為河東都轉運使。安石請犯西北青白鹽者，以皇祐赦論罪，首從皆編配，又青白入河東犯者，罪至流，所歷官司不察者，罪之。四年，增收忻州、嵐地鐺戶馬城池鹽課，詔安石遷官，賞其勞。哲宗元祐元年，戶部及陝西制置解鹽司議，延慶、渭原、環鎮、戎保安、德順等八州軍皆官自鬻，以萬五千五百席為額，聽商旅入納於八州軍，折博務算給交引，一如范祥舊法，所鬻鹽錢，以待轉運司糴買。從之。初，鹽鈔法之行，積鹽於解池。積錢於京師榷貨務。積鈔於陝西沿邊諸郡。商賈以物斛至邊。入中請鈔以歸。物斛至邊有數倍之息。惟患無回貨。故極利於得鈔。徑請鹽於解池。而解鹽通行地甚寬。或請錢於京師。每鈔六千二百登時給與。但輸頭子等錢數．而已。以此所由州縣貿易者甚衆。崇寧間蔡京始變法。俾商人先輸錢請鈔。赴產鹽郡授鹽。鈔法遂廢。商賈不通。邊備失備。東南鹽禁加密。犯法被罪者多。民間食鹽雜以灰土。大觀

常使見行之法皆給本道輒復變易名對帶法、
季年又變對帶爲循環、循環者。已賣鈔、未授鹽、
復更鈔、已更鈔、鹽未給、復貼輸、錢凡三輸、錢始
獲一直之貨、民無貲更鈔、已輸錢、悉乾没、數十
萬券、一夕廢棄、有朝爲豪商、夕儕流丐者、金制
榷貨之目有十、而鹽爲稱首。正元初蔡松年爲
戸部尚書始復鈔引法、設官置庫以造鈔引、鈔
合鹽司簿之符、引會司縣批繳之數、七年一釐
革之、解鹽斛二百有五十爲一席、席五爲套、鈔

引則與陝西路轉運司同鬻其輸粟於陝西軍營者許以公牒易鈔引解鹽行河東南北路陝西東及南京河南府陝鄭唐鄧嵩汝諸州大定二十九年欲依平灤太原均攤例令民自煎戶部尚書鄧儼等謂若令民計口定課民既輸乾辦錢又必別市而食是重費民財而徒增煎販者之利也刑部尚書郭邦傑等謂平灤瀕海及太原鹵地可依舊乾辦餘同儼議明昌三年以解鹽司治本州以副治安邑元太宗庚寅年始

立鹽法立平陽府徵收課稅所、癸巳年命鹽使
姚行簡等修理鹽池損壞處所、中統二年初立
陝西轉運使仍置解鹽司於路村、三年以太原
民戶自煎小鹽、至元二年陝西行臺御史帖木
兒不花與廉訪使胡通奉等言陝西運使官不
思轉運之方、每年預期差人分道齎引遍散州
縣、甫及旬月杖限追鈔、不論貧富、俱納錢入官、動
經歲月、猶未得鹽、皆因地遠脚力艱澁、今後若
因大河以東分定課程、買食解鹽、其以西之民

計口攤課、任食韋紅之鹽、至順二年、議以涇州
白家河永爲定界、聽民食用、仍督所在軍民官
嚴行禁約、毋致韋紅二鹽犯境侵課、四年立陝
西轉運司、六年立太原提舉鹽使、延祐三年以
池爲雨所壞、止辦課鈔八萬二千餘錠、於是晉
寧陝西之民、改食常仁紅鹽、懷孟河南之民、改
食滄鹽、五年乃免河南懷孟南陽三路、今歲陝
西鹽課、仍授鹽運使暨所臨路府州縣正官、兼
知渠堰事、責以疏通禦塞、六年改陝西運司爲

河東解鹽等處都轉鹽運使司明洪武河東運使歲辦鹽引分撥山西河南食鹽開中於宣大凡遇開中鹽糧務要量其彼處米價貴賤及道路遠近險易定奪則例立案具奏出榜給發各司府并運司張掛召商中納二十八年定開中納米則例出榜召商於缺糧倉分上納仍先編置勘合并底簿發各該布政司并都司衛分及收糧衙門收掌如遇客商納糧完填寫所納糧並該支行鹽數目付客商賫赴各該運司及鹽

課提舉司照數支鹽。其底簿發各運司及鹽課提舉司收掌。候鹽、客商納米完。賚執勘合到。比對硃墨字號相同。照數行場支鹽。弘治五年令運司鹽引俱於運司招商。開中納銀。類解戶部太倉。以備邊儲。國初天下鹽課。俱於各邊開中。上納本色米豆。商人欲求鹽利於近邊。轉運本色以待開中。故邊方粟豆無甚貴之時。戶部尚書葉淇言商人赴邊納糧價少而有走險之虞。在運司納銀價多而得易辦之利。於是商人納課運庫分送各邊。而謂中之法遂停。隆慶時淮潰客水。鹽花不生。各商預納鹽價。實未支鹽。有壓待壓支等名。天啓時歲課壓欠難完。御史姜思睿奏行按丁食鹽。計引定課之法。令各商照人丁納課領運。以不能封課之商。支鹽給於戶口。而戶口所納之價。即抵商人之課。戶口不知行鹽地方途生路絕。何能逐戶散給。里棍包攬蠹役需索。戶口固苦納價。而尤苦領引。彼管子所謂十口之家十人食鹽。百口之家百人食鹽

不過權其日用之數，大約如此，豈實籍之老男老女少男少女哉，若以商之壓欠而派及戶口，與授人以鹽而徵其錢之鹽鹽何異，

國朝龍興以來，恤商愛民，超越往古，順治六年，穫鹽場分胥歸商業，免鹽丁撈採之艱難，順治十年，行鹽地方招商承認，革戶口派累之疾苦，

聖祖仁皇帝軫念商艱，

駕幸河東，銷引則因地制宜，食鹽則聽民就便，我

皇上纘承大統，澄清鹽法，修渠堰以固謀源，墾畦地

片願商業商輸一名之課即領一名之引就場
支鹽隨支隨掣商無壓積之虞按引收課儘收
儘掣民無私派之擾商民胥安邊儲以裕酌古
準今盡善盡美
國家鹽法不惟遠軼乎漢唐宋元明而更隆於虞
夏商周矣

敕修河東鹽法志卷之六

官職

鹽曰鹹鹺，歷代治鹺，皆設官司以爲經理。河東巡鹽御史之設，則始於明；河東轉運使之設，則始於宋；河東陝西都轉運鹽使之設，則始於元仁宗延祐六年也。有巡鹽御史以監臨之，有轉運司以總理之，有分司以贊翼之，又設經歷、知事以爲首領，設三場大使在門以司掣擊，又設三巡檢以司巡緝，設運城巡檢以查匪類，又設

守備把總鎮守城池文武和衷大小協力庶無
員任使志官職

巡鹽御史

明天順四年令山西按察司分巡該道官兼巡
視河東鹽池成化九年差監察御史一員於河
東運司巡鹽

國朝康熙七年滿漢御史各差一員筆帖式一員
至康熙十一年後不分滿漢止差一員例於每
員滿用一員於三月先期一月題明申報

奏吏差都察院開列十三道御史進
呈恭候
欽點頒
勅印以行雍正元年裁御史歸川陝總督兼之雍
正三年
命復鹽政以陝西西安布政使管理雍正四年以西
安按察使管理雍正八年西安按察使陞授西
安布政使仍帶管鹽務職銜
勅於左

勅監察御史某玆命爾前往　山西河東等處專理鹽
課察照户部所定運司分司　場竈官丁亭户照例統
理該管各府州縣額引照舊　督銷凡邊商内商正課
餘鹽引目俱屬爾徵核該管衙門官吏胥役宜嚴加
約束使恪遵法紀無致作弊　生事擾害商民不得委
官察盤借名訪惡取贖科贓　並該衙門公費犒賞等
項通行減省蘇商竈之積困　裕國課之本源仍博採
利弊斟酌損益至於鹽徒私販公刼嚴行衛所有司
緝捕防杜亂萌但不許另外　生事苛求勿得將貧難

小民負鹽易食者槩行擾害如鹽政有應會督撫衙
門須與參酌施行所屬行鹽司道府州縣官員有怠
玩溺職貪取侵課凡干涉鹽政應爾完結者即行完
結應參奏者具疏參奏請旨處分勅內開載未盡事
宜聽爾酌便請行爾受茲委任須持廉秉公剔奸釐
弊通商裕國斯稱厥職如或貪黷乖張因循怠玩貽
悞國計責有所歸爾其慎之故勅

巡鹽御史向係

欽差十三道監察御史俸銀京支雍正三年以來係

西安布政使按察使兼管鼎布按品級在西安

支俸

歲編祿米二十二石坐派安邑縣

歲編薪銀三十六兩坐派臨晉縣

蔬菜燭炭銀一百八十兩坐派安邑縣康熙十

四年爲欽奉

上諭事案內裁解

心紅紙張銀三百六十兩坐派安邑縣康熙十

四年爲欽奉

上諭事案內裁解銀一百八十兩康熙十七年為請
旨酌量裁減等事案內裁解銀一百八十兩

書吏六名充叅五年送部考職

承差二十名着役五年送部考職

門子四名工食銀四十八兩

傳報舍人四名工食銀二十八兩八錢

皁隸一十二名工食銀八十六兩四錢

轎夫四名傘扇夫四名共工食銀五十七兩六錢

鋪兵二名工食銀一十四兩四錢

以上俱坐安邑縣

監察御史

明

王　臣江西吉水人進士

裴　玭江西豐城人進士

陳　鼎山東曹州人進士

胡　璘山東濟陽人進士

李　寅直隸人進士

奚　銘順天宛平人進士

周　洪山東武城人進士

曹　英山東壽張人進士

余　深浙江新昌人進士

吳　正江南沐陽人進士

劉　翔直隸獻縣人進士

張　泰直隸肅寧人進士

黃　元湖廣蒲圻人進士

劉廷瓚河南光州人進士

王　表河南西平人進士

吳道寧河南河內人進士

韓　春直隸蠡縣人進士

張應奎山東蒲臺人進士

邢　義山東濟陽人進士

劉道立河南杞縣人進士

李　鑑山東濟寧人進士

陽　璋湖廣孝感人進士

李　鉞河南祥符人進士

曾大有湖廣麻城人進士

湯　沐江南江陰人進士

甯　杲山東蓬萊人進士

徐　鉦湖廣興國人進士

周廷正湖廣麻城人進士

魏彥郎直隸容城人進士

蕭　遜順天三河人進士

胡　正河南羅山人進士

燕　澄直隸正定人進士

張士隆河南安陽人進士

楊時周直隸固城人進士

朱　裳直隸沙河人進士

熊　蘭江西南昌人進士

宋　鉞山東武定人進士

鄭維新廣東歸善人貢士

邱道隆福建上杭人進士

朱寶昌江西高安人進士

盧　煥河南光山人進士

初杲　湖廣潛江人進士

沈松　浙江德清人進士

蔣暘　山東樂安人進士

王宣　浙江臨海人進士

楊東　江南當塗人進士

方遲　江南太平人進士

宋邦輔　江南東流人進士

王昺　山東章邱人進士

余光　江南祁門人進士

沈　鐔　浙江歸安人進士

何　贊　浙江黃巖人進士

陶　謨　浙江秀水人進士

舒　遷　江南黟縣人進士

魏謙吉　直隸柏鄉人進士

曹邦輔　山東定陶人進士

喻　時　河南光州人進士

王　忬　江南太倉人進士

陳　玠　江南臨川人進士

劉應熊陝西隴西人進士

黃　中浙江遂昌人貢生

尙維持河南羅山人進士

宋儀望江西永豐人進士

李　正江西新昌人貢生

左　桂陝西寧州人貢生

楊　儲江西廬陵人貢生

周　滋山東諸城人進士

吳　過河南汝陽人進士

王　諍浙江永嘉人進士

熊　過四川富順人進士

胡　鑰湖廣潛江人進士

張　櫝江西新城人進士

王君賞山東淄川人進士

劉師孟河南臨漳人貢生

趙　膚江南涇縣人進士

郜永春直隸長垣人進士

俞一貫江南婺源人進士

許子良浙江仁和人進士

張　道江西湖口人進士

趙　池山東昌樂人進士

金　階浙江仁和人進士

陳用賓福建晉江人進士

尹良任湖廣漢川人進士

房　寰浙江德清人進士

邢　侗山東臨邑人進士

王國祚直隸滄州人進士

趙　楷四川犍爲人進士

姚三讓直隸永年人進士

李堯民山東濟寧人進士

吳逵可江南宜興人進士

秦大夔江南吳縣人進士

林祖述浙江鄞縣人進士

蔣春芳山東益都人進士

顧龍正江南無錫人進士

楊宏科浙江餘姚人進士

黄一龍　福建龍溪人進士

吳　楷　山東曹州人進士

江以時　江南婺源人進士

曾舜漁　廣東博羅人進士

陳于廷　江南宜興人進士

楊師程　雲南安寧人進士

楊州鶴　直隸大名人進士

萬崇德　江南徐州人進士

王遠宜　順天覇州人進士

江日彩福建泰寧人進士

張　潑山東樂陵人進士

劉大受江西泰和人進士

李日宣江西吉水人進士

劉　巍直隸清苑人進士

黄憲卿江西廬陵人進士

李燦然浙江縉雲人進士

李應期山東沂州人進士

陳延謨直隸成安人進士

王輿印山東新城人進士

羅元賓浙江會稽人進士

楊希旦四川閬中人進士

楊繩武雲南彌勒人進士

姜思睿浙江慈谿人進士

王龍震福建晉江人進士

李嗣京江南興化人進士

楊鶚湖廣武陵人進士

成友謙江南人進士

國朝順治二年

劉令尹直隸滄州人進士

順治三年

朱鼎延山東平陰人進士

順治四年

佟鳳彩奉天遼陽人

順治五年

劉　達河南濬縣人進士

順治六年

梁應龍奉天人

順治七年

盛復選奉天遼陽人

順治八年

趙如瑾直隸雄縣人貢生

順治九年

劉秉政奉天廣寧人

順治十二年

朱　綬江西進賢人進士

順治十三年
焦鐄瑞山東章邱人進士
順治十四年
李榮宗奉天遼陽人貢生
順治十五年
劉日義奉天人貢生
順治十六年
胡秉忠奉天遼陽人貢生
順治十八年

張學禮奉天遼陽人貢生

康熙元年

徐　越江南山陽人進士

康熙二年

李振宜江南泰興人進士

康熙三年

高　珩山東淄川人進士

康熙四年

董文驥江南武進人進士

康熙五年

李文熙山東長山人進士

康熙六年

施維翰江南華亭人進士

康熙七年

葛思泰滿洲人進士

傅感丁浙江仁和人進士

康熙八年

莫洛洪滿洲人

夏人佺江南壽州人進士

康熙九年

布　舒滿洲人

熊一瀟江西南昌人進士

康熙十年

穆成格滿洲人

楊維喬山東海豐人進士

康熙十一年

常　書滿洲人

康熙十二年

何元英浙江秀水人進士

康熙十三年

朱倘義奉天人

康熙十四年

齊世布滿洲人

康熙十五年

鞠珣山東人舉人

康熙十六年

徐詰武江南金壇人進士

康熙十七年

傅廷俊直隸滄州人進士

康熙十八年

曾　寅江西清江人進士

康熙十九年

黃　斐浙江鄞縣人進士

康熙二十年

傅喇塔滿洲人

康熙二十一年

何嘉祐浙江山陰人進士

康熙二十二年

馬爾漢滿洲人

康熙二十三年

薾丕滿洲人

康熙二十四年

李時謙順天大興人進士

康熙二十五年

覺羅勒信滿洲人

康熙二十六年

圖納哈滿洲人

康熙二十七年

法爾哈滿洲人

康熙二十八年

郝惟謙順天霸州人舉人

康熙二十九年

索　里滿洲人

康熙三十年

格爾特滿洲正黃旗人

康熙三十一年

賽　圖滿洲正黃旗人

康熙三十二年

法特哈滿洲鑲黃旗人

康熙三十三年

勒　貝滿洲鑲白旗人

康熙三十四年

席　穆　滿洲鑲紅旗人

康熙三十五年

赫明　鑲滿洲正紅旗人

康熙三十六年

賴　都　滿洲人

康熙三十七年

蘇克濟　滿洲正黃旗人

康熙三十八年

常　壽　滿洲正黃旗人

康熙三十九年
節什滿洲正黃旗人
康熙四十年
吳大禪滿洲正黃旗人
康熙四十一年
沙渾滿洲鑲藍旗人
康熙四十二年
馬爾泰滿洲正白旗人
康熙四十三年

劉子章貴州貴陽人舉人

康熙四十四年

孫　柱滿洲鑲紅旗人

康熙四十五年

阿哈善滿洲正黃旗人

康熙四十六年

巴克善滿洲正白旗人

康熙四十七年

特黙德滿洲鑲白旗人

康熙四十八年

覺羅常泰滿洲鑲紅旗人

康熙四十九年

德　貝滿洲正紅旗人

康熙五十年

袁保柱滿洲鑲白旗人

康熙五十一年

陽保柱滿洲正白旗人

康熙五十二年

湯文圖滿洲鑲紅旗人

康熙五十三年

海保滿洲正黃旗人

康熙五十四年

卷巴滿洲正紅旗人

康熙五十五年

阿哈納滿洲正紅旗人

康熙五十六年

張國棟滿洲正紅旗人

康熙五十七年

舒　庫滿洲鑲紅旗人

康熙五十八年

汪國弼奉天鑲白旗人

康熙五十九年

宗　燕蒙古鑲白旗人

康熙六十年

朱之琏奉天鑲白旗人

康熙六十一年

延德納滿洲人
以上俱係本年正月初四日到任本年底
復
命
傅寧滿洲人雍正元年正月十五日到任本
年四月二十四日離任
年羨堯鑲黃旗人川陝總督雍正元年四月二
十五日帶管鹽務於雍正三年五月十二
日離任

馬　喀滿洲人雍正三年六月十五日到任本年九月二十一日陞西安布政使仍兼管鹽務於雍正四年六月十八日離任

許　容河南虞城人西安按察使雍正四年六月二十一日兼管鹽務於本年八月二十五日離任

塞　欽滿洲人西安按察使雍正四年十月初六日兼管鹽務於雍正五年六月二十八日離任

碩　色滿洲正黃旗人西安按察使雍正五年
七月十六日到任兼管鹽務至雍正八年
三月十三日陞西安布政使仍兼管鹽務

運司

河東歷代皆立官司以收稅利後魏延興末立監司量其貴賤節其賦入唐宣宗時戸部侍郎判度支盧弘正以兩池鹽法敝遣巡院官司空輿更立新法其課倍入宋天聖時有陝西轉運使河東轉運使提舉解鹽司元置都轉運鹽使司掌場竈榷辦鹽貨以資國用中統二年改置轉運司置提舉解鹽司至元二年罷運司命有司掌其務尋復置轉運司二十二年立陝西都

轉運司、諸色稅課悉隸焉、二十九年置鹽運司

專管鹽課、其餘課稅歸有司、解鹽司、亦罷、延祐

六年改陝西轉運鹽使司爲河東陝西等處都

轉運鹽使司、明設轉運使者六、兩淮兩浙長蘆

山東福建河東皆爲轉運使、其餘皆爲提舉司、

陝西行鹽地方亦隸河東、曰河東陝西都轉運

鹽使司、須有專

勑始於

國朝順治五年兼理鹽法道事始於康熙六年

正七年須有專

勅謹謄於左

勅河東陜西都轉運鹽使司運使兹以鹽賦國計攸

關命爾清理帶管北岸汴埸務要約束衙門官吏胥

役俾恪遵法紀無致作弊生事擾害商民該司本源

既正方可表率僚屬用循職業爾宜招集商人徵核

正課應行引目務立簡明則例以示綏懷仍嚴察場

竈戸丁稽核泒銷勅引飭捕役以緝私鹽省虛費以

速徵納剔侵蠹以疏積壅察照近日戸部覆議鹽政

逐欵舉行凡行鹽地方該管州縣悉聽管理所屬各
官如有貪汚溺職縱役侵漁應審問者先行審問應
劾奏者呈報巡鹽御史劾奏勅中開載未盡事宜有
應斟酌損益裕課便商者呈報巡鹽御史商確妥當
具奏施行爾仍聽巡鹽御史並該督撫考成舉劾爾
受茲委任當持廉秉公釐奸剔弊務使商竈輻輳國
課充裕斯稱厥職如或貪黷乖張耗蠹叢生病商虧
課國憲具在必不輕貸爾其慎之故勅
運使從三品俸銀一百三十兩坐安邑縣六十

六兩九錢一分六釐夏縣六十三兩八分四釐
心紅紙張銀四十兩坐夏縣康熙十四年爲欽
奉
上諭事裁解銀二十兩康熙十七年爲請
旨酌量裁減等事案內裁解銀二十兩
吏房典吏一名
戶房典吏一名
禮房典吏一名
兵房典吏一名

刑房典吏一名

工房典吏一名

豐濟庫攢典一名

以上各吏充叅五年送部考職外有庫房引房

招房東房承發房

門子三名工食銀十八兩坐安邑縣

快手十二名工食銀七十二兩坐夏縣一十一

名河津縣一名

皂隷一十二名工食銀七十二兩坐太平縣五

名榮河縣三名萬泉縣二名永濟縣二名
庫子四名工食銀二十四兩坐永濟縣一名臨
晉縣一名榮河縣一名河津縣一名
聽事吏二名工食銀一十二兩坐河津縣一名
萬泉縣一名
轎傘扇夫七名工食銀四十二兩坐猗氏縣四
名榮河縣三名
舖兵二名工食銀一十二兩坐猗氏縣
雍正七年奉

旨各省文員添設民壯以備防衛運使民壯四十名

運同民壯二十五名每名工食銀六兩皆于州

縣民壯中抽撥

解州撥五名

安邑縣撥五名

絳縣撥十五名

稷山縣撥十五名

運使

唐

司空輿爲榷鹽使

馮輿專知度支河中院

宋

宋摶萊州人

陳堯佐閬中人

薛顔萬泉人

崔嶧長安人

范　祥邠州三水人

包　拯合肥人京東轉運使徙陝西又徙河北

周　沆益都人

顧　臨會稽人

金

范承吉任河東北路轉運使遷河東南路轉運使

王　蔚香河人

元

姚行簡

渦闊端夫

郭相

傅中顯

陜思丁

吳從仕至元間榷鹽後充解鹽使

奥屯茂

阿失鐵木兒

完顏德輝

邪海德俊

鄭衍

高昌闊闊

護摩實

鄧立中

卜顏鐵木兒

明

朱　帀江南臨濠人

孔　殷湖廣孝感人

胡大用浙江縉雲人

馮　琹四川巴縣人監生

陳　儼山東人監生

楊　傑山東濱州人監生

韓　偉浙江永嘉人監生

何永芳浙江常山人進士

馬　顯直隸廣平人進士

史　潛江南金壇人進士

延　祥順天大興人舉人

孟　淮直隸博野人進士

李　文直隸遷安人進士

倪　顯浙江海鹽人進士

雷　升奉天人進士

李　釗河南洛陽人進士

陳　勉江西臨川人進士

王　宏山東文登人進士

張　洛山東商河人舉人

李德仁順天東安人進士

劉　琭山東文登人進士

徐　翊江南長州人進士

王　宣四川嘉定人進士

趙　廉武驤右衛人進士

安　奎直隷趙州人進士

馮　志浙江慈谿人進士

伍　全江西安福人進士

杜　旻江南山陽人進士

黄景星四川酆都人進士

王　溱直隸開州人進士

劉夢詩江西永新人進士

詹　瑩湖廣麻城人進士

袁士偉山東肥城人進士

李　章四川長壽人進士

黃行可福建莆田人進士

陳　謨四川巴縣人進士

應大桂浙江仙居人進士

栁　英四川巫山人進士

高尚志山東冠縣人進士

王三接江南崑山人進士

方敉參湖廣巴陵人舉人

周　堂江南邳州人進士

王　漭直隸長垣人進士

蘇　繼山東壽光人進士

王汝海江南歙縣人進士

董原道四川巴縣人進士

李延觀江西豐城人進士

李充實直隸玉田人進士

王世能江南宣城人進士

夏　鏜四川大足人舉人

王以纁順天文安人進士

王命爵福建南靖人舉人

尹廷俊雲南蒙自人進士

林國相福建閩縣人進士

趙光大順天宛平人舉人

劉芳培湖廣麻城人官生

趙　倢四川劍州人恩生

丁　浚浙江歸安人進士

孫可僎湖廣崇陽人舉人

顧懋光江南通州人官生

冼弘業直隸慶都人舉人

周仕國江西寧州人舉人

姚繼崇浙江歸安人舉人

陳　逵四川奉節人舉人

章金元四川漢州人舉人

趙邦琦貴州黎平人舉人

國朝順治二年

董宗聖奉天人監生

順治三年

佟延年奉天人監生

順治五年

彭有義奉天人監生

順治七年

陳　喆順天大興人供事

順治十一年

龔如錫直隸永年人進士

順治十六年

李月桂奉天人貢生

順治十七年

馮達道江南武進人進士

康熙二年

閔三元奉天錦州人貢生

康熙三年

蔡永華山東蓬萊人貢生

康熙八年

張一魁奉天廣寧人官貢

康熙九年

張應徵山東人官生

康熙十五年

程啟朱湖廣黃岡人進士

康熙十七年

高夢說山東費縣人副榜

康熙二十四年

張鵬翮四川遂寧人進士

康熙二十七年

蘇昌臣奉天遼陽人廩生

康熙三十年

許桓齡江南歙縣人貢生

康熙三十五年

顔光猷山東曲阜人進士

康熙四十一年

尤　汝奉天海城人官監

康熙四十三年

石文彬滿洲人廕生

康熙五十三年

李　馥福建福清人舉人

康熙五十五年

郭　璐江南徐州人貢生

雍正二年

金　啟勳正白旗人

雍正三年

段如蕙雲南河陽人拔貢

雍正四年

朱一鳳順天涿州人進士

雍正六年

楊夢琰江南丹徒人進士

雍正七年

姚培和江南婁縣人進士

《山西文華》編纂委員會 編

山西文華·史料編

敕修河東鹽法志

第四册

卷七至卷八

清 覺羅石麟等◎修 清 朱一鳳等◎纂

山西出版傳媒集團
三晉出版社

山西文華

勑修河東鹽法志卷之七

分司

唐有專知度支解縣也、專知度支安邑池、元於運使之外有同知一員副使一員、運判一員、明成化十年修築河東鹽池墻垣、置東門以爲出入、設解鹽東場分司於安邑縣路村地界、撈辦東場鹽課、設解鹽西場分司於解州地界、撈採西場鹽課、每歲運司輪委佐貳官一員、各領該分司印信駐彼、量帶官攢秤斗及提督巡檢司

官兵人等巡視兼捕獲鹽徒，修理墻垣。弘治二
年添設解鹽中場分司，並給印信。嘉靖四年開
墾解州六小等池，照太汾事例，印給分票發賣，
其撈辦入官鹽課，當核三年內實收之數，酌爲
定額，接補東池額欠，有餘一并補給大同并布
政司年例之數，仍令運司各官遵照舊制，運司
駐劄安邑，專管東場；運同駐劄池南，專管南場；
運判駐劄解州，專管西場各鹽，該州掌印官協
理女鹽等池，北岸中場責令運使帶領。

國朝康熙十六年於裁汰冗員案內運同運副運
判盡裁三場掣鹽遂歸大使康熙二十四年御
史李時謙奏渠堰關商民命脉需專員佐理量
復裁員以重課本復運判一員
大清會典分理渠堰盜販運判雍正二年川陜總
督管理鹽務年羹堯
題改運判爲運同
運同從四品俸銀一百五兩坐安邑縣五十四
兩七錢三分六釐夏縣五十兩二錢六分四釐

典吏一名充參五年送部考職

聽事吏一名工食銀六兩坐洪洞縣

門子二名工食銀一十二兩坐夏縣

快手四名工食銀二十四兩坐夏縣

皂隸一十二名工食銀七十二兩坐翼城縣四

十二兩聞喜縣三十兩

轎傘扇夫七名工食銀四十二兩坐洪洞縣

燈夫二名工食銀一十二兩坐夏縣雍正六年裁

鋪兵二名工食銀一十二兩坐聞喜縣

民壯二十五名

吉州撥十名

垣曲縣撥十五名

敕修河東鹽法志 卷六十 三三

蓮同

金

劉畿柔

元

王中順

焦榮

宋天瑞

明

趙　璿山東歷城人監生

侯　藎江南華亭人舉人

李　鼎陜西秦州人舉人

王　琳江南崑山人舉人

劉　羽山東人舉人

王　憲直隸晉州人監生

潘　理浙江餘杭人

黎世榮交趾人監生

胡　賛浙江餘姚人進士

莛　憲江西浮粱人舉人

婁　膺　浙江嘉興人舉人

郝　澍　直隸祁州人進士

宋　晁　直隸定興人監生

李邦彥　直隸薊州人監生

張　奎　河南禘州人舉人

廖　俊　江西新淦人進士

曹宗璉　河南鄭州人舉人

田　蘭　直隸清苑人士

王承恩　直隸高陽人進士

毛麟之　江南壽州人　進士
吳　寅　江南常熟人　舉人
李繼光　河南湯陰人　官生
牟　泰　四川巴縣人　進士
喬　祺　順天涿州人　監生
孫　隆　山東范縣人　舉人
劉　敬　東河南羅山人　舉人
張　木　浙江鄞縣人　舉人
陳　棟　順天寶坻人　舉人

劉　勳湖廣潛江人舉人

鄭　寅浙江餘姚人進士

姚良弼武功衛人進士

彭　澄江西萬載人舉人

袁成能福建閩縣人舉人

王　彝錦衣衛人進士

宋繼祖四川漢州人進士

劉時舉江西吉水人舉人

楊一鶚直隸曲周人進士

王　闓　直隸清苑人進士

陸　東　河南祥符人進士

王以穩　順天文安人進士

朱文益　江西浮梁人舉人

陸一鵬　浙江餘姚人進士

王琢王　山東莘縣人進士

薛　綸　湖廣江陵人舉人

牛可麟　河南祥符人副進士

狄　淵　山東汶上人　官生

梁　式山東冠縣人進士

劉維城河南項城人官生

鄧于蕃廣東南海人舉人

黃兆隆浙江餘姚人進士

張　第山東茌平人進士

俞　指江南休寧人舉人

葉　修江西南昌人進士

胡士鰲福建詔安人進士

馬　英山東東阿人舉人

祝以嗣浙江海寧人舉人

鄭崇厚直隸淶水人舉人

孫可僎湖廣崇陽人舉人

鄧全悌廣西全州人舉人

胡崇英奉天人舉人

盧友竹

國朝順治三年

佟延年奉天人監生

順治四年

蔡獻瀛江南宿遷人恩貢

順治六年

鄭弘圖奉天人監生

順治七年

王宏猷山東平原人貢生

順治十一年

徐化龍浙江山陰人進士

順治十五年

朱之瑞奉天人貢生

順治十八年

張之璧江南通州人進士

康熙六年

黃標奉天人貢生

康熙十年

祁彥奉天廣寧人貢生

康熙十二年

劉維世奉天人廩生

康熙十三年

王秉忠奉天人舉人

康熙十六年於裁汰冗員案內裁缺雍正二年

川陝總督管理鹽務

題改運判爲運同

雍正二年

嚴士俊順天三河人吏員

雍正三年

王又樸直隸天津州人進士

雍正七年

張　迪江南丹徒人舉人

運副

唐

韋　縱知安邑祉

宋

薛　向

元

程明德

荊思德

喬宗亮

張忽都荅兒

亢　準

明

孔　哲　山東莒州人監生

呂　經　廣東高要人舉人

鄒　溥　河南汝州人監生

秦　環　江南南陵人監生

孟　聰　山東夏津人監生

王　惠直隸平谷人舉人

張　璿直隸南皮人舉人

賀思聰直隸永年人進士

婁　㬊浙江嘉興人舉人

劉　楫山東益都人舉人

胡　鐸浙江餘姚人進士

李　鳳河南郾城人舉人

任　似四川南充人舉人

王崇智山東曹州人舉人

程伯祥江南績溪人監生

丁　相江南淸河人舉人

張雲鵬直隸河間人舉人

杜　經山東泰安人監生

吳　璵陝西華州人歲貢

劉元婁河南郾城人恩生

程　儒陝西伏羌人監生

楊　敷四川西充人進士

宿光溥四川夾江人舉人

鄒文元福建閩縣人舉人

王　秋湖廣漢陽人進士

張　蒔直隸易州人進士

邱　瓚福建惠安人進士

霍維蓙直隸任縣人歲貢

陳嘉謨湖廣湘鄉人舉人

章　逑浙江蘭溪人舉人

陳大章浙江鄞縣人進士

任登瀛山東歷城人舉人

蔣邦輔湖廣黔陽人恩貢

任希望江南清河人舉人

薛　諫浙江山陰人儒士

顧應龍江南無錫人進士

趙有功直隸灤人舉人

張　書錦衣衛人進士

劉邦重江南上海人選貢

王邦安山東汶上人選貢

于應龍山東莒州人選貢

吳守默河南固始人選貢

張凌雲山東章邱人官生

周維正浙江諸暨人監生

藍士龍江西金谿人舉人

王嘉命山東平陰人選貢

馮賓期江南江都人監生

王允升山東鄆城人舉人

李思賢江西南城人監生

高　偕直隸灤州人監生

邰士垣浙江鄞縣人貢生

沈　洡浙江烏程人貢生

國朝順治二年

范登仕奉天遼陽人監生

順治三年

張肇斌浙江山陰人恩貢

順治五年

李因之山東長山人官監

順治七年

李士正山東堂邑人貢生

順治九年

張希傑奉天人貢生

順治十三年

張　遷山東海豐人進士

順治十八年

魏槐祥直隸柏鄉人拔貢

康熙七年

邊之元直隸任邱人拔貢

康熙十六年
夏霖江南江陰人進士
康熙十六年裁缺
運判
唐
陸位知解縣池
元
何至道
忻都

明

楊浩山東濟寧人舉人

劉斌河南新鄉人舉人

張璿陝西安定人監生

張綸江南睢寧人監生

辛純河南襄城人舉人

李節山東泰安人監生

王積四川蒼溪人監生

袁翀江南武進人進士

馬　夔順天大興人舉人

武　銳山東魚臺人監生

吳　瓚直隸人舉人

李應正河南儀封人舉人

楊士魁河南蘭陽人進士

高　遷山東茌平人舉人

杜　盛順天寶坻人進士

廖　軫江西崇仁人舉人

張　泰山東招遠人監生

韓　選陝西保安人監生
趙　業福建同安人吏員
張大綱順天覇州人監生
董子儀江南上海人進士
田　漳山東聊城人監生
朱　性直隸涉河人監生
董士奇江南武進人監生
李一德江西吉水人監生
荆守約直隸安肅人監生

高　璨直隸清苑人監生

林奇才福建晉江人進士

范　津江西樂平人官生

孫　臣直隸容城人舉人

李　梧四川瀘州人進士

黄宗周四川梁山人貢生

梁　符山東汶上人舉人

戴文珮江西浮梁人監生

孔祖堯廣西臨桂人舉人

王　祺直隸開州人進士

吳　兖浙江山陰人監生

章國賢直隸遷安人選貢

王世典江西南豐人監生

呂印昌浙江餘姚人進士

陳春雷浙江永嘉人監生

李　旦山東諸城人舉人

黎民敏四川綦江人選貢

王建中浙江平湖人進士

顏悅道直隸魏縣人進士

張藍瑭直隸邯鄲人監生

王德溥江西上饒人監生

田一井直隸安州人進士

吳　化湖廣黃安人進士

崔謙吉直隸魏縣人歲貢

陳　鑑雲南石屏人進士

岑鳳翔江南邳州人選貢

林景耀福建福淸人

鄭安民貴州安化人
壹宗漢山東臨清人
趙宋儒浙江平湖人舉人
史躬盛浙江烏程人進士
李　森山東日照人貢生
鄭武烈福建龍溪人恩貢
巫　彬江南當塗人貢生
巫　域直隸滄州人貢生
國朝順治二年

郭寅□福建同安人選貢

順治四年

張希傑奉天人貢生

順治七年

孫□茂奉天人監生

順治十一年

郭顯功奉天人貢生

順治十三年

華愈燦湖廣興國人恩貢

順治十七年

孫開祚湖廣荆州人抜貢

康熙八年

徐念肅江南華亭人貢生

康熙十二年

黃炳先江南溧陽人貢監

康熙十五年

俞鳳章順天宛平人敎習

康熙十六年於裁汰冗員案內裁運判缺康熙

二十四年御史李時謙以渠堰需員

題請復設一員專管渠堰

康熙二十四年

崔應龍奉天遼陽人監生

康熙三十八年

李國貝浙江山陰人

康熙四十三年

鄭一楓福建福清人歲貢

康熙四十六年

金煊鑲白旗人監生

康熙五十三年

王令德正白旗人監生

雍正二年川陜總督管理鹽務年羹堯

題改運判爲運同

經歷

元時河東陜西等處都轉運鹽使司有經歷一員以承事承德郎爲之池廟有碑記可攷

國朝經歷從七品俸銀四十五兩坐安邑縣二十五兩八錢九分六釐夏縣一十九兩一錢四釐

典吏一名充發五年送部考職

門子一名工食銀六兩坐夏縣

皂隷六名工食銀三十六兩坐安邑縣

籠馬夫二名工食銀一十二兩坐安邑縣

經歷

元

李忽都不花

普顏台

張念通

明

霍　謙山東濟寧人監生

孫　廣直隷安州人監生

韋　傑陝西秦州人監生

王　儉　湖廣麻城人監生

曾　詢　河南商城人監生

謝　宏　江南南陵人監生

韓　珏　山東海豐人監生

孫復亨　山東招遠人

霍　紳　直隸衡水人監生

洪　瀕　江南吳江人監生

崔　岳　直隸廣宗人監生

毛　恕　直隸新樂人監生

劉　鉦江南通州人選貢

孫光祖順天武清人歲貢

辛　珮河南許州人監生

蔣德懋江南武進人監生

楊文輝江南淮安人監生

邵元徽福建晉江人監生

王　嵩直隸趙州人監生

程嗣爵江南歙縣人監生

梁紹詵廣東順德人舉人

陳九經山東益都人監生
柳　明山東臨清人舉人
朱景昇江南崑山人監生
趙　址山東萊陽人選貢
曾　緯湖廣衡陽人舉人
馮世泰浙江慈谿人監生
孫鵬程山東歷城人選貢
周仲仕四川仁壽人進士
霍與瑺廣東南海人舉人

蘇　攀福建海澄人選貢

吳學廣福建上杭人吏員

佘　森江南廬江人吏員

李　𤣥江西南昌人監生

趙汝德江南廬江人監生

柯應第江南貴池人監生

董成名江南武進人監生

汪大遜江南徽州人監生

徐允薦山東海豐人舉人

浙汝霖　江南建平人監生

壺廷靖　浙江杭州人監生

李應登　順天武清人貢生

錢元善　江南通州人選貢

蔣士麟　廣西全州人官生

林　昴　福建漳州人官生

王之輩　陝西醴泉人貢生

李世顯　浙江烏程人監生

邊大舜　直隸任邱人舉人

朱國輔江南崑山人舉人

國朝順治三年

張學智山東樂平人貢生

順治八年

僉璧浙江山陰人進士

順治十二年

林有本順天大興人進士

順治十三年

李泳昌直隸任邱人

順治十六年

陸舜臣浙江山陰人歲貢

康熙元年

楊霞山山東臨淄人進士

康熙八年

王起龍奉天人貢生

康熙十九年

葉獻章順天宛平人舉人

康熙二十五年

趙光城山東鄒城人監生

康熙三十三年

鄧一桂江南石埭人吏員

康熙四十三年

王烈順天宛平人吏員

康熙四十五年

鄔懋彖江南丹徒人監生

雍正二年

王克慎順天宛平人貢生

知事

元時河東陝西等處都轉運鹽使司有知事一員以將仕佐郎從事郎爲之有碑記可攷

國朝知事從八品俸銀四十兩坐安邑縣二十二兩七錢八分太平縣一十七兩二錢二分

典吏一名充泰五年送部考職

門子一名工食銀六兩坐夏縣

皂隸六名工食銀三十六兩坐安邑縣

籠馬夫二名工食銀一十二兩坐安邑縣

管轄巡池秤斗三十六名工食銀二百一十六
兩坐夏縣六名銀三十六兩解州六名銀三十
六兩猗氏縣十名銀六十兩芮城縣八名銀四
十八兩聞喜縣六名銀三十六兩
管轄巡池機兵二十六名工食銀一百五十六
兩坐猗氏縣二十名銀一百二十兩解州六名
銀三十六兩
管轄池內弓兵五十三名工食銀三百一十八
兩在額引公務銀內支給

知事

元

趙　顯

闞世傑

明

夏樂正江西安福人

方　果浙江慈谿人吏員

趙　恕直隸河間人吏員

韓　璋直隸威縣人監生

李　思儼直隸衡水人監生

李　繼明湖廣崇陽人吏員

姚　璉直隸博野人監生

蔡　鴻江南潛江人吏員

曾　宜江西臨川人知印

段　尚綱河南伊陽人吏員

姚　惠直隸定興人吏員

李　遠江西豐城人知印

白　忠直隸靈壽人吏員

楊　琥江西安仁人吏員

章煥然湖廣善化人知印

趙循秀浙江臨海人監生

吳原志福建連城人吏員

劉國良浙江山陰人知印

劉　綱江南無爲人吏員

陳時夏直隸大名人知印

李鳳池山東鉅野人監生

田　耕河南湯陰人歲貢

李　椿江西豐城人知印

桂　詔江南合肥人吏員

吳邦彥江西高安人吏員

趙　棟雲南賓州人吏員

喬　巖河南商邱人進士

蔣大方湖廣鍾祥人知印

張九鶴順天霸州人儒士

曹　儒湖廣武昌人吏員

陳巳聞湖廣武陵人官生

蔣　昉江西廬陵人監生

王邦禮山東長山人舉人

王　臣陝西甘州人選貢

譚　誥廣東東莞人吏員

鄒三傑福建清流人吏員

鄧錫爵江西新淦人吏員

國朝順治五年

王存鰲山東邱縣人選貢

順治七年

佟希堯奉天人貢士

順治十一年

王思問陝西富平人吏員

順治十三年

李泳昌直隸任邱人舉人

順治十四年

許彭年順天大興人拔貢

康熙三年

潘玉浙江浦江人吏員

康熙五年

高俊升浙江秀水人舉人

康熙十五年

黨應乾順天大興人供事

康熙二十四年

朱祥麟順天大興人吏員

康熙四十三年

黃廷鏵鑲紅旗人監生

雍正三年

董文化順天涿州人監生。

三場大使

元時有八場凡秘書省校書郎各衛兵曹參軍併縣尉主簿皆得與選有碑文可攷後分爲四場東池二場曰常滿曰鹽北西池二場曰紫泉曰會商場設官四員三監池一領縣事明哉四場爲東西二場每場官二員額辦課三十萬四千引成化乙巳巡鹽御史吳珍奏添中場亦設官二員歲增課十有一萬六千引共四十二萬引今分爲三場大使原係未入流雍正六年裳

恩加爲正八品

中場大使

東場大使

西場大使

俸銀各三十一兩五錢二分坐安邑縣各一十

九兩五錢二分河津縣各一十二兩

攢典各一名充發五年送部考職

皂隸各二名各工食銀一十二兩坐河津縣

三場各門把守役七名工食銀二十一兩半共

邑縣久經奉裁
雍正六年部議大使管理鹽務職分卑微不足
以彈壓商竈酌量給與正八品職銜與按察司
知事等官一體較俸陞轉除縣丞品級相當者
其係知縣州同州判職銜應照
奏定之例以原銜管大使事至陞轉之時仍照原
銜陞轉奉
旨依議
大使

元

方集場官李文質

常滿場官元昭慶

監北場官韓偁

青鼻場官李賡成

分雲場官高峯

紫泉場官華厚

下封場官郝翀

賁閑場官崔玕

國朝

中場大使

康熙五十八年

胡文榜浙江山陰人吏員

雍正六年

陳鎬文浙江餘姚人副榜

雍正七年

盧　湖江南邳州人州同

東場大使

康熙四十二年

諸　鼎順天宛平人吏員

康熙五十六年

楊國瑗順天大興人吏員

西場大使

康熙五十七年

張應遜陝西高陵人

康熙六十年

姜　泳順天大興人吏員

巡檢三員

聖惠司巡檢一員從九品俸薪銀三十一兩五

錢二分坐安邑縣

弓兵六十七名工食銀四百二兩

長樂司巡檢一員從九品俸薪銀三十一兩五

錢二分坐解州一十九兩五錢二分夏縣一十

二兩

弓兵六十七名工食銀四百二兩

鹽池司巡檢一員從九品俸薪銀三十一兩五

錢二分坐解州一十九兩五錢二分夏縣一十

二兩

弓兵六十六名工食銀三百九十六兩

雍正七年運城添設巡檢一員俸薪銀三十一

兩五錢二分在安邑縣領即駐舊典史衙門典

史移安邑縣城內

長樂司巡檢

康熙六十年

富　順順天宛平人

聖惠司巡檢

雍正二年

王萬年順天人

鹽池司巡檢

雍正四年

陳　標順天順義人

運城巡檢

雍正七年

吳劭伯順天大興人

運學

教授一員

訓導一員

二員俸銀共十九兩五錢二分坐安邑縣

薪銀共十二兩坐夏縣

齋夫銀三十六兩坐夏縣

學書共一名光緒五年送部考職

門斗共三名工食銀二十一兩六錢坐安邑縣

廩生共四十名廩糧一百二十八兩坐安邑縣

膳夫銀十三兩三錢三釐坐夏縣

教授

明

鍾　昇山東德州人歲貢

范　景山東沂州人舉人

石　雲江南揚州人舉人

吳九成河南襄城人舉人

房　迺江南鳳陽人歲貢

郝尚禮陝西郃縣人舉人

鄭　樞江南太平人歲貢
唐　淵江南鳳陽人歲貢
梁　宇順天昌平人歲貢
王上林山東掖縣人歲貢
李　晉陝西中部人歲貢
牛復仁河南葉縣人歲貢
王汝成直隸慶雲人歲貢
陳義方陝西莊浪人歲貢
雲　行江南廣德人歲貢

趙夢陽湖廣漢川人歲貢

崔　淵河南安陽人歲貢

谷嘉謀直隸晉州人歲貢

游　霽河南汝陽人歲貢

劉　采山西交城人歲貢

麻友松直隸慶都人歲貢

牛學顔山西沁水人歲貢

徐國正江南宣城人歲貢

劉重光陜西鳳翔人舉人

劉名久山東海豐人恩貢

潘可久江南青浦人舉人

李　梧陝西兩當人選貢

國朝

趙　印廣昌人歲貢

路　義永和人拔貢

李席琦屯留人歲貢

張光遠陽曲人歲貢

嚴爾泰長治人拔貢

張體元曲沃人進士

順治五年

葛應蕃鄉縣人歲貢

順治十年

張養秀崞縣人歲貢

順治十七年

李鼎生洪洞人進士

康熙四年

趙　墇聞喜人舉人

康熙十年
李鼎　生洪洞人進士
康熙十七年
鄭　惝稷山人舉人
康熙十九年
姚　吉人徐溝人舉人
康熙二十八年
李　章太原人拔貢
康熙三十年

賈三芳汾陽人歲貢

康熙四十八年

王鎬曲沃人舉人

康熙四十九年

秦棟翼城人歲貢

康熙五十二年

郝鏞翼城人進士

康熙五十八年

逍璉璞介休人舉人

雍正元年

高　卓　絳縣人進士

訓導

明

唐臣

王環　江南靈璧人歲貢

劉篤　山東益都人歲貢

李仁　河南溫縣人歲貢

張鳳　山東掖縣人歲貢

江文　直隸棗強人歲貢

閻虎　河南南陽人歲貢

黄孜　江南六安人歲貢

李綿　河南人歲貢

崔欽　直隸河間人歲貢

劉敬　河南永寧人歲貢

孔祿　河南登封人歲貢

郜年登　河南靈寶人歲貢

王潭　山東掖縣人歲貢

李渠　直隸新安人歲貢

董稷　萬泉右衛人歲貢

董三策直隸安州人歲貢

郭維藩陝西三原人歲貢

樊思誠陝西隆德人歲貢

孫　潔直隸青縣人歲貢

王　策直隸唐山人歲貢

楊　璋河南宜陽人歲貢

蔣希琬直隸大名人歲貢

江　鴻河南內鄉人歲貢

王繼志直隸遷安人歲貢

司道亨直隷無極人歲貢

李調陽山西清源人歲貢

西景伊河南安陽人歲貢

陳九德山東蒲臺人歲貢

李　柔河南洛陽人恩貢

孫養朴山東鄒平人歲貢

鄭　佳陝西延長人選貢

郝　才陝西安化人選貢

郭　鵬陝西寧州人歲貢

張正蒙山西長治人歲貢

王希曾太原左衛人歲貢

趙首登山西人歲貢

國朝

馬永昇絳州人歲貢

王誠一盂縣人歲貢

丁紹祚河曲人歲貢

劉復興隰州人歲貢

梁　琦太平人歲貢

順治十年
韓城長治人歲貢
順治十三年
張繡平定人歲貢
順治十六年
戴元涎冀城人歲貢
康熙二十四年
韓萬選沁水人歲貢
康熙二十八年

張　發安邑人歲貢

康熙三十一年

王世逢陽曲人拔貢

康熙三十五年

趙文蔚長子人歲貢

康熙四十五年

劉之俊交城人歲貢

康熙五十一年

范　斌岢嵐人歲貢

康熙五十八年

韓復琦絳州人歲貢

雍正三年

李晉陽城人歲貢

運城營

守備一員正四品俸薪銀九十兩七錢五釐九

毫六絲

白世鳳山西陽曲人提標左營右哨千總雍正

七年署運城營守備

把總一員正七品俸薪銀三十六兩

宋　標山西臨汾人武舉康熙五十七年任

馬戰兵十名每名餉銀二十四兩共餉銀二百

四十兩

步戰兵二十名每名餉銀一十八兩共餉銀三
百六十兩
守兵九十二名每名餉銀十二兩共餉銀一千
一百四兩
兵丁一百二十二名每名支米三石六斗共支
米四百三十九石二斗
官自馬一十六匹春冬六個月每匹月支草折
銀四錢二分料豆九斗六個月每一匹共支草
折銀二兩五錢二分十六匹共支草折銀四十

兩三錢二分六個月每一匹共支料豆五石四
斗十六匹共支料豆八十六石四斗夏秋六個
月每匹月支乾銀九錢六個月每一匹支銀五
兩四錢十六匹共支乾銀八十六兩四錢
以上官兵俸餉每年共一千九百五十七兩四
錢二分五釐九毫六絲本色米四百三十九石
二斗本色料豆八十六石四斗俱藩司撥給

勅修河東鹽法志卷之八

運城

河東運司有專城爲治鹺而設也故曰運城

大淸會典河東鹽法道駐劄山西運城在解州之東安邑之西北爲安邑之境元時名曰路村城周九里一十三步廣袤各四之一高二十四尺闢四門分九坊商民輻輳煙火萬家文經武緯總爲治鹺而設志運城

河東鹽行山西河南陝西三省名曰河東者以

鹽池所在而言也秦分天下爲三十六郡河東
居其一漢文帝曰河東吾股肱郡秦漢皆都關
中故大河以東謂之曰河東領縣二十有四曰
安邑曰大陽曰猗氏曰解曰蒲坂曰河北曰左
邑曰汾陰曰聞喜曰濩澤曰端氏曰臨汾曰垣
曰皮氏曰長修曰平陽曰襄陵曰彘曰楊曰北
屈曰蒲子曰絳曰狐讘曰騏後漢河東郡二十
城安邑楊平陽臨汾汾陰蒲坂大陽解皮氏聞
喜絳邑永安河北猗氏垣襄陵北屈蒲子濩澤

端氏晉河東郡統縣九安邑聞喜垣汾陽大陽猗氏解蒲坂河北後魏河東郡統安定蒲坂南解北解猗氏五縣南齊河東郡統聞喜松滋譙永安四縣隋河東郡統縣十河東桑泉汾陰龍門芮城安邑夏河北猗氏虞鄉唐時山西省之府州縣俱屬河東道宋時山西通省俱屬河東路而以河中府所隸之河東臨晉猗氏虞鄉萬泉龍門榮河七縣解州所隸之解聞喜安邑三縣屬陝西路金有河東北路河東南路河東北

路則太原府晉忻平定汾石葭代隰寧化嵐岢
嵐保德管等州河東南路則平陽河中二府隰
吉絳解澤潞遼沁懷孟等州元時山西省之府
州縣俱屬河東山西道肅政廉訪司明平陽府
隸三十四州縣安邑夏縣古之安邑也猗氏古
之猗氏也解州臨晉古之解縣也蒲州古之蒲
坂也平陸芮城古之河北大陽也榮河萬泉古
之汾陰也稷山聞喜古之左邑聞喜也太平臨
汾絳州鄉寧古之平陽臨汾也垣曲古之垣縣

也河津古之皮氏也浮山襄陵古之襄陵也趙
城汾西霍州岳陽古之彘縣也或曰岳陽即穀
遠地元史又以爲本猗氏縣洪洞古之楊縣也
吉州古之騏縣也大寧石樓古之北屈也蒲縣
隰州古之蒲子也曲沃絳縣翼城古之絳縣也
永和古之狐讘也是平陽府之三十四州縣即
漢河東郡二十一縣舊地至古之濩澤今爲陽
城縣端氏今爲沁水縣長修無考此河東郡之
始末也

國朝陞平陽府屬之蒲州為府永濟臨晉榮河猗氏萬泉五縣屬焉陞解州為直隸州安邑夏縣垣曲平陸芮城五縣屬焉陞絳州為直隸州稷山襄陵河津太平四縣屬焉陞吉州為直隸州蒲縣鄉寧二縣屬焉陞隰州為直隸州大寧汾西永和三縣屬焉平陽府僅轄一州十縣又陞澤州為府鳳臺高平陽城陵川沁水五縣屬焉潞安府屬八縣仍舊以上皆食河東之鹽太汾遼沁皆行河東之引故皆曰河東總之河東即

山西也以其在太行之西而言故曰山西以其在黃河之東而言故曰河東漢時鹽官凡二十有八郡河東居其一後魏宣武時河東舊立官司以收稅利延興末復立監司唐時解縣有鹽池又有女鹽池有紫泉監安邑又置有鹽池與解為兩池鹽官皆未詳駐劄何地宋時解州有榷鹽院守貳領之總其事于制置元癸巳年命鹽使姚行簡等修理鹽池損壞處所丙申年行簡繪圖獻於上上可之乃芟薙除榛立司於池

之北滸曰路村中統二年初立陝西轉運使乃置解鹽司於路村延祐間解池鹽引加至二十餘萬仁宗以淫雨課艱減免引鈔者十之六七民遂名路村為聖惠鎮紀帝德也至正丙申總河陝鹽使那海德俊於聖惠鎮築鳳凰城而運治始立名曰運城明天順二年運使馬重顯改作四門東曰放曉西曰留聯南曰聚寶北曰迎渠正德六年御史胡振增以高偉然猶未加石甃嘉靖二年御史盧煥甃其東四年御史初杲

甃其西十二年御史余光甃其北卞萬繚築甃
洗鑄甃其南隨治四門重樓於城角各增堞臺
一周增臺鋪各一十九御史舒遷重作外城垣
曆間磚甃侵剝天啟二年御史劉大受暨運使
孫可擬修築復完御史楊繩武姜思睿楊鶚纍
增敵臺守望之具
國朝順治六年姜瓖猖獗重樓臺鋪悉燬運使陳
喆重修如舊康熙十三年御史何元英又修并
增武備二十四年御史李時謙運使張鵬翮又

加修葺此運城建置之大畧也仰觀星野爲實沈大梁之分俯察地形中條前列涑水後瀵河流自天以右注鳳山表瑞而左廻洶河汾閒一大都會哉東至安邑縣十五里西至解州四十里南至平陸縣一百里北至猗氏縣六十里東南至夏縣五十里西南至芮城縣一百里西北至臨晉縣一百里東北至聞喜縣一百里至平陽府三百里至省城太原府一千里至京師二千里其官署則巡鹽察院居其中左鼓樓而右

譙樓運司分司文武各員皆在城內街巷布
衙署星羅倉庫壇廟無不備具巡鹽察院運司
分司守備各衙署并運學池廟倉庫皆在內另
有專志
一運治有九坊曰厚德和睦寶泉貨殖榮恩賢
良甘泉永豐里仁差糧俱隸安邑惟地方奸匪
該印捕官當司之外本司知事得而兼譏重課
賦也
一譙樓在司治之左元延祐以來建聖惠鎮新

城時即有譙樓鐘樓明正德己卯御史宋鉞重
修即以譙樓爲鐘樓郡城鐘聲清宵籟静噌吰
京徹云敝時邏城有一官夜夢一婦人青衣椎
髻再拜而前曰妾彭城金鯨之妻阿韋也勞苦
震驚百年於茲矣晨當東逝敢告辭及寤不知
所謂及漏盡鼓吏報譙樓鐘　擊之不鳴恍然
悟曰是矣乃戒健步曰汝東行遇衣青婦以吾
名紙印文納其懷即返慎勿鬪也健步追舟三
十餘里果然遂如所戒歸至暮鐘鳴如故自茲

鐘聲雖遠徹然過追及處寂無所聞矣至今運
城人傳之
一鼓樓在學宮之右萬曆己卯御史房寰建
一弘運書院在運學東其址爲運庠射圃餘地
御史李日宣姜思睿楚朗揚買安邑夏縣地畝
以爲修書院等用坐落四至佃戶姓名有碑記
在書院可攷緣歲月已久遂至侵佔
國朝康熙二十八年御史郝惟謙檄行兩縣查清
出安邑地二百五十三畝零夏縣地六百五十

一畝一分零共地九百四畝三分零運使蘇昌
晸傳集紳士公議所有從前隱地逋租免其追
償自二十九年佃地人戸悉遵舊規除完糧之
外仍照碑額完租該縣每年彙收解交三十六
年運使顏光猷重新屋宇令每月朔望在內宣
講
聖諭廣訓大義覺迷錄
又運治城內向有義學之地五統名社學而有
東南西北中之分以便幼童就近求師共東社

學在表忠祠內南社學在南門社學巷西社學在府君廟巷北社學在城隍廟西中社學在鼓樓西各有房舍塾師居之以待來學其地畝四至禮房存卷

一察院在東門內即舊正學書院地也明嘉靖中御史余光建今改爲東察院

一布政使行署在東城守廵二道署在文廟東

稅課局在司治東遷運所在司治北今皆圮

城隍廟在司治北自元建城以來創有明嘉靖

七年御史蔣錫暨運使黄景昆重建三十二年
廟貌傾圮運使劉夢詩重修萬曆四十五年運
同鄭崇厚再修日雨而雨日暘而暘保障運城
神最靈驗四月十五日爲神誕運司分司率屬
致祭城鄉商民駢集進香者三日雍正八年原
任平鄉縣知縣王鍾琇募修重新
關聖廟在運城内東北明天啟元年御史張潑
建
國朝康熙十四年御史齊世布重修凡有祈禱皆

驗務年二月十七八月二十一日運司分司率
屬致祭
玉皇閣在司治後
仰德祠在儒學東祀黃帝相風后史官著頡蒼
梠巫咸巫賢隨丁致祭　黃帝舉風后于海隅
海隅即解池西南隅有風后廟巫咸巫賢父子
夏縣人蒼頡爲文字之始故皆得隨丁致祭
表忠祠在東門内明嘉靖十九年御史舒遷建
以祀殿大夫關龍逄三十九年祠宇傾圮御史

吳過重建後因改爲公署而移祠於東察院之
西明御史楊繼武因湫隘乃撤忠愛衛民暨遺
愛三祠而一之名仍表忠以大夫後關聖並北
魏隱士郎配享而易舊祠爲三教庵
正武廟在司治北明天順三年重修
國朝康熙四十二年御史馬爾泰再修
火星廟在儒學東明嘉靖三十年建
文昌祠先在南門外明嘉靖十八年移於城內
之東北隅

魁星閣在城南上木鎮劉挺建

禹王廟在察院東

崔府君祠在西門內明萬曆二十四年建

忠愛祠舊在表忠祠西明成化十年邑人建以

祀御史王臣方公祠舊在遺愛祠西其先創祀

運使方敬參後又增入林國相名方林二公祠

衛民祠在忠愛祠東其先御史胡振之祠後御

史舒遷增入盧煥初杲余光沈鋒四御史以報

修城之績遺愛祠在衛民祠西其先御史余光

之祠後御史舒遷以御史何贊陶謨邢侗張檟
並祀焉御史楊繩武旣合三祠爲表忠因合四
祠之位統名忠愛在表忠祠之旁地基二畝一
分零將東南兩門外並池上諸祠位主並移於
祠中自漢至明共三十有六前植懷棠祫祀覃
澤名臣二牌坊霜降之日有祭
廣仁祠在東門內地基二畝五分八釐奉祀凡
有功於地方名宦
養濟院明嘉靖二十三年巡鹽御史喻時建育

孤貧九十八名只食全糧者四十二名每月各給小麥二斗四升　至孟冬月朔各給花銀三錢五分半糧者五十有六給皆減十之五院基計地二畝有奇有院舍一十六間以棲煢獨

以上俱在城内

山川風雲雷雨壇在南門外東嶽廟東壇基一畝護壇地二畝

社稷壇在西門外　有護壇地三畝　以上二壇歲以二月初九日　八月初二日致祭

厲壇在北門外所祀無依鬼神明嘉靖九年建
每歲以淸明日七月十五日十月朔迎城隍神
位到壇致祭
三聖廟在運城西北八里河東書院內祀堯舜
禹三聖八以皐陶稷契伯益伯夷夔龍羲氏和
氏關龍逢配享於二月十七日九月初六日鹽
司分司率屬致祭查河東書院明正德閒御史
張士隆建地三十畝有奇嘉地四十畝有奇萬
曆初朝議毁之御史李延觀改爲三聖廟

三官廟在東門外　明洪武中邑人王鏵重建嘉靖間重修萬曆間再修此爲東門外一古剎也每年迎春先期行經歷催春經歷司塑土牛勾芒於東郊之三官廟立春前一日運使率闔屬官員以樂迎於廟導引入城置於衙前東偏蓆殿勾芒西面旦日設酒果香案官屬朝服具班齊樂作四拜上香酒三讀祝畢復四拜遂執彩杖序立牛側正官枹鼓三工擂鼓諸官環擊牛三其下承擊至碎又塑備小土牛若干迎春之

日伴送春花春宴日頒春

寧濟廟在城北五里祀漢關聖暨張桓侯其址地獨高聳俗呼抗搭廟相傳二神會與蚩尤寘戰以護鹽池故祀之例以九月十三日祭萬曆三十年御史曾舜漁置有香火地四十畝內有僧人守廟

旗纛廟在北門外以霜降日祭

黑龍廟在鹽池東二十五里宋崇寧間觀察使王仲千建明天順間重修每歲二月朔安邑縣

致祭

大郎廟在中條山陽以三月初四日祭

二郎三郎廟在中條山陰以三月望日祭相傳

與大郎爲昆季俱以正直著且有功於鹽池故

祀之

泰山廟又名東嶽廟在南門外明嘉靖四十三

年重修廟基四畝香火地二十七畝

名賢祠在南門外地基二畝八分零其先祀御

史李日宣以御史楊鶚姜思虞並入祠內

后土廟在北門外明嘉靖四十二年建

武廟在演武塲東明御史楊繩武建

藥王廟在西門外明嘉靖四十二年建

以上俱在城外

漏澤園運治外四郊有漏澤園在東郊者凡二段共地五十六畝有奇在南郊者凡五段共地一百十畝有奇在西郊者凡二段共地四十二畝有奇在北郊者凡二段共地二十六畝有奇

明巡鹽御史姜思睿置立有義塚石碣表界

一運城四門有鋪舍一十四座有門兵四十四名每夜廵城而城門鎖鑰委知事掌管天明開門傍晚下鎖如有緊急公文查驗明白禀司方許放行一槩文武官弁不許深夜擅自開門

敕修河東鹽法志卷之八

公署

巡鹽御史運使分司　備以及經歷知事三場大使把總巡檢公署𫎇在運城之內惟聖惠長樂鹽池三巡司在城外志公署

巡鹽御史署居運治之中明成化十年御史王臣創建嘉靖四年御史初杲循故拓新作大門三楹扁曰察院前樹屏建坊榜曰正肅署東有鼓樓西有鐘樓左右峙者曰激濁曰揚清中爲

堂曰風紀後爲堂曰退思又後爲寢室曰氷蘗
北有亭曰栢香東曰憶梅西曰存竹詳具張璧
記中
運使署在城之西街由正南坊而進爲通惠樓
再進爲大門再進爲儀門左右有東西角門再
進爲戒石亭爲經國堂堂前有月臺堂後爲和
衷堂爲萬務樓運使高夢說所建經國堂左右
爲豐濟庫收貯正雜鹽課署之東偏雍正六年
建運阜倉收貯穀麥以備出借商人號[illegible]之資

運司署在運使署西偏舊制進通惠樓後[illegible]有經歷署進通惠樓而西有知事署經歷署之上爲總司署知事署之上爲東西分司署兩上爲中分司署分司裁移經歷於知事署知事則處東分司署康熙二十四年復設運判居舊署雍正二年改運判爲運同仍居運判署而移知事之大門於經歷署前

中場東場西場大使署在運城南門內西偏中爲中場左爲東場右爲西場三署相並

守備署在城東門內

巡檢署在巡鹽御史署西即舊典史署

把總署在東門內

聖惠司巡檢署在城東二十里鋪聖惠鎮

長樂司巡檢署在城西三十里鋪

鹽池司巡檢署在池南蠶房村

教授署在學宮內東北

訓導署在學宮內東南

運司諸員各有別署總司在東門外中司在池

南東司在安邑俱廢惟西司在解州今爲督工

行署

鹽池北岸舊有管鹽廳爲委司採撈者之行署

勅修河東鹽法志卷之八

積貯

運城爲商賈輻輳之地晉人積貨而不積穀偶遇歲歉穀麥騰貴且商人澆曬鹽畦必資口糧則積貯宜預也志積貯

運皁倉在運使署東雍正六年建貯麥四千二百五石零穀三千二百四十二石一斗零皆收貯運皁倉詳委知事三場大使分管春借秋還爲商人澆曬工本倘有浥爛虧缺責在經管之

員賠補運司知而不揭亦應分賠又雍正六年

池內斗級墾地一千七百四十畝每畝納麥二

升納穀三升弓兵墾種禁墻外壕地二百七十

六畝三分其納麥穀之數與斗級同亦皆收貯

運阜倉內

運儲倉在運治東儲佃灘籽粒二百七十五石

六斗八升以爲孤貧口糧係經歷經管舊例巡

鹽御史於此中提麥四十石以爲書吏飯食雍

正六年巡鹽御史碩色裁去盡給孤貧

勑修河東鹽法志卷之八

池廟

太和翔洽雨暘時若錫福兆民禮宜崇祀以答

神庥志池神廟

池神廟在池北臥雲岡運城南門外運城譙樓

前有瑞池坊出南門數百步郎中禁門門外有

冀方賓貢坊門內稍南有阜財解愠坊再南折

東則爲神廟大門額曰靈佑祠門左右有石刻

鹽池圖二門有東海栽玉樹西池生金霞聯世

傳爲呂純陽筆上有地接天寶額世傳爲韓湘
子筆進此則爲神廟中爲
勅封昭惠豁阜鹽池之神左爲條山之神右爲風洞
之神前有歌臺又前爲海光樓樓外有坊曰地
寶天成由坊而南爲歌薰樓舜彈琴處在焉池
廟東有關聖廟又東有太陽雨神廟池廟西廡
有土地祠池廟南坡下有甘泉祠皆有功於池
故並祀於池內統名爲池神廟說文古宿沙氏
初作煮海爲鹽是海鹽多以宿沙氏爲神而河

東鹽池則鹽鹽也池神舊曰鹽宗唐大曆間韓滉請加禮秩冊神爲靈慶公俎豆之數視於淮濟後禮部尙書崔縱知河中院以神之舊宮僻在幽阻旣崇其禮宜厥居是用遷置於斯乃餝殿堂開像設面容衛畢備儼然如生雖水府靈居未之若也宋崇寧四年封東池神爲資寶公西池神爲惠康公大觀二年進爵爲王元至元十二年賜廟號曰弘濟祠大德三年加解州鹽池神惠康王曰廣濟資寶王曰永澤明洪武

初封為鹽池之神萬曆十七年御史秦大夔請
錫廟號曰靈祐祠十九年御史蔣春芳重修池
廟改為東西池神合祀於中以條山風洞二神
左右配享每歲以三九月致祭
國朝順治八年御史趙如瑾重修雍正五年冬十
月三場鹽花不種自生多至七百餘萬觔商民
稱慶運司朱一鳳分司王又樸重修巡鹽御史
碩色
題請加號以旌神功

欽定昭惠瑢阜鹽池之神製造神牌安設致祭一次

仍令每歲春秋致祭

鹽風神廟在池神廟左累朝崇祀宋崇寧間同

池神加號爲薦寶侯大觀二年加封成寶公明

洪武初改稱爲中條風洞之神萬曆十九年御

史蔣春芳分條山風洞爲二祠左條山右風洞

太陽廟亦稱日神廟在池神廟東明萬曆二十

四年運使林國相建

雨神廟在日神廟左明萬曆三十八年御史楊

師程建

甘泉廟在池神廟前迤東坡稍下有泉二井冬

夏不竭歷朝崇祀宋崇寧間同池神封普濟公

明御史楊繩武再修

國朝順治八年御史趙如瑾重修

關聖廟先在池神廟右明萬曆間巡鹽御史蔣

春芳鼎新池廟分祀風洞之神於聖廟别搆一

祠於左以祀聖今在池神廟東

關聖解州常平村人家在條山之麓鹽池之陌

南宋大中祥符時蚩尤祟池邑人禱於聖忽風
雷晦暝空中有金甲鐵騎聲久之天清日朗池
水如故政和中解池水赤如血鹽課虧額帝召
虛靜道人問之奏曰此蚩尤神暴耳已有關聖
驅之矣尋解州奏池中大風霆拔木及霽池水
如故鹽花盛生遂封聖爲崇寧君雍正四年總
督管理山西巡撫事務伊都立疏稱
忠義神武關聖鍾靈涑水挺秀條山學本春秋樹
綱常於萬古心全天地昭靈爽於千年是以歷

朝之旌獎優加惟我
聐代之表彰尤著按之褒崇
先聖成側山東曲阜縣既設有博士等員而浙江
西安縣爲孔聖後裔大宗所在復設博士一員
先賢朱子在福建崇安縣已設有博士而江南
婺源縣爲朱子祖籍復設博士一員今關聖在
洛陽已春
特恩准設博士而解梁原籍似可一視同仁
題請

恩賜職銜以勷祀典以光俎豆等情具

題部議查得

至聖先師孔子後裔於山東曲阜縣設五經博士

一員後因浙江西安縣係

先師大宗所在復設五經博士一員又查順治十

二年將朱儒朱子後裔朱煌授為五經博士於

江南婺源縣原籍奉祀康熙二十九年將朱子

後裔朱之儁為五經博士福建崇安縣奉祀在

案雍正三年

皇上念

關帝福國庇民實爲千古正神追封三代俱爲公

爵解州及直省各州縣俱製神牌供奉其洛陽

守墓之處已邀

特恩設博士一員今請於解梁原籍一同

恩賜職銜應照先儒朱子後裔江南福建二處設立

博士之例於解州添設博士一員以奉祭祀俟

命下之日行文將

關帝嫡裔關居斌宗支圖譜印甘各結取具送部

務咨吏部照例給劄可也雍正四年十一月二十二日
題本月二十三日奉
旨依議
土地祠在池神廟西廡明萬曆三十八年御史楊師程建明御史楊繩武再修
國朝順治八年御史趙如瑾重修
以上諸廟每歲以三九月初吉享賽致祭前一日巡鹽御史親詣行香本日運使主之屬員隨

班分獻於時集蒲解十二州縣之伶人樂戸登
臺演樂車馬雜踏士女如雲近惟募本城伶工
演樂以昭誠敬十二州縣優伶樂戸槩禁不用
又元時有鹽宗監官賜紫金魚袋有本廟提點
碑記可攷後惟斗子一名司廟鑰逢朔望行
香則開門而入行香已畢仍鎖門而去晨鐘暮
鼓香火久歇雍正七年詳議革去斗子召募僧
人朝夕在廟虔奉香火廟内隙地五畝零給僧
耕種收息以爲看守口食其廟後地三畝零仍

照斗子例每年每畝納麥二升穀三升撿納貫

阜餘

欽修河東鹽法志卷之八

祥異

池鹽天產美利上有中和位育之
王則池鹽不種自生天以瑞應之其有鹽池水潦鹽
花歇產者皆由人臣奉行不善不能宣
上德意天人相感捷如影響志祥異

漢永初六年河東池水變色皆赤如血唐大曆
十二年度支使韓滉奏解池秋霖不害且有瑞
鹽詔畫祠錫封號唐書地理志註是年生乳鹽

賜名寶應靈慶池有銀鹽宋大中祥符三年八月庚申解州池鹽不種自生以瑞聞帝命屯田員外何敏致祭崇寧元年遣內侍修解池凡闢二千四百餘畦通得鹽一百七十八萬餘觔百官皆賀政和六年兩池漫生鹽募人倍力採取且議加賞繼生紅鹽百官皆賀制置解鹽使李百祿等第賞有差元時解池霖潦損壞堤堰鹽花不生延祐四年頒降御香就差運使欽賫至於殿下偕所司祈禱焉五年遣使齎中大夫[illegible]

鹽花復生神力相之中書省奏降御香差翰林
國史院經歷張仲仁賫至永澤資寶王廣濟惠
康王等廟宇前焚禮以答靈貺延祐六年解池
瑞鹽結秀運司納表稱賀中書省奏降御香祭
貧酒醴至順四年解池預期呈秀遣使集賢修
撰篤列圖欽奉御香致祭有敕賜御香瑞鹽碑
誌勒石於廟明弘治十年鹽盛生積如山阜正
德六年監察御史至滿池鹽花盛生撈補數年
拖欠國課疏請春秋二祭御製祭文鐫石於廟

嘉靖十一年十一月虎入禁垣踞池神廟十二年五月大雷電有龍起鹽池中三十一年鹽花盛生三十二年地大震東禁垣傾圮隆慶四年五月大水衝決入鹽池萬曆二十五年池水如鼎沸

國朝龍興雨暘時若康熙五十六年夏鹽花盛生珠明玉映阜次岡連商踴躍於場民樂利於野雍正五年冬十月池鹽不種自生得七白餘萬勅商民忻賀稱爲亘古以來未有奇瑞雍正七

合十一月保德州卿雲捧日外[illegible]

射十二月臨晉縣卿雲麗日歷午未申酉四時

五色繽紛霞光萬道商民歡慶

欽修河東鹽法志卷之八

運學

天下運司六惟河東運司有專學餘皆附於府蓋以郇瑕爲財賦之藪沃土之民逸則忘善建有專學則師道立而教化行理義明而風俗美是河東設有專學者所以厚商也志運學

運學在運治東南元大德三年運使奥屯茂創建明洪武初運籍生員分附解安二學而運學廢正統己未運使韓偉請於朝復舊制詔許之

堂廟祠廡師生員額與郡庠等明倫堂後有敬
一亭三楹崇聖祠在明倫堂東偏射圃廳又在
崇聖祠東偏名宦祠在文廟左鄉賢祠在文廟
右尊經閣在觀德堂之後正德初御史周廷徵
置樂舞禮器選童冠肄習於中有卧碑一座敬
一箴一座萬曆中運使林國相捐俸置學田署
司運判王建中置夏縣地六十餘畝每年入租
三十七石有奇又清出解臨安邑禁地五百一
十畝每年入租二十四石有奇倂納學倉

國朝順治十一年運使陳喆重修康熙六年御史
施維翰又修康熙二十四年恭懸
聖祖仁皇帝御書萬世師表額於大成殿我
皇上崇儒重道雍正元年追封
至聖先師孔子五代自叔梁公以上至木金父公
凡五代並追封爲王爵木金父公爲肇聖王祈
父公爲裕聖王防叔公爲詒聖王伯夏父公爲
昌聖王叔梁父公爲啟聖王於啟聖祠內安設
神位按昭穆位次每年春秋致祭其牲牢酒醴

籩豆簠簋各照啟聖公例陳設其啟聖祠向係

專祀叔梁公故以啟聖為名今合祀五代更名

爲崇聖祠雍正四年恭懸

御書生民未有額於大成殿

河東運學歷年商民互考混冒不清雍正六年

提督山西等處學政　內廷供奉國子監司業

勵宗萬清理商民籍貫

題除積弊

勑下部議部覆河東運學額取進商籍童生二十名

必實係行鹽子弟方准入運學考試原不容民
童占冒今該學政疏稱各州縣民籍童生冒濫
商籍奸弊百出應如所請嗣後運學童生歲科
兩試惟報部有名之商人子弟并從前有錠之
商人的派子孫查明履歷籍貫准入運學應試
其民籍童生并十二州縣竈丁既蒙
恩賂免歸入民籍之諸童以及曾祖商錠零星小販
之子弟並從前冒入運學之文武各生之子弟
二縣不准冒入商籍而實係商籍者亦不得冒

民籍考試違者照冐籍例治罪等因奉
旨依議
雍正七年和碩怡親王等議覆廣西提督張溥
條
奏新進武童敎官移送駐防武職每月定期會同
考驗弓馬等因奉
旨依議
運學廩生四十名
增生四十名

附生

歲試文武童生各取二十名科試文童取二十名皆附於學謂之附生歲科考試前列廩增挨補廩生一年一貢恩拔每次二名其由進學登科恩拔歲貢廩增附貢及[illegible]仕[illegible]者皆備列於後

進士

明

李　輅　山東右布政使

劉　海　參議道

李素 右通政　　衛儀 行人司

張璡 黎平府知府　　張岫 副都御史

郝珙 戶部主事　　張璲 太僕寺少卿

馬璠 湖廣僉事道　　張茵 南京太常寺卿

曲環 陳州知州　　和世芳 刑部郎中

張淳甫 戶部主事　　祁鶴 山東副使道

謝誥 戶部員外郎　　張時亨 教授

孫繼先 咸寧縣知縣　　路天亨 淶水縣知縣

楊奬 工部主事　　胡志夔 僉都御史

[illegible] [illegible]事道僉　王宇 陝西副使道

[illegible] 誠 道副使　楊一魁 工部尚書

董汝漢 河南左布政　趙欽湯 戶部尚書

解學禮 參政道　張雲翶 吏部郎中

劉敏寬 兵部尚書　趙標 太僕寺卿

馬邦瑞 行人司　王國正 陝西參政道

曹于汴 解元左都御史　楊一桂 御史

劉崇文 吏部文選司郎中　任正斗 行人司

康四海 江西按察使　王凝祚 通永參政道

裴君錫 戶科給事中　李日㒶 河南府知府

劉席民 兵部主事　張鳳鳴 兖州府推官

李　格 兖西道僉事　丁期昌 黃州府推官

朱永庚 平樂府推官

國朝

張聯第 順治丙戌科渭南縣知縣　馮纘緒 順治丙戌科黃州府推官

王春陽 順治丙戌科新泰縣知縣　馬光啟 順治壬辰科戶部員外郎

尚翼岐 順治戊戌科　馮昌奕 順治戊戌科

謝櫨齡 順治辛丑科思明府知府　賈待聘 康熙甲辰科竹山縣知縣

王　斌　康熙丁未科中書舍人

王尹方　康熙癸丑科內閣學士兼禮部侍郎

丁廷楗　康熙癸丑科翰林院編修鳳陽府知府

喬弘德　康熙壬戌科安東縣知縣

何　遠　康熙戊辰科禮部員外郎

康行僴　康熙甲戌科工部屯田清吏司主事

喬于潹　康熙丁丑科萬年縣知縣

王　焯　康熙丁丑科湖口縣知縣

謝　巃　康熙庚辰科

喬于瀛　康熙庚辰科廣西右江道

董　玧　康熙癸巳科衛輝府滑縣知縣

惠克廣　康熙乙未科滋陽縣知縣

景四維　康熙乙未科新喻縣知縣

彭人瑛　康熙辛丑科滄州知州

姚湑 康熙辛丑科奉天工部員外郎　宋在詩 康熙辛丑科翰林院編修任四

川學政　張士璉 雍正甲辰科海陽縣知縣

舉人

明

張翥 河澗府訓導　曲新 長史

朱瓚 兩淮運使　郜浩 衛經歷

東璟 寶雞縣教諭　南璧 長葛縣教諭

盧蘊 章邱縣知縣　祁宣 大名縣訓導

王勝 沂水縣知縣　陳齡 韓府長史

薛海　麟遊縣知縣　　馬珩　陵縣知縣

韓鋐　王府教授　　郭嶽　西安府同知

李勝　曲周縣知縣　　宋吡　柘城縣知縣

侯種　西安府同知　　路顯　茌平縣知縣

張聰　均州知州　　李偉　衛經歷

張璧　隆慶州知州　　張棻　僉事道

張蔓　辰州知州　　南濵

喬遷岐　西安府同知　　薛甫　河內縣知縣

張苣　建寧府同知　　馬棫　西安府同知

郭名世 永清縣知縣
郝清 東昌府推官
李昉 泰安州知州
謝謩 泰安州知州
白錦 文安縣知縣
王諠 良鄉縣知縣
張祚 平涼府同知
孫環 原武縣知縣
張[illegible]甫 陝西僉事道
張淳甫
王一中 交河縣知縣
趙璡 隴州學正
崔金 滕縣知縣
崔魏 肥城縣知縣
劉鎬 西平縣知縣
王命 苑馬寺丞
郭鳴鳳
翟潤

常　蛟

喬一峰　應施縣知縣

孫由義　沈丘縣知縣

張　艮　戶部員外郎

張　誼　山陽縣知縣

何天錫　西鄉縣知縣

馬天麟

王嘉會　洛川縣知縣

張邦柱　靜寧州知州

邱民望　慶陽府通判

張艮甫

李惟喬

胡登庸

李　柟　會寧縣知縣

馬紹賢　韓城縣知縣

路　柟　甌寧州知州

劉從寬

張　集　監察御史

劉弼寛 臨洮府同知
馬時才 韓城縣知縣

楊聯芳
趙文奎 景州知州

馬紹英 戶部主事
喬翔鳳 河內縣知縣

蘇養蒙 兩淮運使
王士魁

李凌玉 平凉府推官
宋應昌 交河縣知縣

李如金 嶧縣知縣
喬起鳳 陝西行太僕卿

宋洛 鞏昌府同知
張邦臣 行唐縣知縣

郭之屏 獲嘉縣知縣
崔沂

王士毅 昌七府知縣
劉濟敎 兩當縣知縣

馬邦珍 鞏昌府同知　　劉遇隆

孫榮先　　賀朝嘉

杜可先　　祁士克

馬登高 即墨縣知縣　　王津 遼州知州

馬一田 廣平縣知縣　　張柟 雲南副使道

劉行寬　　樊民望

李圭 鞏昌府同知　　王應期

景登第 歸德府同知　　薛郭 漢中府通判

劉中寬 商南縣知縣　　石岑

馬崇化　閻庚 寧羌州知州

宋時際 郎中　曹信之

劉登相 涇縣知縣　韓冲斗

喬士鵾 鉛山縣知縣　竇師儞 鄗縣知縣

宋時勲 沭陽縣知縣　楊時隆 更名騰光

王廷俊 歸德府同知　王一大 澤州學正

丁應時 平凉府同知　令狐一伸

馮士奇 長史　王化熙

王嘉績 武涉縣知縣　周天邦 陝西苑卿

劉定民

喬國棟 羅山縣知縣

劉宅民 漢中府知府

胡承裕 滎陽縣知縣

賀道昶 道僉事

李堯 文安縣知縣

景永祚

李正倓 廣平府同知

鄭輝 道僉事

孔問官 雲南提舉

喬國正 六合縣知縣

張希伊

胡彝封 解元上蔡縣知縣

裴章美

張交昺 內邱縣知縣

張穉梅 洋縣知縣

李正佐 郟縣知縣

張世則 宜興縣知縣

劉光斗 平涼府推官　　康弘勳

景星　　王瑞 濟南府推官

王洪印 惠安縣知縣　　路光奎 紹興府同知

王天倪 松陽縣知縣　　郭堯程

馬迪吉 順天府治中　　李茂龍

國朝

萬敷典 順治乙酉科　　張鋑 順治乙酉科

靳能健 順治丙戌科　　謝象超 順治戊子科沙縣知縣

謝象巾 順治戊子科湖陽縣知縣　　曹印樾 順治戊子科

康弘猷　順治甲午科解元

賈元旌　順治甲午科

祁斌　康熙癸卯科延慶州知州

張鍔　康熙乙卯科

張寅　康熙乙卯科襄陵縣教諭

李秉溫　康熙丁巳科司經局正字

蔡珍　康熙辛酉科

文射斗　康熙己卯科

相瀛　康熙乙酉科

陳澄度　順治甲午科湘潭縣知縣

侯世忠　順治庚子科

楊飛龍　康熙丙午科

張侗　康熙乙卯科絳縣教諭

張體壯　康熙乙卯科馬邑縣教諭

謝檜齡　康熙戊午科戶部主事

劉仁恕　康熙丙子科吉水縣知縣

喬于沆　康熙乙酉科解元陽曲縣教諭

尚友　康熙乙酉科

郭建極 康熙戊子科

侯長庚 康熙辛卯科

常上 康熙辛卯科

丁七仁 康熙癸巳科

翟遐觀 康熙甲午科

楊林峯 康熙甲午科

郭郃 康熙甲午科

張懷瑜 康熙甲午科 寧河縣知縣

馬引方 康熙甲午科

郭二成 康熙丁酉科 任邱縣知縣

郝烱 康熙庚子科

樊嘉謨 康熙庚子科

許端彥 康熙庚子科

喬溥棠 康熙庚子科

景儲元 雍正癸卯科

貟鐳 雍正癸卯科 太谷縣教諭

樊承露 雍正癸卯科

李閶棶 雍正癸卯科 安陽縣知縣

景　燕　雍正癸卯科　張掖縣知縣　　王鎮奎　雍正癸卯科

李鳳生　雍正甲辰科　　劉　炘　雍正甲辰科

宋在書　雍正甲辰科　　李　楞　雍正甲辰科

郭爲觀　雍正丙午科　　張　屺　雍正丙午科

翟崇觀　雍正丙午科　　曹　章　雍正己酉科

劉世芳　雍正己酉科　　劉　燗　雍正己酉科

凡鄉科已登進士者鄉科不復書名

武科

劉世巍　順治辛丑進士　山西撫標守備　　丁輔王　康熙癸卯武舉

李克勝　康熙癸卯武舉
萬　儆　康熙庚戌進士滿家洞守備
關振世　康熙丙午武舉
劉炳燮　康熙丙午武舉
李　彪　康熙乙酉武舉
李惟章　康熙乙酉武舉
劉鎮疆　康熙壬子武舉
謝于宣　康熙壬子武舉
郭維基　康熙乙卯武舉

董　振　康熙癸卯武舉
李　境　康熙丙午武舉
馬正乾　康熙丙午武舉
張英奇　康熙庚戌狀元頭等侍衛
張凝正　康熙乙酉武舉
劉　祺　康熙壬子武舉
董遐年　康熙壬子武舉
謝柏齡　康熙乙卯武舉
周　鵬　康熙乙卯武舉

劉毓烇 康熙戊午武舉
張紳 康熙戊午武舉
王光斗 康熙辛酉武舉
張炬 康熙甲子武舉
薛若翼 康熙辛未進士平陽府守備
黃帝相 康熙丁卯武舉
楊毓生 康熙庚午武舉
郭宗儀 康熙丙子武舉
劉芳林 康熙壬午武舉

張翼 康熙戊午武舉
秦飛熊 康熙戊午武舉
馬苓 康熙辛未進士陝西都司
南起鳳 康熙甲子武舉
閻以寧 康熙丁卯武舉
段聖 康熙庚午武舉
曹英正 康熙丙戌進士
謝代積 康熙丙子武舉
張爾洽 康熙戊戌進士江南廬州守備

張爾濟 康熙辛卯武舉
張爾洵 康熙癸巳武舉
張世瑞 雍正癸卯武舉
惠爾履 雍正癸卯武舉
張青 雍正癸卯武舉
惠振猷 雍正癸卯武舉
劉彥文 雍正甲辰武舉
關永清 雍正丙午武舉
喬三艮 雍正己酉武舉

貢生

明

周英 開封府知事
姚珪 主簿
楊塤 衛經歷
薛昂 大城縣知縣

吳旅　廣施縣知縣
鄧本　平凉府通判
毛勝　大名府經歷
王聰　蘭縣知縣
朱恭　羽林衛經歷
孫昱　蒙陰縣縣丞
李轍　大成縣主簿
秦顯　通判
毛衡　隆慶州吏目

趙璧　單縣知縣
宋敦　安化縣知縣
王安　南漳縣知縣
曹光　華州知州
馬淵　鎮原主簿
樊章　固安縣主簿
康學　扶風縣教諭
周玘　東平州州判
喬正　樂陵縣主簿

胡膚　宜川縣知縣　　賀正　魚臺縣知縣

張數　臨淄縣縣丞　　張定　兗州府經歷

張海　崇明縣縣丞　　侯禧　隆德縣知縣

曲璪　臨洮府訓導　　韓璉　工部主事

任清　　李鈇

齊銘　　趙亨

郭珣　吏目　　賀禧

呂勝　　李琰

孫霄　南陽府同知　　李傑　平山縣縣丞

尚成　　喬貴太僕寺主簿

宋璧主簿　　孫源秀水縣縣丞

周盛　　秦昌通判

賀儒訓導　　闞亨

吳大有　　杜啟茌平縣知縣

宋深都司經歷　　張璉訓導

康鼎王府教授　　南勳經歷

翟定寧州訓導　　關芳

郭瑞許州知州　　韓章知縣

喬　璠廣平府檢校

楊　福

宋　質德清縣縣丞

曹　震會稽縣主簿

趙　琇

李　福成縣知縣

張　福魚臺縣主簿

李　綱

弋　華王府紀善

南　輔宜興縣縣丞

張　誥行唐縣訓導

趙　綸衛經歷

楊　壽訓導

趙　綬

馬　棐蘭州判官

侯　爵訓導

解　紳永清縣訓導

張　慶陳州判官

劉憲　王府伴讀

王秀

馬程　主簿

朱珝　茌平縣丞

宋經　禹城縣丞

張護

曲辯　膚施縣訓導

賁豕　柘城縣訓導

楊和

賀龍　東鹿縣訓導

李璠　上林典署

惠錠　引禮

楊澤

何鏜

王鵬

劉銘

常佑　主簿

孫鰲　慈谿縣丞

弋崇 訓導　　姚金

李繼綱　　崔喬

曹希賢 蒲城縣教諭　　馬玠

王廷弼　　王希嶠 磁州判官

馬衍　　曹司戎 平涼府通判

張鶴 應天府經歷　　喬碧峰 長安縣主簿

謝應徵 撫寧縣知縣　　呂訓

喬蔓　　張衍 大名府訓導

陳謀　　陳舜道 王府教授

李宗堈　　楊遵道蓬萊縣縣丞

王幹昌目府訓導　　孔繼道王府教授

張維新　　李德義蘭州訓導

靳愷蘭州訓導　　和鈴

馬懷邠州訓導　　喬琳安定縣訓導

喬九峰　　王汝恒王府教授

趙惟幾齊東縣訓導　　郭繼勳蒲城縣訓導

孔繼賢　　趙弘毅清水縣教諭

姚宗儒慶陽府教授　　張惠甫鄆城縣知縣

張艮貴　盧縣知縣
王好賢　青城縣教諭
李承業　華州訓導
周士儒　壺關縣教諭
王令　莊浪縣訓導
廖季餛
馬模　王府教授
郭東田　汚縣知縣
周士偉　王府教授
喬溥恩　嵐縣教諭
王用予　陝西華亭縣知縣
喬推恩　文縣教諭
喬桐　河南府教授
姚璋　王府教授
趙文光　恩貢
王民　靜寧州學正
喬維嶽　盧氏縣教諭
楊道南　泌陽縣知縣

任紹祖
李時榮
劉克寬　王府教授
裴　衮　贊皇縣訓導
薛　郃　渾源州學正
喬如岡　臨漳縣訓導
胡舜臣　建昌府教授
趙欽舜　汝州訓導
張九經　任邱縣主簿

朱延齡　祥符縣教諭
張邦彥　壺關縣教諭
謝　試　儀封縣教諭
劉繼統　漳州訓導
王省方　孟縣訓導
周學思　延安府教授
扆　丹　代州訓導
王　治　陳州訓導
喬謙亨　交城縣訓導

郭　樌太原縣訓導　　侯　甸文水縣訓導

張邦珍岢嵐州訓導　　孔　賢王府教授

李茂春選貢　　王　敷衛輝府訓導

王應運選貢　　王　梓

李守廉靈寶縣訓導　　姚時敘興平縣知縣

張狃岑王府教授　　杜騰蛟代府教授

李呈秀襄垣縣教諭　　路尚賢臨縣教諭

南邦柱　　李承道

李汝玉廣昌縣教諭　　謝繩祖偏頭所訓導

蘇希珣 杭州府訓導
張文翰 平定州訓導
樊國藎 忻州訓導
楊舒韡 深澤縣知縣
柴希堯
李永芳
范宗文
張雲翮 大同府教授
謝傳心 石樓縣教諭
周士儒 壺關縣教諭
賈化醇
宋醇儒
張斗楠
王經世
范崇文 紫陽縣知縣
薛士吉
王幾典
張九皋

靳斗　王佐

馬之驥太谷縣訓導　石應元大同府教授

劉啟甲　楊懋烈

韓延鈇　丁應睹

翟夢柱　徐來庭

王國賢　介夢弼

甯獻誠任邱縣訓導　郝習孔

陰啟昌　仲三畏

張通潞安府教授　董標拔貢寧州知州

董之治　副榜鳳陽府通判　　曹應聘

馬崇詔　霸州知州　　楊時和

王廷召　平順縣教諭　　劉衍民　新興縣知縣

國朝

董　正　順治元年恩貢　　王　冕　順治二年歲貢汾州府訓導

王　斌　順治二年拔貢　　路應元　順治三年歲貢潞安府訓導

馬龍現　順治五年拔貢　　劉家傑　順治五年副榜

任振鷺　順治五年副榜邠州知州　　崔　灼　順治六年歲貢臨晉縣訓導

郭用賢　順治七年歲貢太谷縣訓導　　王永熙　順治八年恩貢松江府同知

周家正 順治八年歲貢
楊實 順治九年恩貢敘州府通判
楊宗華 順治九年歲貢河曲縣訓導
王凝禧 順治十年拔貢
李一流 順治十年歲貢汾西縣訓導
衛明祚 順治十一年歲貢
閆恬 順治十二年歲貢
寧鼎臣 順治十三年歲貢岳陽縣訓導
謝進印 順治十四年副榜壽陽縣教諭
胡觀光 順治十四年歲貢
焦景度 順治十五年歲貢
朱永庚 順治十六年歲貢
楊天篤 順治十七年歲貢
裴泰 順治十八年歲貢
萬敦典 康熙六年歲貢
韓正 康熙七年歲貢
李肇瑞 康熙八年歲貢
路振翼 康熙九年歲貢

張瑞	康熙十年歲貢
景謙	康熙十一年拔貢
弋敦極	康熙十一年拔貢
路泰來	康熙十一年歲貢大寧縣訓導
曲星灼	康熙十二年歲貢河曲縣訓導
衛際可	康熙十三年歲貢
王昌	康熙十四年歲貢
韓濟	康熙十五年恩貢
閆梅	康熙十五年歲貢
譚際亨	康熙十六年歲貢
張岌	康熙十七年歲貢
周世澤	康熙十八年歲貢
王新葎	康熙十九年歲貢
張金榜	康熙二十年歲貢
楊淦	康熙二十一年歲貢
楊芳聲	康熙二十二年歲貢
賈我待	康熙二十三年歲貢
吳道明	康熙二十四年歲貢

藺亞謙　康熙二十五年拔貢

文射斗　康熙二十五年拔貢

馬祚錫　康熙二十五年歲貢

謝蘢　康熙二十六年副榜

裴飭襄　康熙二十六年副榜

段見龍　康熙二十六年歲貢浮山訓導

王旭美　康熙二十七年歲貢

王雍珍　康熙二十八年歲貢

馬載錫　康熙二十九年歲貢

閻仰堃　康熙三十年歲貢

劉毓燦　康熙三十一年歲貢

楊埠　康熙三十二年歲貢

楊昭祖　康熙三十三年歲貢

段芾　康熙三十四年歲貢

喬毓祥　康熙三十五年恩貢

衛龍光　康熙三十五年歲貢

朱紱來　康熙三十六年歲貢

喬于沆　康熙三十七年拔貢

張乃績　康熙三十七年拔貢

丁起光　康熙三十八年歲貢

丁廷梓　康熙四十年歲貢河曲縣訓導

馬之纁　康熙四十二年歲貢霍州訓導

郭恢肇　康熙四十四年歲貢

謝南齡　康熙四十六年歲貢

張篤行　康熙四十七年歲貢

李芳都　康熙四十九年歲貢

何老文　康熙五十一年歲貢

李騰輝　康熙三十七年歲貢

景延煒　康熙三十九年歲貢

丁廷棫　康熙四十一年歲貢

郭塏　康熙四十三年歲貢崞縣訓導

景文梗　康熙四十五年歲貢

趙一彌　康熙四十七年恩貢

荆之奇　康熙四十八年歲貢

張飛翥　康熙五十年歲貢

謝一恂　康熙五十二年恩貢

萬象春　康熙五十二年歲貢

丁七仁　康熙五十三年副榜

趙擢元　康熙五十三年歲貢

張奇　康熙五十五年歲貢

周之晃　康熙五十七年歲貢

柴永英　康熙五十九年副榜

張好善　康熙六十年歲貢

梁國祺　康熙六十一年歲貢

黃鑑　雍正元年拔貢

翟崇觀　康熙五十三年副榜

張銓　康熙五十三年副榜

馬謙晉　康熙五十四年歲貢

王廣生　康熙五十六年歲貢

路庸　康熙五十八年歲貢

王繪　康熙五十九年歲貢

喬彬　康熙六十一年恩貢

李鳳生　雍正元年拔貢

康潓　雍正元年歲貢

郭笠　雍正二年歲貢
李標　雍正三年歲貢
萬備進　雍正四年歲貢
謝宗積　雍正五年歲貢
周學書　雍正六年歲貢
丁衍齊　雍正七年拔貢
樊二盛　雍正七年拔貢
張存直　雍正七年歲貢
王汝霖　附貢福建巡道
張弼　附貢江南淮徐道
李秉儉　廩貢山東青州府知府
楊蔚　附貢永州府知府
張學周　附貢常州府同知
張弼　附貢赤城縣知縣
張鵬翥　廩貢臨武縣知縣
王集雍　廩貢萬城縣教諭
姚淑虞　廩貢徐溝縣教諭
劉世楷　廩貢候補中書

文耀斗 廩貢陽曲縣訓導　萬廣烈 附貢候補中書

蔡伯謨 附貢汾西縣訓導　趙世琮 附貢徐溝縣教諭

路　式 附貢靈邱縣教諭　王甲開 廩貢候選訓導

馬之纁 廩貢　張懷瑾 附貢沁源縣教諭

景文植 附貢靈石縣教諭　弋　薰 附貢詹事府主簿

王學曾 廩貢忻州訓導　張　侹 廩貢廣靈縣訓導

張　佗 附貢祁縣訓導　張　佶 附貢寧鄉縣訓導

劉緒科 歲貢兵部武庫清吏司郎中　張殷振 附貢戶部四川清吏司郎中

劉　瑜 附貢戶部陝西清吏司郎中　張慶曾 附貢冀昌道調松茂道

朱士伋 歲貢戸部浙江清吏司郎中陞江南道監察御史協理山東道監察御史

王錫瓛 歲貢慶遠府知府　王鍾珣 附貢都匀府知府

張份 貢監黔西州知州　王鍾琇 歲貢平鄉縣知縣

王鰲方 廩貢戸部司務候補主事　王曾淑 附貢慶都縣知縣

張存恒 附貢淳化縣知縣　劉士浤 增貢灤州知州

路進廷 歲貢羅山縣知縣　張懷琦 廩貢饒陽縣知縣

楊德長 附貢公安縣知縣　李開權 歲貢國子監教習揀選知縣

李闇樾 歲貢國子監教習揀選知縣　劉肇 歲貢候選通判

張于渡 貢監候選知州　朱守仁 附貢候選知縣

李秉讓 候補翰林院孔目　　張緕壽 歲貢候補國子監典簿

李闓枬 附監候選縣丞　　李闓棨 監生候選州同

馬九錫 廪貢縣丞　　李秉恭 廪貢寧鄉縣教諭

張倆 附貢掄社縣訓導　　王維 貢監候選通判

張玫 附貢廣東巡檢　　馬仁錫 廪貢

王汝梅 廪貢　　馬之紋 廪貢

康如鏞 附貢　　李秉艮 廪貢

王餘佑 廪貢　　薛天寵 廪貢

張瑕掄 增貢　　楊蘭 附貢

王楧　廪貢　　張紼　附貢

王庭　附貢　　祁光前　附貢

王裕　附貢　　張機　增貢

李闇植　增貢　　張燈　附貢

路遵王　附貢　　王祜　附貢候補主簿

張思誠　附貢候選縣丞　　楊朝相　附貢

劉德俊　附貢　　丁一仁　附貢

南有獲　附貢　　相于瓚　附貢

路之儁　增貢　　康毓崧　附貢

馬永清 附貢
郭四逵 附貢
于　度 附貢
張　嶲 附貢
劉德潤 附貢
朱士俔 附貢
王淑璞 附貢
何元復 附貢
康載岩 附貢
李閶樞 附貢
李丕顯 附貢
張　璠 附貢
李會樅 附貢
何元浩 附貢
曹　琮 附貢
路聲鵑 附貢
張爾泓 增貢
張綸雍 增貢

康載華附貢　張燁附貢

李提增生　朱正附貢

主作楫附貢　周崑廪貢

張崘附貢　李闇棱附貢

勑修河東鹽法志卷之八

武備

運城爲錢糧重地離省城九百餘里南逼條山
脣齒復嶺最易藏奸西通潼關咽喉要地防衛
宜嚴志武備

運城兵初僅射手五十名明正德閒添設鹽壯
市壯八百名民壯六百名吏農有膂力者二百
名分爲六營練習之事平隨報罷天啟閒御史
劉大受請設兵一百六十名把總一員領之後

運同盧友竹呈請添爲三百名守備一員領之
廵鹽御史王與印又於弓兵斗級內抽兵一百
名廵鹽御史楊繩武又增兵五十名
國朝龍興永清大定地方寧謐議罷順治六年姜
瓖不靖御史粱應龍調取平垣營兵一百七名
把總百總各一駐防後減存五十名十三年改
撥蒲營防兵六十名赴汛十六年添至八十名
仍委把總領之現今蒲州協標把總其領步兵
四十一名除塘驛防守外存城三十名北三十

名之兵又時有營伍差遣存城者不過十五六名且把總微員不足以資彈壓雍正七年巡察山西戸科掌印給事中宋筠具奏奉

旨添設守備一員添兵七十名並原有之把總一員外委一員同原設運城防兵三十名安邑防兵十名王范村防兵三名將軍廟防兵三名北相鎮防兵三名泓芝驛防兵三名共一百二十二名總歸運城守備管轄

演武場在北門外嘉靖初御史朱實昌建計地

三十四畝有廳事有將臺以訓池卒萬曆間御
史姚三讓重修立武廟於旁

《山西文華》編纂委員會 編

山西文華·史料編

敕修河東鹽法志

第五册 卷九至卷十

清 覺羅石麟等◎修 清 朱一鳳等◎纂

山西出版傳媒集團
三晉出版社

山西文华

勅修河東鹽法志卷之九

宦蹟

洪範言有猷有爲有守是居官者非徒以素餐

鳴節也况鹽務重大必仰體

宸衷恤商愛民因時制宜斯可無忝職守謹將歷任

河東有裨鹺務者備著於篇志宦蹟

漢

黃霸淮陽陽夏人少學律令喜爲吏馮翊使領

郡錢穀計簿書正以廉稱察補河東均輸長

後爲潁川太守時上垂意於治下恩準詔書吏不奉宣霸選擇良吏分部宣布詔令令民咸知上意是時鳳凰神爵數集郡國天子下詔稱揚曰潁川太守宣布詔令百姓鄉化孝子弟弟賢婦順孫日以衆多田者讓畔道不拾遺吏民鄉於教化興於行誼可謂賢人君子矣書不云乎股肱良哉其賜爵關內侯

隋

姚暹大業中爲都水監先是客水爲患暹乃濬

永豐舊渠兼築堤堰自安邑楊家庄西至臨晉五姓湖以入於河客水有所歸至今名其渠曰姚暹渠按隋書仁壽元年改都水臺爲監更名使者爲監都水監與少府監長秋監國子監將作監爲五監都水監者治河渠之官也

唐

姜師度魏州魏人開元中拜營田支度修築使進爲河中尹安邑鹽池涸廢師度大發卒疏

引其流置鹽屯公私兼利

司宓輿河中虞鄉人大中時盧弘正管鹽鐵表

爲安邑兩池榷鹽使先是法踈濶吏輕觸禁

輿爲立約數十條莫不以爲宜以勞遷戶部

郎中

宋

宋搏萊州掖人開寶八年宋準與貢部得第爲

河東轉運使上言大通監冶鐵盈積可備諸

州軍數十年鼓鑄願權罷採以紓民又請科

諸戶丁壯為兵以增戎備在任十一年

陳堯佐閬州閬中人進士及第先為兩浙轉運副使徙京西轉運使後徙河東路以地寒民貧仰石炭以生奏除其稅又減澤州大廣冶鐵課後徙并州每汾水暴漲民輒憂擾堯佐為築堤植柳數萬本作柳溪民賴其利後拜同中書門下平章事集賢殿大學士謚文惠

范祥邠州三水人進士及第祥建變鹽法後人不敢易稍加損益人輒不便制置解鹽遷度

支員外郎權轉運副使後提舉陝西緣邊青
白鹽改制置解鹽使嘉祐中包拯言祥通陝
西鹽法行之十年歲減榷貨務使緡錢數百
萬其勞可録官其子孫
包拯廬州合肥人舉進士歷三司戸部判官出
為京東轉運使解州鹽法率病民拯往經度
之請一切通商除天章閣待制人以包拯笑
比黃河清童稚婦女亦知其名呼曰包待制
拯性峭直雖甚嫉惡而未嘗不推以忠恕也

與人不苟合不僞辭色悅人平居無私書故人親黨皆絕之雖貴衣服器用飲食如布衣時嘗曰後世子孫仕宦有犯贜者不得放歸本家死不得葬大塋中不從吾志非吾子孫也贈禮部尚書謚孝肅

李綽元祐間爲解令兼鹽池事自王峪口築堰防池由東而北至苦池灘排條山諸谷之水并白沙泛濫之水皆由池以達於渠後人因名其堰曰李綽堰

陳安石河陽人以蔭鎖廳及第嘉祐中韓絳鎮
太原議行鹽法與監司多不合加安石集賢
殿修撰爲河東都轉運使議始定謂其僚曰
興事當有漸急則擾乃出鹽付民而俾之券
使隨所得貿易齎畢而歸券私販爲減進天
章閣待制至龍圖閣直學士
薛向以祖顔任太廟齋郎權陝西轉運副使制
置解鹽鹽足支十年而歲調畦夫數千向奏
省其數又兼提舉買馬監牧沙苑養馬歲得

𣃔三百而費錢四十萬占田千頃向講斥開
畦予民收租入以市之乃置場於原渭以羡
鹽之直市馬於是馬一歲至萬匹昭陵復土
計用錢糧五十萬貫石將移陝西緣邊入鹽
中於永安縣向陳五不可以爲失信商旅元
豐元年召同知樞密院向幹局絕人計筭無
遺策用心至到元祐中謚曰恭敬

金

范承吉天會八年進士任河東北路轉運使承

宋季之弊民賦繁重承吉乃爲經畫立法簡便所入增十數萬斛官既足而民有餘遷河東南路轉運使

王蔚香河人登皇統二年進士第蔚性通敏曉析吏事壽授都事行左司員外郎遷郎中大定二年超授河東北路轉運使諭旨曰汝在海陵時行事多不法然朕素知爾才幹欲授以內除而憲省有言以是補外如能澡心易行必有升推否則勿望再用既而廉察爲第

一授中都路都轉運使改吏部尚書

元

姚行簡太宗癸巳年命姚行簡等修理鹽池損壞處所丙申年行簡繪鹽池圖獻於上上可之乃立司於池之北淵曰路村仍命行簡專掌鹽賦

奥屯茂元大德時任河東運使建學課士河東運學始於此

阿失鐵木兒元皇慶二年任河東相故廟西壖

卜地爽塏中締正殿周阿重簷翼東西廡前
敞其閎後營寢室階戺峻整宏達靖深冠大
門爲樓扁曰寶慶落成之日遷二神於新廟
葺舊廟以祀成賓公以廟碑請於朝命翰林
王緯書石
那海德俊元至正時上擢章佩監卿那海德俊
總河陝鹽使下車日訪民所戚莫先城事請
於朝於聖惠鎮修築鳳凰城即今運城也
護廪實司鹺有惠政鹽丁車戶就現在均泒免

其包累時有造船垣山二役諭有司免本鎮
人不與賣零鹽止收官價交課鈔免民充役
定鹽草之價爲鹽觔之數最爲便民

卜顏鐵木兒爲運使時國課泒及州縣戶口公
嚴緝私販課得充足鹽丁撈採不許倩役使
擾修築渠堰不許豪猾倖免

明

王臣吉水人河東差巡鹽御史自王臣始修築
垣塹拮据不倦商人都請留一年後卒於官

商民爲立忠愛祠

孟淮博野人憲宗時爲鹺使因池鹽遠贍秦豫
法難盡行且占種奏討者多不勝掣肘之慮
請如浙淮事例遣御史監臨

胡振羅山人廵視河東會流寇逼運城城僅土
壁數尺振與孝廉謝詰謀立調鹽丁萬人增
高四尺許五日而就寇不敢窺士民仰德立

衛民祠

張士隆安陽人廵鹽河東修中條山青石槽以

便鹽車又創建河東書院爲國養賢

盧煥光山人嚴重有方畧西姚劇賊聚衆盜鹽爲盡煥不動聲色而靖之

伍全安福人爲運使有幹濟每見鹽車挈支強梁攙越懦者被陵躒乃分定車戶派以三場序以六班魚貫出入衆論翕然稱便

喻時光州人任河東興風雲雷雨之祀立養濟院

袁士偉肥城人爲運使值歲凶道殣相望嘆曰

此非朝廷赤子乎乃悉召貧民給以工本令
入池撈採課充數年而存活亦以萬計
方啓參巴陵人爲運使節巳勤民修城而一人
不擾掣引而三場均給葺禁垣捕私販民建
祠以祀
劉勲潛江人任運同清而勤㦸星掣放從無倦
色
王諍丞嘉人巡鹽河東以氷櫱名其堂菴自砥
也値大旱諍禱雨祈鹽卄雨立沛

郜永春長垣人巡鹽河東收硝池以弭私販題
南陽以復舊轄興書院以羅人才疏河渠以
通水利開南一場以便撈採
王世能宣城人爲運使有惠政恐商困於催科
從不差役滋擾且親督採鹽商獲大利後卒
於官商民戴之
王建中平湖人由省中遷福建按察使謫河東
運判持已清廉凡興革大務如壓待進鹽運
發遠商等事義爭不爲勢沮

汪以時婺源人巡鹽河東持躬節儉一以鋤强
字弱爲主建太陽廟
楊師程安寧人按河東以清名蒋建雨神廟
劉大受泰和人爲監臨酌量預報裁省添搭刪
灘地蘆價清議池侵地取迴苦池租銀作餉
募兵又有修學甃城諸政
李日宣吉水人按河東修八政橋以利行人建
弘運書院於學宫旁
陳廷謨成安人巡視河東禁劣採親課程清衙

蠹調課額具有成效
王輿印新城人按鹺時革勒民撈採以塞弊竇
恤壓待商人以蘇商困
楊繩武彌勒人為監臨政持大體不假手於左
右修城練兵民賴以安
楊鶚武陵人河東荒歉糴粟於太汾秦渭遍給
窮民
國朝
劉令尹直隸滄州人往例商人自備工本撈鹽

撈鹽百引以七十引爲官鹽以三十引抵商
人工本給以官票疏請畫一以清鹽法
朱鼎延山東平陰人以招商分引爲請疏稱潞
澤懷慶三屬有戶口鹽課二萬五千七百兩
闖逆蹂躪黎庶流散計口算鹽計鹽算課存
者不及十分之二原派之額無從徵足宜勸
諭運安兩城願充商者准照舊商一切撈鹽
辦課分引行鹽州縣可免追呼之憂又恐旱
澇莫定鹽少課絀復派戶口則已錙之遁勢

辦再加合將新商每名先分鹽引一千二百

比舊商少給七百四引行之一年果無貽悞

商衆必且源源而至

上可其議招商分引自此始

劉達直隸濬縣人順治六年疏稱續招商人各

認引目多寡有差已得一萬五千張酌量在

於懷慶潞澤戶口之內分引其不敷之數仍

俟招徠以復鹽法之定制部議允行

劉秉政奉天人順治十年疏稱河東運司當承

平之際商名五百明末兵荒迭至又兼池遭
水患無鹽者數載商人零落止存百有餘家
課額不敷是以有分派戶口之議若山西之
平陽潞澤并河南之懷慶各屬共計正十一
州縣分認課銀三萬九千二百三十五兩零
令赴池領鹽民受累害前鹽臣趙如瑾以戶
口凋殘入告奉
旨查議臣思將欲減戶口以甦民見今餉急額課難
裁將欲舉戶口之課盡歸於商則嘵嘵有辭

現辦之課力倘不支若必强之恐現課及爲
鳥有計惟招商認課而後戸口可除也按道
路之遠近運鹽之難易爲除戸口之次第奏
旨戸口屬民該御史竭力招商以盡職掌不得因循
致深民困戸口之累於是除矣
杜珉滿洲人正白旗副都統順治六年運城土
賊作亂承
命勦賊克獲有功運城賴以安全商民德之
布舒滿洲人康熙九年任河東巡鹽御史疏請

石樓縣改食土鹽以從民便

曾寅江西清江人康熙十八年疏請開垣西小

池又疏請增鹽丁二千名任修池垣

李時謙大興人覦鹺河東請除五分加課請設

督工運判濬渠築堰

張鵬翮遂寧人寬厚和平治鹺去其不便而從

其便商人愛之

蘇昌臣奉天人任運使精明幹濟銳意釐剔

郝惟謙霸州人疏請定渠堰按丁之例民皆稱

便又疏請除加課十分

勅修河東鹽法志卷之九

人物

河東人物彪炳史冊美不勝書惟錄其居近鹽池者志人物

風后解州人故里即在鹽池西南隅黄帝時舉六相而天下治風后其一也

關龍逄安邑人夏時以直諫稱今安邑縣北有關龍逄塚

巫咸夏縣人書君奭在大戊時則有若伊陟臣

巳格于上帝巫咸乂王家在祖乙時則有若

巫賢孔安國傳賢咸子巫氏是巫咸父子並

爲商相

傅說平陸人殷高宗夢帝賚良弼乃審厥象以

形旁求於天下說築傅巖之野惟肖爰立爲

相作說命三篇孔安國傳傅氏之巖在虞號

之界

百里奚平陸人奚飯牛而牛肥秦穆公拜爲上

卿號五羖大夫

郤缺河東臨晉人大夫芮之子季臼使冀見缺
耕於野其妻饁之敬如賓歸薦於文公拜缺
大夫賜冀為采邑稱冀缺公
祁奚河東臨晉人晉悼公時為中軍尉請老公
問代者稱解狐其讐也又問對曰臣之子午
也可君子謂奚舉讐不為諂立子不為比
師曠河東臨晉人晉平公樂師平公鑄大鐘使工
聽之皆以為調師曠曰不調請更鑄之平公
曰工皆以為調矣師曠曰後世有知音者將

知不調其聽最聰

段干木河東芮城人學於卜子夏魏文侯過其廬必式

司馬遷河東龍門人遷生龍門耕牧河山之陽年十歲則誦古文二十而南遊江淮上會稽探禹穴闚九疑浮於沅湘北涉汶泗講業齊魯之間觀孔子之遺風鄉射鄒嶧戹困鄱薛彭城過梁楚以歸其父太史談曰余先周室之太史也汝復為太史續吾祖矣於是遷紬

石室金匱之書上始軒轅下訖天漢博采古
文及傳記諸子著史記
尹翁歸河東平陽人少爲獄小吏曉習文法喜
擊劍人莫能當田延年爲河東太守行縣至
平陽召故吏五六十人令有文者東有武者
西閱數十餘人次到翁歸獨伏不肯起對曰
翁歸文武兼備唯所設施功曹以爲此吏倨
傲不遜延年曰何傷遂召上辭問甚奇其對
後拜東海太守過辭廷尉于定國定國家在

東海欲屬託邑子兩人令坐後堂待見定國
與翁歸語終日不敢見其邑子旣去定國乃
謂其邑子曰不可干以私治東海明察吏民
皆服恐懼改行自新莫敢犯禁東海大治翁
歸清潔自守語不及私然溫良謙退不以行
能驕人甚得名譽卒家無餘財天子賢之詔
賜翁歸子黃金百觔以奉其祭祀
裴楷河東聞喜人秀從弟博極羣書丰儀俊爽
時曰見裴叔則如玉山上行光映人目吏部

郎鈌鍾會爲曰裴楷清通遂擢楷

衛玠河東安邑人總角乘羊車入市見者皆以

爲玉人觀之者傾都仕晉爲太子洗馬嘗言

人有不及可以情恕非意相干可以理遣故

終身不見有喜愠之色

郭璞河東聞喜人璞好經術博學有高才而訥

於言論詞賦爲中興之冠好古文奇字妙於

陰陽筭曆元帝重之以爲著作佐郎後贈弘

農太守

柳崇河東解人崇方雅有器量兼有學行舉秀
才射策高第解褐太尉主簿尚書右外兵郎
中於時河東河北二郡爭境其間有鹽池之
饒虞坂之便守宰及民皆恐外割公私朋競
紛嚣臺府魏高祖乃遣崇檢斷民官息訟出
爲河北太守郡民張明失馬疑十餘人崇見
之絕不問賊事人人别借以温顏更問其親
老存不農桑多少而微察其詞色即獲正賊
吕穆等二人餘皆放遣郡中畏服境内怗然

贈輔國將軍岐州刺史謚曰穆

閻元明河東安邑人少而至孝行著鄉閭太和五年除北隨郡太守元明以違離親養悲慕母亦慈念泣淚喪明元明悲號上訴許歸奉養一見其母母目便開刺史呂壽恩列狀上聞詔下州郡表爲孝門

關朗河東解人魏孝文時王虯署爲記室歎曰足下奇才不可使天子不識入言於帝帝召見後與虯子彥隱臨汾山

柳元景河東解人少便弓馬寡言有器質宋孝武時累立功邊陲以驃騎大將軍加開封儀同三司時勳貴多事産業元景獨無所營南岸有數十畝菜園守園人賣得錢二萬送還宅元景曰我立此園種菜以供家中啖爾乃復賣菜以取錢奪百姓之利耶以錢乞守園人

樊遜河東北猗氏人遜少學其兄仲以造氈爲業常優遲之既而自責曰名爲人弟獨受安

遜可不愧於心乎欲同勤事業母馮氏謂之曰汝欲謹小行耶遜感母言遂專志典籍恒書壁作見賢思齊四字以自勉北齊天保七年詔令校定羣書時秘府書籍紕繆者多遜曰今所讐校供擬極重出自蘭臺御諸甲館向之故事見存府閣即欲刊定必藉衆本太常卿邢子才太子少傅魏收吏部尚書辛術司農少卿穆子容前黃門侍郎司馬子瑞祭酒李業興並是多書之家請牒借本參校得

失秘書監尉璡移倘書都坐凡得別本三千
餘卷五經諸史殆無遺闕
栁莊河東解人莊少有遠量博覽羣籍兼善詞
令又明習舊章雅達政事官黃門侍郎蘇威
爲納言重莊器識嘗奏帝云江南人有學業
者不習世務習世務者罕通學業能兼之者
惟莊一人
王通河東河津人幼篤學慷慨有大志上太平
十二策不見用退居河汾從游者千計著元

經中說等書諡曰文中子明嘉靖間從祀孔
廟
薛道衡河東汾陰人道衡六歲而孤專精好學
十三講左氏傳見鄭子產相鄭之功作國僑
贊見者奇之其後才名益著河東裴讞曰吾
謂關西夫子罕觀其人今復遇薛君矣官至
中書侍郎
柳儉河東解人儉有局量立行清苦爲州里所
敬雖至親昵無敢狎侮隋高祖擢拜水部侍

郎封幸道縣伯出爲廣漢太守甚有能名時
以功臣任職牧州領郡者並帶戎資惟儉自
良吏帝嘉其績用特授朝散大夫拜弘農太
守儉清節逾厲大業五年入朝郡國畢集帝
謂納言蘇威吏部尚書牛弘曰其中清名天
下第一者爲誰威等以儉對賜儉帛二百匹
令朝集使送至郡邸以旌異焉
郭絢河東安邑人家素寒微初爲尚書令史後
以軍功拜儀同歷數州司馬長史皆有能名

隋大業初刑部尚書宇文𢇁巡省河北引絢爲副隋帝以涿郡爲衝要訪可任者聞絢有幹局拜涿郡丞吏人悅服數載遷爲通守兼領郡守山東盜起絢逐捕之多所剋獲後將兵擊竇建德於河間戰死人吏哭之數月不息

敬肅河東蒲坂人少以耿介知名釋褐州主簿開皇初爲安陵令有能名擢拜秦州司馬轉幽州長史仁壽中爲衛州司馬俱有異績後

遷潁川郡丞隋大業五年朝東都帝令司隷
大夫薛道衡爲天下羣官之狀道衡狀稱肅
曰心如鐵石老而彌篤時左翊衛大將軍宇
文述當塗用事其邑在潁川每有書屬肅肅
未嘗開封輒令使者持去述賓客有放縱者
以法懲之無所寬貸大業末乞歸優詔許之
去官之日家無餘財
薛收蒲州汾陰人隋内史侍郎道衡子十二能
屬文房元齡言之秦王王召見問方畧所對

合肯授陝東大行臺金部郎中是時討世克

軍事繁綜收爲書檄露布或馬上占辭該敏

如素搆初不寘藁嘗上書諫王毋殺王曰覽

所陳知感我者卿也明珠兼乘未若一言少

與從弟德音從子元敬齊名世稱河東三鳳

王績通之弟武德初待詔門下省日給酒一斗

時稱斗酒學士隱東皐著書自號東皐子

王勃絳州龍門人六歲善文辭九歲得顏師古

注漢書讀之作指瑕以擿其失與兄勔勮競

爽杜易簡奇之曰此王氏三珠樹也勃屬文
詞初不精思先磨墨數升則酣飲引被覆面
臥及寤援筆成篇不易一字時人謂勃爲腹
稿初祖通隋末居白牛溪教授門人甚衆嘗
起漢魏盡晉作書百二十卷
裴行儉河東聞喜人麟德二年擢累安西都護
西域諸國多慕義歸附遷吏部侍郎與李敬
元馬戴同典選有能名上元三年出爲洮州
道左二軍總管改秦州右軍都支巳禽將史

爲刻石碎葉城以紀功帝親勞宴曰行儉提
軍深入萬里兵不血刃可謂文武兼備矣卽
拜禮部尚書兼檢校右衛大將軍後封聞喜
縣公贈幽州都督謚曰獻行儉善知人當時
盛稱王勃楊炯盧照鄰駱賓王之才行儉曰
士之致遠先器識而後文藝如勃等雖有才
而浮躁衒露豈受爵祿者哉
薛仁貴絳州龍門人少貧賤以田爲業應募斬
賊將係首馬鞍賊皆懾伏由是知名王師攻

安市城高麗遣將率兵二十萬拒戰倚山結
屯太宗命諸將分擊之仁貴恃驍悍欲立奇
功乃著白衣自標顯持戟腰鞬兩弓呼而馳
所向披靡帝望見問先鋒白衣者誰曰薛仁
貴帝召見嗟異授遊擊將軍師還帝謂曰朕
舊將皆老欲擢驍勇付閫外事莫如卿者遷
右領軍中郎將高宗幸萬年宮山水暴至夜
突之武門宿衛皆散走仁貴登門大呼以警
宮內帝出乘高已頼卿以免始知有忠臣也

賜以御馬拜左武衛將軍封河東縣男帝曰
古善射有穿七札者卿試以五甲射焉仁貴
一發洞貫帝更取堅甲賜之後贈左驍騎大
將軍
裴濟河東聞喜人累遷左補闕憲宗任官人爲
館驛使檢稽出納恃恩倨甚使者過至加捽
辱濟曰凡驛有官吏尹之畿內以京兆尹道
有觀察使刺史相臨臺又御史爲之使以
察過闕猶有不職則官有科條督責之誰不

惕懼若復以宦豎匡領之則內人而及外事
矣宜塞侵官之隙幽位之漸帝嘉其忠擢起
居舍人穆宗時幽元衡杖民柏公成母死有
司以死在辜外推元衡父蔭贖金公成受賕
不訴以赦免谿議曰杖捶者官得施所部非
所部雖有罪必請有司明不可擅也元衡非
在官公成母非所部不可以蔭免公成取賕
仇家利母之死當伏誅有詔元衡流公成論
死久之遷給事中為汝州刺史遷左散騎常

侍集賢殿學士改刑部侍郎爲華州刺史召
拜兵部侍郎出爲河南尹卒贈戸部尚書謚
曰敬
裴寛絳州聞喜人性通敏工騎射書記景
雲中爲潤州參軍事刺史韋詵有女擇所宜
歸會休日登樓見人於後圃有所瘞藏者訪
諸吏曰參軍裴寛居也與偕來詵問狀荅曰
寛義不以包苴汙家適有人以鹿爲餉致而
去不敢自欺故瘞之詵嗟異乃引爲按察判

官妻以女舉拔萃爲蒲州刺史入境輙雨徙
河南尹河南大治爲金吾大將軍授太原尹
元宗賦詩褒餞拜范陽節度使贈太子太傅
裴遵慶絳州聞喜人幼彊學以尚書右僕射復
知選事遵慶性惇正老而彌謹諫而見從郎
內畏其親近但記其剛稟疏數而莫知所
言
曲環安邑人少喜兵法資勇敢善騎射德宗初
虜寇劍南詔環以邠隴兵五千馳救收七盤

城威名大振賜名馬封晉昌郡王建中三年
擢邠隴行營節度使李希烈平改陳許節度
使二州比爲寇衝民苦剽鹵客他縣環勤身
節用寬賦斂簡條教不三歲歸者繼係訓農
治兵穀食豐衍轉檢校尚書左僕射贈司空
薛存誠河中人中進士第擢累監察御史尋拜
御史中丞存誠性和易於人無所不容及當
官毅然不可奪
薛放河中人端厚寡言第進士擢累兵部郎中

穆宗卽位參贊機務帝嘗問朕欲學經與史何先放曰六經者聖人之言孔子所發明天人之極也史記道成敗得失亦足以鑒然謬於是非非六經比帝曰吾聞學者白首不能通一經安得其要對曰論語六經之菁華也孝經人倫之本也帝曰聖人以孝爲至德要道信然

裴垍絳州聞喜人擢進士第以賢良方正對策第一元和初召入翰林爲學士李吉甫謂垍

曰宰相職當進賢任能君精鑒爲我言之垍
即筆畧疏三十許人吉甫藉以薦於朝天下
翕然稱得人吉甫罷乃拜垍中書侍郎同中
書門下平章事加集賢殿大學士中外機莞
垍多所參與以小心愼默稱帝意垍器局峻
整持法度雖宿貴前望造詣不敢干以私賵
太子太傅
盧綸河東蒲州人官侍御雅有詩名與錢起輩
稱大曆中才子

裴度河東聞喜人正元初擢進士第以宏辭補校書郎舉賢良方正異等調河陰尉遷監察御史元和六年以司封員外郎知制誥田弘正效魏博六州於朝憲宗遣度宣諭布揚天子德澤魏人由是歡服進御史中丞王師討蔡以度視行營諸軍還奏攻取策與帝意合宰相逢吉涯建言師老財屈宜休師惟度請身督戰帝獨目度留曰果能爲朕行乎度俯伏流涕曰臣誓不與賊偕存即拜門下侍郎

平章事彰義軍節度淮西宣慰招討處置使及行御通化門臨遣賜通天御帶發神策騎三百爲衛度屯郾城勞諸軍宣朝廷厚意士奮於勇未幾李愬縛吳元濟以報降卒萬人持節徐進撫定其人策勳進金紫光祿大夫弘文館大學士上柱國晉國公後治第東都集賢里午橋作别墅號綠野堂毋大臣自洛來帝必問度安否開成二年復以本官節度河東帝命吏部郎中盧弘宣諭意曰爲朕臥

護北門可也度操守堅正威譽德業比郭子儀歷事四朝以全德始終及歿天下莫不思其風烈焉

陽城夏縣人耆好學貧不能得書求爲吏隸集賢院竊院書讀之晝夜不出戶六年無所不通及進士第乃去隱中條山與弟堦域常易衣年長不娶謂弟曰既娶則間外姓雖同處而益疎城謙恭簡素遇人長幼如一遠近慕其行來學者跡接於道閭里有爭訟不詣官

而詣城決之歲饑屛跡不過隣里屑榆爲粥講論不輟有奴都兒化其德亦方介自約或哀其餒與之食不納後致綀數數栝乃受德宗除城右諫議大夫遣中人持緋衣衣之遷國子司業引諸生告之曰凡學者所以學爲忠與孝也朔講經籍斤斤皆有法度出爲道州刺史太學諸生何蕃等二百人頓首闕下請留至道州治民如治家宜罰罰之宜賞賞之月俸取足則已官收其餘日炊米二斛魚

一大觿置　杓道上人共食之觀察使數請

責州當上考功第城自署曰撫字心勞追科

政拙考下下後賜左散騎常侍

司空圖河東虞鄉人諫議大夫後隱王官谷布

衣鳩杖歲時村社必往盡醉而歸嘗爲王重

榮作碑贈絹素千匹圖置之市門人得取之

一日都盡

張志寬河東安邑人居喪哀毁州里稱孝王君

郭起兵略地不忍暴其閭倚之以全者甚衆

嘗爲里正詣縣忽稱母疾求速歸令問狀對
曰母有疾志寛輙病令疑其妄繫於獄馳驗
如言乃慰而遣之高祖遣使拜散騎常侍表
其閭

裴子野河東聞喜人子野生而偏孤爲祖母所
養年九歲祖母亡泣血哀慟家人异之遭父
憂居喪盡禮每之墓所哭泣處草爲之枯有
白兎馴擾其側樂安任昉有盛名爲後進所
慕遊其門者昉必相薦達子野於昉爲從中

表獨不至尋除尚書比部郎出爲諸暨令在縣不行鞭罰民有爭者示之以理百姓稱說合境無訟高祖以爲著作郎掌國史及起居注勅掌中書詔誥仍使撰方國使圖廣述懷來之盛自要服至於海表凡二十國高祖凡諸符檄皆令草創子野爲文典而速不尚靡靡之詞或問其爲文速者子野答之人皆成於手我獨成於心俄遷中書侍郎子野在禁省十餘年靜默自守未嘗有所請謁外家及

中表貧乏所得俸悉分給之無宅借官地二
畝起茅屋數間唯以教誨爲本後卒高祖悼
惜詔曰裴子野文史足用廉白自居可贈散
騎常侍

裴皞聞喜人官僕射有剛直聲宰相桑維翰皆
其所取士維翰嘗過皞不迎不送或問之曰
我見桑公於中書庶僚也桑公見我於私第
門生也何迎送之有

柳惲河東解人少工篇什始爲詩曰亭高木葉

下隴首秋雲飛琅邪王元長見而嗟賞因書
齋壁至是預曲宴必被名賦詩後爲吳興太
守爲政清靜民吏懷之卒贈侍中少子倨年
十二引見詔問讀何書對曰尙書又曰有何
美句對曰德惟善政政在養民衆咸異之詔
拜駙馬都尉
柳敏河東解縣人起家員外散騎侍郎累遷河
東郡丞敏雖統御鄕里而處物平允甚得時
譽後又除河東太守尋復徵拜禮部郎中爲鄖

州刺史甚得物情及將還朝士人感其惠政
並齎酒餚及土產候之於路乃從他道而還
及文帝尅復河東見而器異之謂曰今日不
喜得河東喜得卿也即拜丞相府參軍後加
侍中遷尚書賜姓宇文氏敏操履方正性又
恭勤每日將朝必夙興待旦又久處臺閣明
練典故

裴俠河東解人除河北郡躬履儉素愛民如子
所食唯菽粟鹽菜而已吏民莫不懷之去職

之日一無所取民歌之曰肥鮮不食丁庸不
取裴公正惠爲世規矩俠嘗與諸牧守皆謁
太祖太祖命俠別立謂諸牧守曰裴俠清愼
奉公爲天下之最今衆中有如俠者可與之
俱立衆皆默然無敢應者從爺伯鳳世彥時
並爲丞相府佐笑曰人生仕進須身名並裕
清苦若此何爲俠曰清者涖職之本儉者持
身之基今吾幸以凡庸濫蒙殊遇固其窮困
非慕名也志在自修懼辱先也俠所居第屋

不免風霜帝矜其貧苦乃爲起宅賜太子少
師

裴果河東聞喜人少慷慨有志畧永安末果從
軍征討乘黃驄馬衣青袍每先登陷陣時人
號爲黃驄年少後率其宗黨歸闕太祖嘉之
從戰河橋解玉壁圍並摧鋒奮擊所向披靡
大統九年又從戰邙山於太祖前挺身陷陣
生擒東衛都督賀婁烏蘭勇冠當時人莫不
歎服後加使持節驃騎大將軍開府儀同三

司進爵爲公果性嚴猛能斷决每抑挫豪右
申理屈滯歷任數州號爲稱職
裴文舉河東聞喜人父邃正平郡守文舉少忠
謹涉獵經史保定三年遷絳州刺史邃之往
正平也以廉約自持每行春省俗單車而已
文舉臨州一遵其法百姓美而化之
柳檜河東解人性剛簡善騎射果於斷决從太
祖戰於河橋先登有功授都督鎮鄯州八年
拜湟河郡守仍典軍事吐谷渾入寇郡境時

楷兵少人懷憂懼楷撫而勉之衆心乃安拜
使持節撫軍將軍大都督居三載徵還京師
時楷兄虬爲秘書丞弟慶爲尚書左丞楷謂
兄弟曰兄則職典簡牘褒貶人倫弟則管轄
郡司股肱朝廷可謂榮寵矣楷雅當蒙矢石
履危難以報國恩耳後鎮九曲除魏興華陽
二郡守安康人黃泉寶攻圍州城乃相謂曰
柳府君勇悍其鋒不可當今既在外不如先
擊之遂圍楷郡城卑下士衆寡弱又無守禦

之備迺戢積十餘日力屈城陷乃縛檜置城
下欲令檜誘說城中檜大呼曰羣賊烏合糧
食已罄行即退散各宜勉之守節不變城中
爲之流涕解圍之後贈東梁州刺史
裴濟河東聞喜人唐相耀卿八世孫後徙家河
中宋咸平初知靈州兼都部署至州二年謀
緝八鎮興屯田之利民甚賴之後卒於戰上
聞嗟悼特贈鎮江軍節度
司馬池夏縣人少孤家貲悉推諸父而自力讀

書舉進士知光山縣仁宗朝知鳳翔府召知諫院懇辭上曰人皆嗜進汝獨嗜退官至大章待制

司馬光夏縣人仁宗寶元初中進士甲科神宗擢爲翰林學士著資治通鑑書成加資政殿學士凡居洛陽十五年田夫野老皆號爲司馬相公婦人孺子亦知其爲君實也哲宗立赴闕臨衛士望見皆以手加額曰此司馬相公也所至民遮道聚觀馬至不得行曰公無

歸洛再相天子活百姓卒贈太師溫國公諡

曰文正賜碑曰忠清粹德

趙鼎聞喜人生四歲而孤母樊教之通經史百

家之書登崇寧五年進士累官尚書右僕射

同中書門下平章事兼知樞密院事制下與[illegible]

以宰相監修二史是非各得其正上親書忠[illegible]

正德文四字賜鼎又以御書尚書一帙賜之

曰書所載君臣相戒飭之言所以賜卿欲其

由斯道

强伸河中射粱軍子弟金天興中京人推伸爲
府僉事北兵圍之東西北三面多樹大砲伸
括衣帛爲幟立之城上率士卒赤身而戰以
憨子軍爲號其聲勢與萬衆無異兵器已盡
以錢爲鏃得大兵一箭截而爲四以筒鞭發
之又創遏砲用不過數人能發大石於百步
外所擊無不中伸奔走四應所至必捷得二
驢及所乘馬皆殺之以犒軍士人不過一啗
而得者如百金之賜伸爲中京留守元帥伸

建一堂於洛川驛之東名曰報恩刻諸文于
石以死自効仲行總帥府事大兵陣於洛南
仲陣水北有韓帥者匹馬立水濱招仲降仲
謂帥曰君獨非我家臣子耶一日勤王猶遺
令名於世君旣不能乃欲誘我降耶我本一
軍卒今貴爲晋守誓以死報國耳遂躍而射
之帥奔陣幸步卒數百奪橋仲單一旗卒獨
出拒之殺數人仲乃手解都統銀符與之佩
士卒氣復振後知城不能守率死士數十八

突東門出轉戰至偃師力盡就執兵卒誘之曰汝能北向一屈膝吾貸汝命仲不從左右力持使北面仲拗頭南向

侯小叔河東人元光元年權河東南路安撫副使小叔盡護農人入城以家財賞戰士樞密使奏小叔才能可用權位輕不足以威衆乞假符節詔權元帥左都監便宜從事提控吳德說小叔出降叱出斬之表兄張先從容言大兵勢重可出降以保妻子小叔怒謂先曰

我舟入子致身至此何謂出降縛先于柱而殺之石天應取河中府作浮橋通陝西小叔駐樂李山寨衆兵畢會夜半坎城以登焚樓櫓火照城中天應大驚不知所爲盡棄錙重小叔燒絕浮橋撫定其衆二年正月大元軍騎十萬圍河中總帥訛可遣提控孫昌率兵五千樞密副使完顏賽不遣李仁智率兵三千俱救河中小叔期以夜中鳴鉦內外相應及期小叔出兵戰昌仁智不敢動城破小叔

死之宣宗下詔褒贈

王庭筠河東人生未期視書識十七字七歲學詩十一歲賦全題稍長涿郡王翛一見期以國士登大定十六年進士第調恩州判官臨政即有聲泰和元年爲翰林修撰扈從秋山應制詩三十餘首上甚嘉之後卒帝詔求生平詩文藏之秘閣又以御製詩賜其家

李獻能河中人先世有爲金吾上將軍者時號李金吾家迨獻能昆弟皆以文學名散李氏

有四桂堂獻能苦學博覽於文尤長於四六
正新三年特賜詞賦進士廷試第一人宏詞
儤等授應奉翰林文字在翰苑凡十年趙秉
文李純甫嘗曰李獻能天生翰苑材也
劉哈剌八都魯河東人本姓劉氏家世業醫元
至正八年世祖駐蹕白海名見留侍左右初
賜名哈剌幹脫赤擢太醫院管勾昔里吉叛
宗王別里鐵穆而奉命征之哈剌八都魯曰
事君不辭難臣請授甲須備一戰士帝曰醫

汝事也惟賜以環刀弓矢裘馬等物將行母
疾帝命給驛而歸既見母不敢以遠役告母
母曰汝行我疾安矣郎辭去及將戰從王請
甲王曰上不與汝我何敢與耶領鎦重哈喇
八都魯曰大丈夫當效命行陣見有甲者取
之明日被以往王望見其介而馳使人問之
曰我也一人與善萬人可激我爲萬人激耳
進擊昔里吉大破擒之王命哈喇八都魯獻
俘行宫帝見其瘠𤸃御膳羊截以賜既拜受

先割其美者懷之帝問其故對曰臣始與母
訣會歸母幸存請以君賜遺之帝嘉其志命
目今凡賜食必先賜其母二十五年務都犯
邊尚書省以和林屯糧當得知緩急輕重者
掌其出納奏用怯伯帝曰錢穀非怯伯所知
咎剌幹脫赤可使也使怯伯與俱怯伯有二
心咎剌八都魯察忽刺思之誠語曰吾將往
責怯伯汝曹見吾執弓而起即相應也既見
怯伯怯伯盛言海都之令以威之咎剌八都

魯詭詞自解得間殺趙怨剌思整陣以出塔
伯遣騎來追屢拒却之道遇迷軍裝者因護
之至臨洮及入見帝喜曰汝來鄉命與酒饌
適謂侍臣曰譬諸畜犬得美食而棄其主者
伯是也雖未得食而不忘其主此人是也吏
其名曰察罕幹脫赤賜以鈔五千貫頓首辭
謝乞以所賜與同來者帝特命受之而令中
書省定其同來者之賞有差遷正奉大夫河
東山西道宣慰使奏曰臣累職而衣裘盡敝

河東臣故鄉也願乞錦衣以爲榮帝以金織
文衣賜之
尉遲德誠絳州人仁宗以爲謹恪常賜酒帛得
侍左右有粟苗不種而偶出一莖兩莖雙穗
以爲嘉禾陞河東山西道宣慰司同知擊奸
吏寬稅歛上計京師入見帝方食賜以膳餘
二年拜遼東道肅政廉訪使上疏言事其畧
曰舉賢良以勵忠孝抑奢侈以厚風俗
靳昺絳州曲沃人兄棨爲奎章閣承制學士奉

周王氏官於朝周歿禹與兄榮護喪還家至
平定大雷雨流水驟至禹伏柩榮呼之避水
禹不忍舍去遂爲水所漂沒後得王氏柩於
三里外得禹屍於五里外詔賜孝子䰠碑
賈魯高平人累官中書左丞至正初河決金隄
命魯行都水監魯巡行考察進二策河復故
道
王翰夏縣人肆力于學家貧無紙有所得取落
葉書之明洪武初以經明行修辟爲訓導歷

教諭永樂時陞教授後薦爲翰林院編修尋
調廉州教授倭寇攻城諭率生徒抗敵罵賊
而死
薛瑄河津人少善辭賦長習周程張朱書遂棄
所作詩賦專心聖學居官清介以王振薦召
爲大理卿人勸詣振謝瑄曰拜爵公朝謝恩
私室吾不爲也仕至禮部侍郎兼翰林院大
學士入內閣卒謚文清所著有讀書録從政
録及敬軒文集隆慶時從祀孔廟

張琦安邑人令高陵專以孝悌教人天性剛正人稱鐵面病劇囊無餘物丞欲啟庫取耗金以贍琦曰吾有數子耕者自能力田讀者自能力書安用此爲郎取管鑰符籍付丞而卒

裴章美夏縣人事父及繼母以孝聞事兄金章如事父令永清力行教化有兄弟爭訟者正值申明六諭講孝弟一條二人垂泣曰我輩獨非人乎以狀投火而去

姚汝明夏縣舉人爲盩縣令感化劇盜悉爲良

民擢河間同知死節，妻入往撿其棺并其死。

節妾任氏全殮歸哭之甚哀，詔贈山東僉事。

李正，安邑鄉舉，爲郏令，寇至不屈，割舌斷眉

而死，母喬氏赴城罵賊，亦被害。士民葬其母

子于南郊，立祠建碑，里人歲時致祭。贈河南

僉事。

盧學古，夏縣鄉舉，爲衡水令，流寇之亂，捍賊全

城，擢襄陽同知，署篆守城，綢有方畧，外援不

至，城破被執，罵不絕口，賊怒剉其腹，其子可

父撫父屍賊欲加以兵可父哭父絕倒賊感
而釋之
靳斗安邑貢生任陽信教諭闖逆作亂陽信城
陷斗獨不屈偕妻戴氏罵賊而死二孫二僕
皆自引決盛稱一門忠烈
國朝
賈道醇永濟縣人任太谷教諭以才望遴署縣
事有廉惠公直之稱順治六年土賊姜瓖剽
掠道醇捕緝擒獲甚衆以孤城無援被害順

治八年奉
旨贈國子助教祀太原忠烈廟康熙四十八年又祀
於鄉
田時雨陽城縣人以理學自任教授多人闖逆
之變攜幼子及兄之遺孤以行賊至不能兼
顧棄幼子而負孤姪逃難山谷中生平教子
姪惟以忠藎清廉爲訓以子從典貴贈如其
官康熙十九年祀鄉賢
白謙陽城縣人前癸未進士翰林院庶吉士

國初授秘書院檢討歷侍讀學士纂修明史通鑑
總裁轉吏部左侍郎遷刑部尚書讞決平允
以疾假歸康熙十六年卒
吉祀鄉賢
朴國傑河津拔貢居家孝友任金華府通判時
大兵駐防金華國傑用力督催軍需不缺修
通濟橋以便行人後陞西安捕盜同知嚴緝
甲緝逃盜愼刑罰絕搆訟軍民愛戴之康熙
三十一年祀鄉賢

陳昌期鳳臺縣人幼失父哀慕不忘事母孝養
備至訓子恪恭盡職流寇之災建樓保衆活
千餘人姜逆之變裂書罵賊以子廷梫貴贈
如其官康熙三十三年祀鄉賢
侯佐解州人任建平合肥兩邑有賢聲擢刑部
主事調吏部主事順治已丑遇賊擄掠罵賊
不屈與父嗣晉同被害
馮皐驥永濟縣人順治乙未進士官漢中同知
吳逆之變隨席將軍至擂鼓臺與賊鏖戰

官誘之使降疆厲聲曰爲臣子者鬬爾忘身
今誤被汝獲惟求一死賊又縛之幽室逼之
以威疆嘆曰雖陽頭可斷常山舌可拔狂奴
使倆豈足動我哉賊知其不可奪又囚之古
寺百方磨折幽禁五載終不能屈後奮威將
軍以不屈情狀
上聞奉
旨以原官錄用後病卒于家
吳琠沁州徐村人順治己亥進士初官河南確

山令行取授銓曹遷左副都御史陞兵部侍
郎陞湖廣巡撫
上曰吳琠有才有守又能安靜不多事陞湖廣總督
陞都察院左都御史典丁丑文武會試陞刑
部尚書累官保和殿大學士兼刑部尚書典
庚辰試稱得人最盛歷中外一以誠實居
心清潔持己及卒謚文端
御製碑文曰吳琠賦性寬和持躬謹慎初膺民社
號循良累任京朝咸勤職守由開府而晉總制荆

湖宦保障之勞陞憲長而掌秋曹法紀著公平之
譽特遷政府倅佐化權翼翼小心益篤盡誠之悃
休休大度盡消偏黨之私其生愛
毫土深知而殺荷優恤如此至今河南確山湖廣南
北皆立祠祀之康熙四十六年崇祀鄉賢康
熙五十二年又祀於太原三立祠
郝嗣堯猗氏縣人康熙庚戌進士爲臨淄令以
廉惠得民補柏鄉令乞盜殺人於縣界捕獲
置之法或毀於上官竟以監刑落職候訊幾

象樞巡畿輔民爲訴冤魏力白其事乃獲釋
里居久之于成龍薦授淸苑令益感激砥礪
淸介行取江西道御史調直隸守道盡革陋
規一塵不染江南督學缺出
上謂廷臣曰如陸隴其邵嗣堯定是不負秀才者遂
擢侍御以參議行學政事屏絕苞苴無敢以
尺牘進者按三郡積勞遘疾而卒遺疏陳三
事江左士民歛貲乃得歸江陰立祠祀之倣
定等府亦立祠祀之

陳廷敬澤州人順治戊戌進士歷官光祿大夫
經筵講官文淵閣大學士兼吏部尚書五十
載小心事
君生前頻荷
殊恩歿後疊蒙
賜典
予諡賜祭康熙五十四年祀鄉賢
張泰交陽城縣人康熙壬戌進士知太和縣稱
幹吏行取廣西道監察御史授提督江南學

政在官三遷至兵部侍郎未報

命擢浙江巡撫恬靜潔守吏肅民安

聖祖仁皇帝以大臣風格器之賜受祜堂及推誠遇人

等額比病遣中醫來視

殊恩也康熙四十八年祀鄉賢

王璇鳳臺縣人天性純篤事繼母進藥必嘗歿

詣子廟忠報

國修太行山一帶險路行人便之

聖祖仁皇帝賜古稀人瑞額贈光祿大夫河南清吏司郎

中康熙四十六年祀鄉賢

王廷掄鳳臺縣人居家孝友居鄉修數百年泥

濘之路造千萬人來往之橋任汀州府愛民

養士歴任山東鹽法道稔課恤商

聖祖仁皇帝賜蟒衣以褒奬之康熙四十九年祀鄉賢

王尹方運城安邑人康熙癸丑進士歴官內閣

學士兼禮部侍郎充日講官起居注纂修明

史方畧

國史久侍講幄素著恪勤康熙丁巳典浙江鄉試

庚午典江南鄉試苦心搜羅所拔多宿學之
士癸酉以母年八旬陳情終養
聖祖仁皇帝
敕賜御書以寵其行尹方患消渴疾抵家踰年卒
諭祭賜䘏
薛英賢汞濟縣人三歲失怙家極貧賣菸紙於
市以餬口賢稍長勤父經營夜則苦讀父以
年邁得瘓疾賢日減食積錢百方醫治孝聲
播於鄉里雍正五年春

古爽坊雄狀

田從典陽城縣人戊辰進士初任英德縣行取
補雲南道監察御史累遷都察院兵部右侍
郎陞戶部尚書典辛丑科會試典
恩科武會試轉吏部尚書甲辰典補癸卯順天鄉試
雍正二年奉
旨入閣協理大學士事雍正三年授文華殿大學士
嘗曰吾位重才疏撫心慙悚所自矢惟此樸
誠一念朝夕氷兢與報

國恩於萬一耳年七十八以老病乞休
予告行至良鄉卒於驛廳奉
旨田從典才品優長老成練達端方公直恪慎公謹
自辦理部務以及簡任綸扉實心宣力勤勞懋著
屢以老病乞休情詞懇切朕因允其所請加太子
太師銜以原官致仕賜以帑金馳驛回籍冀其頤
養康健於一二年後再來京陛見以慰朕眷念老
臣之意忽聞患病溘逝朕心深爲軫悼遣散秩大
臣一員三旗侍衛十員往奠茶酒并念伊子年幼

無辦理事務之人遣内閣漢學士一員滿洲侍讀
學士一員前往辦理事畢之後令該地方官將其
委員沿途照看送至原籍給與全葬一次致祭
聖恩隆重褒恤有加謚文端雍正八年奉
旨崇祀鄉賢

勅修河東鹽法志卷之十

疏議

聖主御極宵衣旰食無日不以愛恤商民爲念惟在

身歷其事者仰體

宸衷據實入告耳但鹽法因時制宜未可膠柱而鼓

瑟須悉心體察實於

國計民生均有裨益而後可以見諸疏議若因循

推諉瞻徇沽名非所以澄清鹽法也易曰修辭

立其誠況入告之言乎志疏議

敕修河東鹽法志　卷之十　二

河東陝西分界食鹽疏　元監察御史臣帖木兒不花

近蒙委巡歷奉元東道至元元年各州縣戶口額辦鹽課其陝西運司官不思轉運之方每年豫期差人分道齎引遍散州縣甫及旬月杖限追鈔不問民之有無竊照諸處運司之例皆運官名商發賣惟陝西等處鹽司近年散於民戶且如陝西行省食鹽之戶該辦課二十萬三千一百六十四錠有餘於內鞏昌延安等處認定課鈔一萬六千二百七十一錠慶陽環州鳳翔

興元等處歲辦課一萬七千九百八十五錠其餘課鈔先因關陝旱饑民多流散准中書省咨至順三年鹽課十分爲率減免四分於今三載尚有虧負蓋因戶口凋殘十之八九縱或有復業者家產已空邇來歲頗豐收而物價甚賤得鈔爲艱本司官皆勸有司徵辦無分高下一槩給散少者不下二三引每引收價銀三錠富家無以應辦貧民安能措晝糶終歲之糧不酧一引之價緩則愉息而借貸急則典鬻妻子繼□

目到手力窮不能裝運止從各處鹽商勒價收
買舊債未償新引又至民力有限官賦無窮又
寧夏所產苴紅鹽池不辦課程除鞏昌等處循
例認納乾課從便食用外其池隣接陝西環州
百餘里紅鹽味甘而價賤解鹽味苦而價貴百
姓私相販易不可禁約以此參詳河東池鹽除
撈鹽戶口食鹽外辦課引數今後宜從運官設
法募商興販但遇行鹽之數諸人毋得侵擾韋
紅鹽法運司毋歲分輪官吏監視聽民採取立

法抽分依例發賣每引收價鈔三錠自黃河以西從民食用通辦運司元額課鈔因而夾帶至黃河東南者同私鹽法罪之陝西興販解鹽者不禁如此庶望官民兩便而課亦無虧矣

募民撈採疏　明巡鹽御史臣郜永春

臣見鹽池北岸撈採原有額設鹽丁或一時鹽產浩大外用庫貯銀三十兩召貧民撈一料以廣收鹽利初行甚善年來姦民坐騙官銀却轉僱無籍之徒撈採低黑充數甚有不足一分成色者及運司召募銀又於賑濟鹽丁米價內動支一時那借已難爲經兒費出庫中之十僅還塲下之一耶至南岸鹽利欲用鹽丁則民力不堪欲動賑濟則財力不繼召募之法又當權宜

據安邑縣申稱前御史尙維持廣召貧民一年
之鹽比往年多至十倍其法不給銀兩就以本
人所撈之鹽每料給自撈鹽十車貧民爭先撈
採自取一色高鹽商人亦樂報中乞要比照召
募等因看得工鹽十車准官銀三十二兩除脚
鹽一車尙不滿舊規僱募之數所希冀者不過
營數兩利耳至池南尤人跡不到之處鹽花又
自來遺棄之物與其棄之孰若因而利導之況
官得其十民得其一較之給銀尤爲長便且鹽

丁撈取必待督率完料必待賑濟若貧民則不
煩督率賑濟而自無不精不多蓋鹽丁視爲官
事而貧民則視爲家事也鹽丁之力十不能得
一二名募之夫一可以當十百何所憚而不爲
伏望責令該管員役兩岸每撈鹽一料外給鹽
十車許令比照太汾事例各給小票發賣則不
必分外征求而僱募自有餘資公私俱足矣

○護池官地疏

　　　　　　　　　　　　　　巡鹽御史臣　房　　寰

臣入境以來見節年水患頻仍鹽池受害詢其故俱稱附池東北有一受水巨區名苦池灘會中條諸山之水洩入姚暹渠以歸黄河灘地形勢載在運志併鹽池錄可考自嘉靖中年水漸乾涸姦民謀占耕植不遂因而投獻晉府稱爲牧馬草場名佃收租年復一年日益平阜水源壅塞禁墻屢決職此之由臣查接管卷内前灘節經查勘與王府無干批詳種種明悉又該臣

親踏姚暹上流忽至苦池邊中斷古來盛水之
說信乎不謬其於國計關係豈淺鮮哉向聞前
灘稅租入府中者什一入官校者什九該府獲
利甚微國家受害甚大縱係欽賜亦當捐助保
障二池以垂永賴況非固有乎且晉府素負賢
聲義必體國如誠知就中詳細豈肯與朝廷爭
尺寸乎非請自上裁特行申飭誠恐姦徒嗜利
復踵前謀伏望嚴諭該府不得聽信姦謀有乖
分義仍乞勅下所司行臣等永爲遵守將前灘時

加修濬保固鹽池如姦人再以投獻爲名謀府

復假欽賜爲詞定將輔導官員參治撥置人役

按法問遣庶息覬覦之萌而國計有裨多矣

請清引票疏　巡鹽御史[illegible]

竊照河東鹽筴與他省不同他[illegible]鹽皆是煎造

曬皆產於海惟河東獨產於池乃天地自然之

利但採辦之法有二一爲官丁撈採之鹽一爲

商人撈採之鹽何爲官丁撈採池周圍百二十

里附近十三州縣額有丁口每撈鹽十引令商

人納課三兩二錢每引重二百觔此官鹽也皆

用引也何爲商人撈採商人自備工本出人力

以撈鹽每百引爲率內分七十引爲官鹽每十

引合本商納課三兩二錢內分三十引抵作[illegible]
頭[illegible]本不納課銀惟給官票以別於私鹽也[illegible]
鹽[illegible]西太汾遼沁等[illegible]
食[illegible]辦損行鹽一百斤
以小[illegible]新票也哉
[illegible]案[illegible]但[illegible]
[illegible]之[illegible]之里[illegible]
本[illegible]作江木者[illegible]票[illegible]
以別於私鹽且大[illegible]者又將[illegible]

以通融乎伏祈
聖明敕部早爲酌議畫一通行之法庶引票定而鹽
法不致壅滯矣

請停贖鍰年額疏　　巡鹽御史臣胡三祝

爲巡鹽例有罪贖年限實爲累民仰祈
睿鑒酌加變通以善法制事竊惟前人立法不能盡
有利而無弊若一定之法相沿已久而流害於
今日者乃更在貧難之小民與窮鄉之下戶則
窮而思變變而後通亦不得不然之理矣臣鹽
差事竣今已回衙門辦事謹將有弊成法爲
皇上瀝陳之浙鹽一差例有年額贓罰銀七千兩皆
各屬緝獲鹽徒究擬拘報之罪贖也臣思犯法

興販何能必有其定人。則緝獲拘擴亦安能必有其定數前人立法之意不過曰嚴立一定之限則官與役不敢玩忽鹽政加意巡緝耳豈知竟爲小民無窮之累乎葢此法旣定則鹽臣畏考成不得不嚴督之各屬各屬畏叅罰不得不嚴責之鹽捕至於鹽捕畏比較而害遂有不可勝言者夫限比廹於其外捶楚切於其身於是大夥鹽梟不能得而擒拏肩挑背負以塞責者有之正身鹽徒已兔脫而旁及親隣以充數者

有之該管有司豈盡聾聵不恤民寃之官誠恐罪贖之不足額則參罰有所不免故隱忍遷就雖負販小民株連無辜皆在問擬追比之中而不遑恤也如臣在差時所參通判文鉉連斃八命監禁多人豈文鉉獨爲殘忍哉或亦情有所苦而冒昧以行耳臣愚以爲嗣後巡鹽贓罰請

勅部酌議多則報多少則報少不必限以年額庶幾公平之治無弊之法也或者曰年限不立則官捕怠玩私鹽愈致充斥不知私鹽之所以横行

者或爲奸商之夾帶影射或爲豪强之官座藏私或爲地棍串通兵弁旗丁之借名興販如此等類私鹽之數必是累千而累萬如臣所叅奸商江仲都私鹽十萬有奇非明驗耶凡在差鹽臣果能鼓厲各府總巡與所屬有司不畏强禦不惜勤勞則拏獲大梟一起勝於小民數十百倍矣或又曰歷來鹽差報部從無虧額何必又議更張不知

聖明在御求民之隱或因或革貴於無偏取有獎之

成法而加以變通此萬世之仁澤也或又曰年
限不立則鹽差必是報少不肯報多臣以爲官
役徇私則有鹽臣察核之鹽臣徇私則外而督
撫內而科道得以糾舉之且各屬緝獲私鹽例
皆通詳督撫鹽臣安得獨徇其私哉

○請復經管池工鹺員疏　巡鹽御史臣　李時謙

爲渠堰關商民命脉必需專官佐理恭請量復裁員以重課本事臣荷

聖恩高厚視鹺河東惟斯竭力盡心以不負

皇上驅使抵任之初衆商環稱池衡水漲鹽花不生今已六歷寒暑臣遂詣鹽池驗視週廻計一百二十里外墻圍繞以防盜竊向係鹽丁修理在中條山北其附近浸浩瀚淺者數尺深者丈餘山高池窪形如釜底人力難施積水無從宣洩

諸商於池邊淺處合本營畦以圖澆曬穷獲顆
粒幾何近將解州西五小池
題明暫行開流鹻多味苦民不堪食自東徂春皆
謂池水忽鹹更得風雨以時出產有望臣惟我
皇上弘福齊天商民自蒙
恩庇因査鹽池外障則爲姚暹渠所以瀉條山諸谷
之水也渠大自安邑苦池灘而源出李綽白沙
二水其來路則王峪口自夏縣由安邑踰運城
歷解州抵臨晉縣入五姓湖從蒲州孟明橋以

達黄河綿亘可二百里許舊爲十二州縣分工

刋冊可考按渠南爲鹽池北爲民田南堤加厚

止防鹽池衝灌而民田可慮必須兩岸一齊培

築民田無害自免盜決之虞保民田適所以保

鹽池也商民皆

朝廷赤子何敢歧視復據運使臣張鵬翮呈詳趂此

東作未興提夫修築又慮青黄不接咸出薪俸

以犒其勞各州縣照例興工現在挑濬池南則

有賀家灣小李村桑園大李村龍王西姚短堰

張村常平鹽房董家庄趙家灣諸堰池東則有黑龍堡水雷鳴東禁諸堰池極西則有王官峪石樓峪大郎澗諸水舊由蝦螞青龍兩堰逼入臨晉之葦子河開有新河一道池西南又有五龍黃牛等堰一遇泛漲則橫流解州南門外大壞民居池西則有底張堰硝池七郎堰卓刀堰池西北則有長樂堰再西則有龍曲西王許家營等處若渠北又有涑水河源發絳縣橫嶺山至聞喜縣甘泉西流經夏縣界又歷猗氏縣南

亦入臨晉之五姓湖受稷王孤山峩嵋諸山嶺之水其勢最大每遇暴發自淇村裴家横入會家營亦投姚暹渠爲害匪於鹽池後即遍相度情形目今先濬姚暹渠餘方次第修舉所慮沙土易卸年年必須幇修其中有分工有專工責之州縣印官而地有遠近錢穀刑名遝淼尚若日不暇給安能分身料理縣丞典史管糧管捕各有攸司即承委查工亦僅苟且塞責前此蒲州萬泉平陸芮城工程係中分司管理解州臨

晉猗氏聞喜工程係東分司管理安邑夏縣榮河太平河津工程係西分司管理自康熙十六年裁缺責成乏員至十八年池遭水决曾經前鹽臣徐諾武准商禀司詳請復運同一員部覆以九卿詹事科道會議無容復設臣何敢再置一詞第臣身在地方見鹽池關係

國課渠堰又關係鹽池二十餘萬之錢糧五百餘家之商命全賴專員分理臣職司三省鹽政文移催督日無寧晷運使收引徵課兒當商疲之

後催科撫字刻不能離知事抑尋餉方回經歷
又解部銀而去轉盼新鹽一生偷竊自不能免
且三場交卸原屬分司監管查各省運使衙門
皆有分攝或四員二員不等獨河東運同運副
運判一時盡裁事多官少似應於三員中量復
一員分駐解州適中之地經營渠堰兼責以防
緝驗放所關最爲吃緊倘經設立則官有專司
事無缺理鹽課商民咸有攸賴矣

鹽政疏　　　巡鹽御史臣馬　賚

爲亟陳鹽政以蘇商困事一耗鹽之觔數不可不定地方之稽察不可不嚴也臣蒙

聖恩管理河東鹺政抵任之後隨提歷來鹽秤用部頒法馬逐一較稱按十六兩核筭每一百觔多二十五觔四十觔不等臣細細察訪緣掣支鹽秤向係御史較定是以歷來御史初到任時多將所用鹽秤改輕待商人懇求之後並不具

題隨即任意加重以至河東鹽秤輕重竟無一定

原任川陝總督年羹堯管鹽政之時明知而不
言者因自己假捏商名發給原任運同嚴宗俊
本銀代爲行鹽欲圖罔利且於自己行鹽地方
每一百觔任意加至五六十觔不等所以在場
鹽秤終置不問也今若仍照舊秤令其掣支運
鹽不特私鹽充斥抑且有違定例著照定例每
引一張發鹽二百觔又有不能行之勢因河東
鹽引行於三省並無河路可通向以口袋一條
裝鹽一百觔每引一張運鹽二袋非用驢馬馱

送即用車輛裝運盤山過嶺涉水渡河無處不
多耗折兼有遥遠地方一直不能到去勢必卸
裝轉運況河東之鹽皆係日色曬成非别處煎
鹽可比煎過之鹽硝土已經去淨風吹日曬不
至折耗曬過之鹽硝不能淨一遇風雨硝即鎔
化運到地方分發各店零星拆賣實多耗折若
不酌量加耗商本必致有虧商本一虧引課即
難承辦我
皇上盛德如天無一物不得其所河東各商困苦已

久自必更加軫恤臣請嗣後鹽秤總以十六兩爲準每引一張運鹽二袋每袋裝鹽一百觔每一百觔明加二十觔補其折耗永爲定例道路遠者不至有虧商本附近地方得以少沾餘潤

咸沐

聖恩於無旣矣再從前年羹堯因欲夾帶私鹽又恐盤出不便所以有不許稱掣之奏臣請嗣後仍飭經過地方照例盤查以杜夾帶之弊但每引一張護鹽二袋引至一百餘有二百袋之多到

一州縣若欲逐袋秤掣雖口車輛盡行阻滯商人必多苦累應令經過州縣驗明引張點明口袋隨手抽掣幾袋公平一秤即刻放行不得一槩擱阻全數秤掣以致有稽時日倘敢故意留難借端需索一經發覺將該地方官亦即從重叅處如此則河東有一定之秤鹽觔不得多出地方有盤查之責夾帶之弊可除商本無虧而國課亦裕矣

敕修河東鹽法志卷之[illegible]

開墾荒畦疏　　　巡鹽御史臣碩色

竊照河東池鹽皆賴畦地澆曬而成臣勘查河東三場鹽畦共五百五十七號見今澆曬熟畦止三百五十四號荒不澆曬者二百零三號內無商而荒者九十三號有商而荒者一百一十號阡陌宛然施工尚易惟是荒畦年分遠近不一地有潤狹不同所以開墾工本亦有多寡不等約計所需毎畦有費銀二百六七十兩至三百兩者亦有費銀至三百四五十兩者臣愚以

爲無商荒畦請將庫內附餘錢糧暫先動銀五千兩飭發運使董理其事量畦地之濶狹許開墾之深淺因地制宜陸續開墾俟成熟後招募殷實良商澆曬令領餘引搭配辦課如商人中有願買此畦地者應令補還工本銀兩即將此畦給爲伊業倘一時無商願買即令澆曬之商各出銷價查商人舊例每錠出銷價銀二十四兩一畦封課六錠每年共出銷價銀一百四十四兩但新墾之畦較諸久經成熟者出鹽差少

所出銷價亦宜量爲酌減可否每錠減半止令
出銷價銀二十三兩而一埜六錠每年可得銷
價銀七十二兩抵還庫項其有商而荒者彼既
得運商銷價應令本商各開各埜如本商無力
開墾即令頂伊錠名之運商開墾更名報部貴
力行之將見埜地日墾而川廣則鹽口出而日
多其於引課民食均有裨益矣

歲修禁墻疏　巡鹽御史臣碩色

河東鹽引額銷山陝河南三省而三省食鹽多藉出產於鹽池臣歷任以後親視池形廣袤一百餘里地勢最窪爲衆水奔流之處是以三百築有堤堰環池築有禁墻以爲保護倘有坍塌鹽爲水害是池墻不可不時加修築查向例每年春秋二次修築禁墻渠堰皆係行提蒲解等十三州縣鹽丁四千餘名並撥民夫派丁分修經前鹽臣馬喀奏明將修理渠堰民夫裁革在

於額引項下羨餘銀十萬四千三百餘兩內除

充餉公費並各官養廉外留存銀五千兩以爲

歲修之費彼經前鹽臣塞欽以池墻易於坍塌

歲修未能遍及又議將修築池墻鹽丁一併裁

革與渠堰俱動項募修奏明將雍正三四兩年

餘引羨餘銀內動支三萬五千九百八十餘兩

委運同王又樸督工大修今歲業已興工修築

尚未告竣俟修築完日有無浮冒另行確核造

冊奏報臣思渠堰已據前鹽臣馬喀在於額引

羨餘之內每年動撥銀五千兩以爲歲修之費
無庸再議外而池墻尤關緊要若不每歲補修
恐致大修之年所費倍多今查添設餘引十萬
道各商除納
國課外仍照正引出有羨餘每年約可銷十之七
八計可得羨餘銀二萬三四千兩不等臣愚以
爲此項銀兩所有每年餘引羨餘以及嗣後餘
引羨餘銀兩請以雍正六年爲始每歲動撥銀
六千兩以五千兩作爲歲修池墻之用以三千

兩存貯運庫積至五年以作大修之費其餘銀
兩於年終核實奏報或撥兵餉或令解部則池
墻渠堰歲修大修皆有動支之項而鹽丁民夫
俱可永遠盡裁至鹽丁民夫既裁應請
勅令山西撫臣轉行各該地方官將丁夫編入民籍
與民一例輸差以杜影射抑臣更有請者嗣後
歲修大修工程責令運同管理但池墻堤堰工
程不一恐運同不能獨力兼營請在於附近州
縣之內擇其才幹誠實者遇修築　時委用五

六員協助監修令運同督責其成如有玩愒工
程浮冒開銷者即行
題參交部議處庶事有專責而池墻渠堰均有裨
益矣

○請歸解安額引疏　巡鹽御史臣碩色

河東部頒額引共四十一萬七千四百四十三張內除陝西鳳翔府屬例食花馬小池之鹽止納鹽課引六萬二百八十五道外實行鹽之引共三十五萬七千一百五十八道分銷於河南山陝三省地方每引一百二十道謂之一名即封大課一錠內有解州安邑額引八千七百道向因解州安邑為產鹽之地一切課錠官錢皆三省運商代納所以三省商人額引每名止一

百一十七引而掣一百二十引之鹽其扣存三引即代銷解安之額也故解安歷來無商而額引權貯運庫惟於奏銷時截角繳部積習相沿已非一日臣思鹽隨引掣若以一百一十七引而支一百二十引之鹽即屬夾帶况解安生齒繁多民間豈能淡食既不行銷一引必致買食私鹽且以解安應完之引課而分攤於三省各商代辦亦屬不公臣愚以爲解安額引自應仍歸解安行銷見在檄行運使名募良商領運

課惟是解安撫商已久恐一時難以疏銷可否
飭令儘商儘辦如有存剩之引請照餘引例繳
部查覆至於三省各商領引一名仍添給三張
以足一百二十道之數請於額引四十一萬七
千四百四十三引之外再須額引八千七百道
給發各商按實在數目領運如此則三省行銷
地方皆係有引之鹽而民免食私商免代納其
於鹽務似有裨益矣

○遵旨查議疏　河東總督臣田文鏡

臣前此題請禁通融運銷之處，固指行運淮鹽之汝寧光州所屬而言。其行運河東之州縣，可否通融通年帶銷，臣欽遵

俞旨確加察查。行運河東引鹽之洛陽等二十九州縣，皆認地行鹽，按季銷引。其陝州屬靈寶縣先因私鹽充斥，額引難銷，前任知縣吳奇遇被參降三級戴罪督銷。後來之員隨實力緝私，數年以來不但額引銷完，每歲尚銷餘引。惟閿鄉一

縣界連山陝屯民雜處向因私鹽叢積官鹽壅
滯今現任知縣王俊嚴查私販疏通官引亦漸
有起色則是疏引全在緝私剔弊乃能裕課伏
查
國家定制分地行鹽按季銷引本以杜奸商重複
影射越境販私之弊法至善也又恐地方官督
銷不力疲商惧課不完所以銷不及額官有處
分之例課不足數商有治罪之條各州縣行鹽
定額本按地方之大小戶口之多寡斟酌分派

因地制宜要見於此而運銷有餘於彼而銷不足額要知所以銷不足額者非必食之少而銷之難大率由於地方官緝私不嚴私鹽充斥之故也夫私鹽在民者私煎私販稽查猶易在商者夾帶影射其弊多端如通融之說義取乎酌盈劑虛疏引裕課今臣察訪各商之通融則係一引而兩縣行鹽甚有再三行運者是通融名爲裕課便民實所以養奸商彼此串謀重複行運越境販私之弊臣思額引餘引名雖各别然

同屬引鹽同屬辦課與其開通融之端而滋無
窮之弊又何若令額引不敷之州縣請領餘引
以濟民食其緝私不力銷不足額之州縣按未
完分數照例恭處如此不但能銷之地方民無
淡食之虞而
國課以裕即銷不足額之州縣亦自顧考成勤於
緝私督銷必力而額引可無壅滯矣再杳鹽隨
引行所以防私鹽銷引繳所以杜弊豈可任其
操縱逾歲不繳以致以舊作新重複影射而啟

奸商之弊臣再請以通融帶銷而並論夫遞年帶
銷者如甲年行鹽丙年奏銷其隔行鹽之歲已
逾兩載如云通融之法行之有效鹽無不銷課
無不完則更可按年奏銷而猶欲遞年帶銷者
何也總之通融與帶銷皆奸商之弊今仰蒙
皇上垂詢臣苟有所知不敢不據實直陳所有豫省
行運河東鹽引之州縣應仍循舊例各完各課
年銷年引不准通融遞年帶銷庶鹽政肅清而
國課民生均有裨益矣

請正商民籍貫疏　山西提督學政臣勵宗萬

奏、山西河東專建運學、設立教官、乃

國家優恤商人之

殊恩、必須的係行鹽子弟、方准考試、其民籍童生不得混入冒考、即商籍子弟、亦不得濫考民籍、如有冒濫、通融送考之鹽道地方官、收考之學臣均有處分、例至嚴也、祇因河東當日修理鹽池禁牆堤堰等工原係蒲解二州並臨晉榮河萬泉河津安邑夏縣平陸芮城垣曲聞喜十二州

縣、舊有額設鹽丁子弟、許入運學考試、纔因額
設鹽丁修築無力、遂召募十二州縣民夫應封
修理、其子弟亦冒名鹽丁、竟入運學考試、緣是
而無因之民籍童生亦紛紛改竄入冊、此冒濫
無妨於冒民、彼此利於往來、不行清查、此通融
之所自來也。商籍童生見民既可以冒商、商亦
之所由致也。冒濫通融、旋滋弊竇、在商籍童生
冒入民籍考試者為數無多、且分散於各州縣、
而民籍冒商、則聚十二州縣應試之人、聚入一

籍、故歲科兩考、每次竟至四五千人之多、場内坐號止一千有奇、人多號少、必須分作三場、方得考完、因此不惟商民互籍、而且可以前後重名、次第入場應試、從前各官博廣育虛名、鹽道吏書喜多收冊費、而教官廩保又圖人衆可以多得保結陋規、故往往有一童而冒兩籍、一人嘗考幾場、甚有童生本籍已經入學、而冒考又以取入商籍者、或在商籍第一場招覆、而第二三場又復入彀者、隨卽通同廩保頂賣於

人、叉或本籍已經取入遂將冒考之名賣於他人頂充入試者奸弊百出、相習成俗且此冒考商籍均屬各州縣無恒業之人、不比商人按冊可稽不敢多事、一入黌學即生覬覦之念非把持衙門即包攬鹽貨欠課虧引之弊皆起於此。臣按考解州洞悉積弊不敢因循苟且姑息示恩有負我

皇上委任之至意隨行鹽法道并提調各州縣徹底清查務期流弊肅靜貫籍分明臣又調查案卷

知修理鹽池禁墻堤堰等工荷蒙
皇上動用帑銀原額鹽丁槩行豁除各州縣鹽丁、現
在歸入民冊一體當差、似此真屬鹽丁子弟既
除鹽丁歸入民冊、即應在民籍考試、尚不得仍
入運學、何況本非鹽丁之民童、豈得容其冒濫
乎、臣又指明飭查去後茲據新任鹽法道楊夢
琰分行十二州縣查明冒籍情弊前來除商籍
子弟不許冒入民籍考試責成各府州縣嚴行
查究外、其運學歲科兩試童生臣請嗣後惟准

報部有名商人子弟並從前有錠之商人的派子孫查明祖父三代籍貫准作商籍其别省暫租商錠零星小販一槩不准冒入商籍考試每歲科兩考商童五名連環互結如一人頂冒四人連坐并取街商並無頂冒甘結若商人無子弟赴考而私將籍貫租與他人者察出與受同罪其廪保生員必須實屬商籍之廪生許其保結若所保商童内有頂冒等弊即將該廪生照例斥革治罪所有從前冒濫入籍現今在學之

廪生不准保結童生并現今在學從前冒入之
文武各生之子弟應令各歸本籍考試不得因
父兄現屬運學而子弟仍敢混冒如有故犯察
出連父兄一併除名治罪如此嚴核有方稽查
甚易民籍童生既不敢冒入商籍而商籍子弟
不待嚴禁而亦不能濫入民籍庶薪貫可清積
弊可除學政鹽法均有裨益矣臣再查額設鹽
丁十二州縣內之聞喜縣舊有鹽籍童生經前
任學政劉德於請定太原平陽府學等事疏內

題明、聞喜縣因有府學、不准運學考試在案、臣思
聞喜縣之民籍童生原不應赴運學考試、而聞
喜縣之商籍童生則應赴運學考試、今應除鹽
丁原歸民籍外、其本係商籍之子弟、仍改赴運
學考試、嚴禁其不得混冒本縣民籍、合併聲明、
除行鹽法道查造商名清冊送部外、理合恭疏
具
題、

鹽池皆汛議　運使　臣蔣兆錫

准分司牒稱竊照姚暹渠關係鹽池重大並阜刀長樂二堰暨五龍峪皆謂諸水所聚易於衝决自修築不實以致渠道壅格堤堰削薄數十年來不但潰决鹽池者固重且汚萊民地者更多今蒙院准堂司條議特軫民艱措設工費通渠修濬以一半壅工責之應濬民夫以一半濬工需之僱募力役因分工載定列冊民夫不便別募即以此半工價給與赴濬各夫其自夏縣

聞喜首堰工程濬起皆以八尺寛四尺深爲限雖聞喜民夫遲觧而復狡匿故初工皆僱募於苦池灘村夫每丈給工價八分今夏縣署官胡向極復慮王峪白沙兩水合流首注於夏縣聞喜分工之上恐現濬渠溝未能大受特爲加濶四尺加深二尺則聞喜之夫不能不循之以繼然夏縣稱夫皆一日一換不便逐夫給散故兩次發銀堅辭不受聞喜始既募夫再又照量丈尺除一半屬民夫應濬外餘仍給以工直故費

獨多於許縣也自此而西城衛底塌陷買地塡
築工費浩大計工約用銀四百餘兩至解州萬
泉猗氏雖仍照八分一丈之例查中有破水口
而大者各量助以工銀惟臨晉東西兩工並榮
河河津三縣其工尤難故給價量增以一錢一
丈且中埂之工界在平壕橋地方分於臨晉者
不過百餘丈其外六百餘丈分於河津工上則
渠溝與渠堤高下相並須濬深至五六尺方可
平流審難易而給工直亦除一半應濬外每丈

各增以一錢五分且中有石橋一座係村民通行車道歲久壓墜僅留四尺寬三尺高之橋眼仍之必爲全渠大壅勢須更造照前發渠之橋式俾可濶大通流先發銀一百兩備買灰石度其工費非四百餘金不可俟工完之日另文確報可也以上姚暹渠共用過銀八百七十二兩九錢三分外估銀六百五十三兩二錢五釐其修卓刀長樂二堰皆買大木椿於夏縣山排釘於兩堤堰仍用柳稍編禦水沸輭削窄舊堤增

濶渠八尺許其修五龍峪則多買石灰塡補罅
隙防其水浸其水道中埂沙石皆搬移深陷處
用以護堤防決其種拱把之木則皆分布於灌
漑可及專以水澆爲活樹之策亦以得活爲直
受之報故自四門邊餘地以及西淡泉亭前後
與堤堰水側皆多種植而身任是事者惟恐株
數或未全活遂多種餘木以備不虞以上四項
共用過四百三十三兩四錢八分是役也始於
十二年十月初十日成於十三年四月十一日

中間氷雪間阻與歲臘迎延其實實用工者不過三閱月耳統計一萬五千八百餘丈之工隨在告竣可以觀敏工焉且皆空隙餘日不碍農功可以觀時使焉衆心或畏難於始旋即鼛鼛於終如夏縣不呼而再集如臨晉、榮河、河津之先期而爭濬又可以驗子來焉而總藉乎院臺軫恤惠足使人故呼提無不靈而厥成無不奏也合行備造細冊以候查閱。准此，該本司看得渠堰修廢最切鹽池利害。蒙本院准議重修，又

憲民力艱難批定捐助工價之半今據冊開已
用過銀一千三百六兩四錢二分外估銀六百
五十三兩二錢五釐照見用之半應動用本院
捐銀六百五十三兩二錢餘俟本司同三分司
設處修完可也又查前詳內有李綽堰爲姚暹
渠之上流諸山之水總滙而出全借此堰障之
然後順流而入於渠誠恐此堰稍有衝潰則池
患最廹姚渠雖通勢不能遥接外此仍有賀家
灣堰舊堤削薄短堰適當水衝皆應相地急修

合無再請本院捐銀一百五十兩給發總巡分司查計修理其有不足則本司與三分司勉力以助其成庶全池大勢鞏固而前工永固無患矣

覈運司條陳鹽務事宜　巡鹽御史臣何元英

天德莫大乎生財王政莫大乎理財非天不生非人不理以人事濟天事而後造化之利用以濟民河東虞夏帝都也中有鹽池薰風鼓之鹽成所夕疑夫鴻鈞作𣪍天即設此大冶醞釀至寶以供萬民之食但事務碎雜不理其緒而整齊畫一之是猶治絲而棼之也故鹽官之設河東尤重昔金章宗時命宰臣選可任中都路都轉運使或舉烏古孫仲和上曰仲和雖有智力

恐不能主錢穀理財安得如劉晏者官用足而民不困或舉馬琪上然之曰琪不肯欺官亦不肯害民是可用也夫疏引裕課者運司之事也計之盈虛鹽務之利病權其輕重相其緩急而因時制宜者亦運司之職也老子曰爲治者勿數撓時其鹹酸而已余忝膺監臨日夜冰兢惟恐隕越該司當悉心體察如正賦裕而商業亦裕惟該司之功余亦與有榮焉如虧賦累商惟該司之咎余亦與有責焉理煩治劇若綱在綱

有條不紊上不欺公下不病商庶余得藉手仰

副

聖天子恤商愛民之意該司即將河東鹽務條分縷

晰以憑虛心採擇施行

□□時巡鹽檄　巡鹽御史臣徐□□

天下轉運司，惟河東課最少，事最難，而商人之運鹽亦最難。淮浙長蘆皆水道，萬斛巨艑歷浪遊行，轉運者事便而功倍。河東山路崎嶇，驢橐不足則肩背負販，故轉運爲獨苦。查河東鹽行三省，河東即山西也。其二省則秦省、豫省。鹽行秦省必渡蒲州西河，鹽行豫省必渡平陸南河，輾轉推卸，搬運必需時日，若不及早運發，一至夏雨冬雪，泥濘難行，不特腳價多增，抑且鹽

勦折耗若併運不前在有積鹽之地方或可無慮若一季止發一季之鹽此一季之鹽不到地方即缺一季之食與其臨時而有悞何如未雨而綢繆爲此合行曉諭三省運商人等知悉凡領引支鹽即應按限早爲起運乘天氣晴和不但腳費省減且路乾易行早到地方速爲銷售在商既不苦于輸輓在民亦不患其淡食凡三省商人各宜凛遵倘任意怠玩遲至雨雪載途坐誤行銷既折脊本又悞民食自貽伊戚法豈

能貸特赦

運使臣蘇昌臣

渠堰照丁分工議

爲渠堰關係鹽池利害議立均平派役照丁分工之法實力濬築用期一勞永逸事竊照護池渠堰盛衰成敗之所關濬築之工實爲鹽政第一要務蓋渠主洩水閘務深濶爲佳堰主過流杵築堅固乃久而鮮向舊例每於四季撥修在任工興夫視爲故套殷實壯健悉聽豪強隱佔貧而無告者應名執役夫以千百丈之大工欲責成於老弱疲癃之數丁不亦難哉無怪乎小

民日困而渠堰日敝也更有不肖官役乘機漁
折紙上報完一遇狂風霖雨處處傾圯處處潰
決滿目汪洋乃集三時之民力胼胝救補終至
侵池壞鹽困商誤課良堪浩歎本司受任半載
洞知積弊全因差撥不均臨時塞責若不力爲
整頓則誤課累民曷無寧日今議立一按丁分
工之法如某州縣原額丁夫若干名計應挑築
渠堰長闊高深各若干丈按丁分工工以二丁
合爲一處其不願合者聽之每丁應挑築若干

某人火頭備水橛付經承劄某丁姓名及丈尺數目捕立木處照依次序造冊三本院司存案外一發渠堰運判督理各丁先將應修兩旁地基分打蕩分結實以防鑽眼之患然後挑濬又必一人橛捆一人杵築務求堅固爲主工完各自置號記凡係趙甲錢乙分到之處一年塌毀幾次即提趙甲錢乙修築幾次如一年不壞一年不令赴工十年不壞即十年不令赴工如有豪強隱佔及經承夫頭指名科派需索小民者

許據實呈告從重究處其修築禁墻鹽丁亦照
此法舉行如此則不用官催不煩吏督各丁夫
一時用心疏濬即係終身勞逸攸分不殫力經
營以圖永久者情理之所必無也然小民樂於
觀成或難於慮始各州縣又視鹽法爲痛癢不
關之事積玩成習若非憲威飭行難以必其應
如臂指理合詳候憲鑒仍乞嚴檄州縣先將丁
夫名數及分認渠堰丈尺據實造報以便預期
靖算農隙興工至於大工大役原非得已與其

行而無益不如不行[illegible]地之寬深高下當以若干丈尺爲準如何而渠通於湖水歸其壑如何而一勞永逸圮潰無虞本司獨出管見豈若集思廣益兗州縣身在地方地勢民情知之必悉再懇檄行二州十一縣定於某月某日齊赴憲案將挑築渠堰之法并擬民夫之令公同商酌區畫成規相與實力綢繆俾山水歸渠渠水歸河永不爲害鹽池國課考成商命民命百世嘉賴之矣

商屯議

運使臣蘇昌臣

備荒有勝算積穀爲先積穀無神謀力田爲尚運治鹽地也運司監官也乃置鹽政而談田政何歟然事有上乘天時下因地利揆之人事商民咸便而大有裨於積貯者無如寓農於商以屯護池之灘地是矣治鹽之時在乎夏治田之時在乎春以待時之鹽暇勤及時之田工故曰乘天時種鹽之池在垣內種穀之灘在垣外以無碍之曠土殖有用之食貨故曰因地利至若

古之撈採差撥鹽丁今之澆曬僱覓工作鹽丁
官役也理難苛使於鹽之外工作商役也旣廪
餼事力可旁通况治畦治壠無非滕分沠引何
難移錮以就乎法宜將池周灘地相離馬道四
丈爲率盡行查勘其在深窪能蓄水以免池患
者除去外其餘丈筭頃畆排成號段照商課錠
均派給商以爲屯庄俾各督工耕種在原有民
產之商彼已稔知農事自能兼理灘庄如無民
產之商卽此以作恒產課工服土使知稼穡之

艱難秋成收穫將應輸籽粒上納外存充治鹽之日用又寧嫌生息之叢盈故曰商民咸便而更有益於積貯也然欲事其事則於分屯之前有當辨者四一曰辨界池灘民地各有攸分鹽司課灘民收課地不相紊也經界不清則奸徒擅行私墾司查則指爲民地州縣查又指爲池灘影射漏糧在在皆有理宜會同牧宰查對魚鱗圖冊丈勘詳明分疆立石灘之邊城插椰排檢既以表界俟其成材又可採充椿料助池工

以甦民力一曰辨籍從來鹽灘場土悉歸鹽籍經理長蘆浙淮一切沙田草蕩必歸官商竈户請佃收息用恤其勞獨有解池護灘凡民籍中之强有力者得據以享膏腴在素封之商乃以剥徵不褻與較而車脚之役又以力綿不敢與較於是享其利者佃一壟十借名水旱抗租爲常縱有佃名籽粒每歸烏有彼既與池休戚不關若遇旱潦且有盜渠決堰以救禾苗之事理應顯明定例清還商籍他籍不許混冐一曰辨

荒蕪灘地廣遠分坐州縣不一先前召佃爲課
已有九百餘兩不加查勘則侵溢佃額者享利
而被侵者包累況名在佃冊之人工力衰少拋
荒賠租者未能全無倘據荒下丈一經丈佃則
本人復業無期累無底止矣理應丈勘分明凡
有曾入佃冊之荒地再還本人本人不願自覓
佃頂則可一日辨高下池灘坎陂爲多高苦旱
下苦潦若高而鄰窪則又潦不受淹旱有再救
收獲懸殊苟非分别課税事屬偏枯理應相地

起租彷彿四比寧輕毋重庶使屯者樂趨但於給屯之後又有當禁者五灘地之設爲收地利以備災祲必責實行以恪遵守工本納租而外餘利原無倍蓰倘有富商大賈以耕稼爲併務甘賠徵租棄稷勿事法宜禁者一既受之土事必有恒倘有逸樂是躭耕耘失時租無可抵甘作預抗法宜禁者二灘爲王土分給各有定額併包之側開則侵謀之事起況道抗籽粒多係攬棍法宜禁者三灘之給派制等軍屯止責納

粒不納賦稅並非佃商已耆置買豈容官地私賣法宜禁者四耕穫有候必於隱隙倘愆期勿事逆至濟況曬及時反督種植勢必鹽屯兩誤法宜禁者五果能辨者辨而禁者禁則池灘無廢土而禁埂渠堰之傍女[illegible]小池之側視苗之婦子自然肸刻經行則損[illegible]决堰之奸計無隙可乘採蓬刮土之奸徒無從下手是不獨寓農政於商屯實乃肅鹽法於耕夫矣

勸商廣行鹺鹽議

運同　臣　王又樸

農人三年耕必有一年之食九年耕必有三年之食以三十年之通故農以積穀爲貴商以積鹽爲本宋史言鹽商入納惟視積鹽多寡遠地須預備二年或三年次遠一年至二年最近亦半年及一年謂之準備鹽且新鹽硝氣未淨每多折耗陳鹽則硝淨而粒堅到地住賣皆無折耗今查中場八鋪以至西場阡鋪三四十里一望荒烟蔓草鹽無顆粒即自中場淡泉以至東

場十鋪所存鹽料寥寥無幾現今鹽價日昂買
運維艱若不廣爲澆曬必致斷營悞運何以辦
國課而濟民食我
皇上愛育商民
諭令各省開墾豈寶池之內而可令其荒蕪則飭商
開畦廣爲澆曬誠今日第一要務矣查三場畦
地遞年澆曬者名曰熟畦久經不墾者名曰荒
畦時曬時停者名曰半荒半熟畦固由河東商
人之媮惰亦由鹽法官之苟且因循怠于督課

唐劉晏言勸商倍於勸農請自雍正七年始飭
知事開報某場某鋪畦地係某商澆曬務要正
商明白投遞認狀註明單號雙號左右畦鄰互
結投道給以腰牌令其彼此稽查知事三場大
使時以勸農之法勸之十日斗級一報每月親
爲查驗以察其勤惰鹽料成就乘便搬置高阜
之處協力看守一防霖雨一避竊盜且早離畦
地風日過處鹽皆乾燥宋之所謂準備鹽或庶
幾焉倘知事三場大使倦於勸課致荒曠不種

場無鹽料即以督催不力詳參庶撓曬勤而積
鹽自廣在運商既不苦價昂難買而百姓亦不
致有食貴鹽之患此爲鹽法第一要務相應定
議施行實爲妥便

欽修河東鹽法志卷之十一

藝文

志鹽法而志藝文非徒取其炳炳烺烺文章爾雅已也蓋以河東鹽池其規爲措置之大者皆散見於碑銘記載之中讀晉郭璞鹽池賦唐崔敖池廟碑𣏌宗元晉問已見河東鹽池大畧又叅考宋元明諸碑記益多發明其餘一切月露風雲無關鹽法之文槩不登録志藝文

《山西文華》編纂委員會 編

山西文華·史料編

敕修河東鹽法志

第六册

卷十一至卷十二

清 覺羅石麟等◎修 清 朱一鳳等◎纂

山西出版傳媒集團
三晋出版社

山西文华

晉問　柳宗元

猗氏之鹽晉寶之大也人之賴之與穀同化若神造非人力也但至其所則見溝塍畦畹交錯輪囷若稼若圃渙兮鱗鱗邐彌紛屬不知其垠俄然決源釃流交灌互澍若枝若股委屈延布脉寫膏浸潗潗滑汩彌高掩庳漫隴冒塊決決沒沒遠近混會抵值隄防瀴瀛濡濊偃然成淵漭焉成川觀之者徒見浩浩之水而莫知其所以及神液陰漉甘鹵密起孕靈富媪不愛其美

無聲無形熛耤迅詭趣眸一瞬積雪百里皛皛
幕幕奮儨離折鍛圭椎璧眩轉的爍乍似隕星
及地明滅相射氷裂雹碎巃嵸增益大者印纍
小者珠剖湧者如坻㧊者如㸦日晶燏煜螢駭
電走亘步盈車方尺數斗於是裒斂合集舉而
堆之皓皓乎懸圃之巍巍皦乎溔乎狂出大白
之淋漓駭變化之神奇卒不可推也然後驢騾
牛馬之運西出秦隴南過樊鄧北極燕代東逾
周宋家獲作鹹之利人被六氣之用和鈞兵食

以征以貢其發天下也與諭令之工可謂有濟矣

鹽池賦　　郭璞

水潤下以作鹹莫斯鹽之最靈傍峻岳以發源
地茲爾而海渟嗟元液之潛洞羌莫知其所生
狀委蛇其若漢流漫漫以漭漭吁鑿鑿以粲粲
色皜然而雪朗揚赤波之煥爛光旰旰以晃晃
隆陽映而不燋洪涔沃而不長磊崔嵸碓鍔刻
碁方玉潤膏津雪白凌岡粲如散璽煥若布章
爛若漢明晃爾霞赤望之絳承郎之雪積翠塗
內映赬液外羃動而逾生損而滋益若乃煎海

鑠泉或湅或漉所贍不過一鄉所營不過鍾斛
餉鹽見珍於西鄙火井擅奇於巴濮豈若兹池
之所產帶神邑之名嶽吸靈潤於河汾總膏液
乎滄涑

鹽池賦　劉敏寬

天備五行是生五味潤下作鹹惟水之謂蒐渚探波汲井障汐分及飛泉草木土石洶漉熬煎矯揉擘畫其獲纖纖其勞役役惟茲鹽池不疏不闢肇判鴻濛參井之分陰陽之宮股肱之域郇瑕之封唐都之南虞畿之東稷山之址禹甸之中局圜麓面偃仰伏河曲而靈通縱邇橫遐幡員百里繚垣雉列斥堠巒峙若盂若盆如砥如矢蓄幽壤之重泉涵天潢之注水元玉簇而

根盤堅氷萃而牀起中條崒嵂抱其前孤山嶕嶢蹲其後太行矗嵲綿其左雷首岸崿聳其右外則渠堰瀟錯溯湃而瀠洄內則崖壑星羅棼沓而輻輳時澄泓而鑒髮燭眉時洶湧而黏天渥日羣峯倒影蘸琬璃而若浮百卉貢妍藉翡翠而欲溢凭海光而眺遠羗嶄巇之㟅巃倚歌薰而臨深恍灝景之昭融陟分雲而頫瞰森鬱林之欝叢據五老而流盼壯令岸之眠虹千巖嶍嶆而拱翼髣髴兮飛五嶽而會同殊流混沌

而渟泊依稀乎納萬派而朝東五紘鼓其濱而

衆民愉八駿歷其涯而上游著姬旦因鹽鹽以

置官祖龍興重寶而建署漢皇用武而資饒唐

帝除苛而用鉅閱宋及元一致百慮洪惟我朝

天作其功鹽弗待治而成課不竢徵而裕不啻

什百於古初之充飫者也故乃氣肅膠折月白

風凉土膏向歇息機弗昌元律并凌觱發栗烈

急景凄寒氤氲閟結青春受謝駘蕩舒恬餘陰

潛伏曦景稍炎閱彼三時詎曰無鹽硝鹼斥滷

溉澤弗霈獨尾火首之鶉次當翼亢心之旦中
赤帝握符火正致工箕伯鼓霝箑而液蕩水若
駁洪潤而波冲欲歛實以就䰟豫變態其無竄
完碧既瑕流霞漸舒絢若製錦膩若敷酥搦若
始凝睹輕揚而泛雪黍粒作墮旋零亂而沉毋
儀斗鑄形不偏不頗任天賦質不烟不火儼[illegible]
冷而鏡圓倏縞素而粉傅霰纍纍而綃連[illegible]
瑩而練布播藍田之餘屑膠捧風之颶聲[illegible]
朮而霜冷璧寒則睇達而星流雹遽蕤[illegible]

穆湁夾介歲餙靈貺寵綏丕顯弘德地不愛寶
瞬息千億可以畀尸賓可以調鼎實可以作味
君可以和民食猗頓不能封其殖王鸞無所庸
其億於焉詔百官督萬戸辨疆場申獲矩旌勞
勸懲呰窳籌盈縮別甘苦良賠亟乘美利無吐
筐筥如雲斂畚如雨比次如鱗旅進如堵健鐍
如風歡躍如舞千倉萬箱如擕如取如坻如京
在水之澣負戴縆緪涉瑆溪而汔銀河捆載轟
轟過阿房而輦滹沱蜂蟻絡繹轉徙邱阿封馬

鬣而窨比象土屋而嵯峨由是祖禹貢青州之
範遵周官鹽人之筴斥桑孔之陋規裁吳劉之
故業榷便公私羣情允協應時掣支森廩甲令
千乘集而鋪敦萬馬齊而驍勁百夫勸而奏功
五幟植而掩映迸辶適乎疾徐聚散傚乎奇正
百室斯開三墉充併爾乃輓艫交飛販賈並蹋
轂擊騎聯袂帷踵接濟汾津沿姑射越沃霍達
陽澤而晉鄙贍也由蒲版入潼關渡涇渭逼秦
山而百二給也穿青石杭河陽逾汝洛抵鄧襄

而天中優足也季倫陶朱囊囊嘻嘻塡實帑藏公家以肥財賦不匱矣佐饟紫塞士飽馬騰捷伐用張銷沮憑陵邊鄙不聳矣外安內寧金湯以奠於萬斯年受天之眷九重釋西顧之憂矣河膏九里池育一方眺此河東與與揚揚四民鮮顚連而無告矣乾坤浩浩今古延延形勝未嘗乏也而膏腴坐收俄頃無算若與形勝爭衡者諒莫之能全利源固不一也而畦畛交加山川四塞咸與利源駢集者或莫之能前瞠乎其

後者銅陵金穴美稱並執者玉水金淵故宜乎
監臨轉運肅綱紀而重事權何忝乎春秋祈報
暨九地而艾九天或曰有是哉全勝攬而寶藏
興奏效提而導利廣鹾池其天下之殊觀海内
之珍域乎顧鹽有時乎不繼何與日雨暘時若
採兼鉅細杜竊防銷澆驪以濟源源陳陳惡乎
不繼或曰驪鹽味劣卒致攻食如禁例何曰味
劣非驪欲速其由驪久取兼撈鹽與儔或曰何
爲樹防曰警賄通而緝販盜斯漏巵不耗厚覆

耕而謹夬蝕之步屢實可絶否或曰撈鹽間亦有劣
者乎曰嚴密稽核峻信法程誰復爲劣鮫鮫瓊
瑛或曰鹽商奚爲稱困曰挨吏四年壓待鉅萬
鹽岐美惡僮分貴賤哀多益寡饒虧齊羨鹽鼇
課存運發作難若非近者百計僯存濡沫餘生
索諸枯魚之肆者殆將强半或曰避困云何曰
通其情恤其私興其利除其害庶桑榆之可收
允上下其多賴或曰今而後知鹺池雖擅地靈
籌策則仗人傑矣曰裁成輔相天地且因畹彼

鹺池復奚疑乎爲政在人

鹽池賦　　姚誠立

河東鹽池卽古所稱解池也神工所鑿海竅通之地連雍豫楚分參觜幅幘廣厥百二有奇潴滙迤延衆脈委輸從任土作貢之初資庶民鹵滜之福於廓萬頃浩渺乎禹甸之陽盤溢一陂劃開於條山之麓連碧海於長天接銀橫於平陸時而情風徐來零雨既霽誰濯滄浪之纓誰效褰裳之厲爾乃玉壺仙踪倏霍蘐其濫涌鮫人窟宅漭沉靜而深滐倘蜃靈之見象恍織女

之渡津東跨夏臺而有柏塔瑶臺咸谷風洞之奇居其左西控雷首而有五老王官靜林雪巖之勝據其右稷山孤山紫金峩嵋當其前歷山讓田傅巖聖澗擁其後六池映帶而潔洄遲渠蜿蜒而廣袤於其遠也長隄層護架百里之飛梁於其近也繚垣匝周抵千夫之介胄又有層樓巍岸峻宇高軒崇基迴繞甘水暴旋簷雕甍之拱漢聯樓檻之凌煙狀參差而錯落勢瑰瑋而蹁躚乃操五絃以解愠準六義以賡吟酌陶

勉以取醉娛驪景以會心不減向洞庭以張咸
奏犼西湖而泛武林於美哉池也景物於焉備
矣而阜國裕民財源會焉於是乎集羣靈悏廟
貌專祠者列東西以歧尊配享者别爲次以燔
燎風雲雷雨倚陰芘於監司日月山川迓明禋
於拱照歟而元英變律蒼陛報春伊㞢治之方
燠逆氷泮於斯辰開碧潭之漾漾挹白石之磷
磷遲以炎夏駘宕浮華其初結也纖若揚花之
依水面其成實也番若麗水之璧珠華方綽約

兮漸漬忽繽紛兮無涯擬編貝而貫珠亦如粟
而如砂惟大小之參錯更方圓之殊差於是乎
徵丁力集亞旅具畚插戴筐筥負暄暘冒溽暑
無何而珉礫之砌突起如邱磈礧之堆窖比似
櫓一任取盈於天然之植何勞貸富於海濱之
煮彼爾賓之水晶難以方其堅好胸腮之鐵子
未足擬其甘飴倘方需爲珍產岳貢倚爲先資
是以聖王籌國鹽筴是餝經理分曹賚其掌職
都運總之法執九式迺遣代巡廼敕司直以旬

以宣褒帷凴軾食使戸口而均沾法雜三省以
爲極故乃著爲不易之規申以畫一之令徵求
有節供輸惟正掣放惟時盈詘互乘簝輪踰之
透漏嚴升斗之量稱事惟取給於均齊民皆相
安於乎康之王政詩曰聘彼鹺池光晶燦兮寶
藏興焉國賦辦兮解愠阜財王澤湛兮豈弟君
子適我願兮

海光樓賦　余　光

粤分野以肇土兮維唐虞之帝鄉載詠南薰之章兮馳遐想於羲皇夫或爲兹池而發兮逮今遺響其洋洋大河跨以分秦晉兮泰華巋其西方繼大觀於奇幻兮川原賅其屬望爰建樓以延勝兮靈厥名曰海光而中條之崒嵂兮擁孤巘之崇岡彼月波亦兩儷兮顧井幹其奚當仰霄漢其與齊兮俯玻璃之琅瑊雲霞流其璀璨兮拂珠甍而煌煌器車夜燭其下兮紫靄繚繞

於其旁士女集而嬉遊兮鑼介角觝之蹌蹌官
胥勞而此憩兮遥瞻萬山之飛霜洞風披拂以
蕩暑兮甘果迸列乎冰盤俄焉眼之濔晶兮抑
河脉之通潰忽豊隆導余往兮余先戒夫鸞皇
余將遵夫灕之渚兮聊逍遥以徜徉盍余登此
海樓兮及長日之未央攀丹梯而直上兮望閶
風以舉觴儼飛仙之瑶闕兮倒瓊影於蒼茫澹
容與而盼睞兮捫列壁之奎壁倚閶闔以排帝
閽兮靈旗耀於前行約馮夷而幽覩兮鼉螭舞

於汨中央邀至人於碧落兮恍與遇而相信
精英之契合兮發長嘯於大荒陟青禽之來迓
兮思飄飄其如揚神緈纚其靡定兮從鶴駕而
翺翔輿人訴余馬僊兮余將靡執其羈韁余懼
坦途之嶔崎兮何為馳逐於羊腸至人告余以
成言兮子毋中路其悵悵子惟執夫不淄之道
兮奚悲素絲之為黃余惕然以中省兮幸迷途
之未長驅玉虬以亟返兮信蹇修其弗遑夫蒙
氾猶可及兮寧自委於榆桑亂曰登彼海樓瞻

北極兮星河燦燦雙眸豁兮余懷至人之言維
翼翼其圖式兮

修解池垣塹記

彭華

箕子陳洪範以食貨爲首政孔子繫易以理財正辭禁民爲非爲義聖人治天下未嘗不理財以利民而理之之道莫先乎興山澤自然之利河東山澤自然之利莫驗解池池之垣塹不容護視不周或雜流浸濫以入則鹽不就或小人相羣以私竊至爭鬭不可禁國家設都轉運司募民入芻粟於邊予券給鹽往往得利於兩淮而兩浙次之解反出其下豈以事事者有未備

欽御史王公臣首奉璽書視事下車徬池地侵牟於人者悉取歸之官周池垣塹遂以興築環池四面爲垣南北高十有三尺厚如之而垣之上厚三分之二東西高減南北之三尺厚又減二尺垣外爲塹深十尺濶如之塹外爲堰堰自中條山北麓來者俱完其舊垣下置二十四舖舖置邏卒五人經始於成化甲午春正月數越月而訖工鹽大熟淤不得私竊鉅商細賈競聚池下鹽大售於時解池之利漸出兩浙兩淮上

矣公詔一歲卒運使孟公徵記予曰夫爲國家

興自然之利而不使民陷於爲非不可以不書

復立解州運司碑　王利用

天地間山林水澤寶於萬世者無盡藏也若大五味之齊調五內之氣使人壽且康者鹺而已河東解澤鹽風一觸花蕤泛波殺日載瑤玉粒結秀語其色則白雲浮潔論其瑞則瑩光塞河大元經始之用仰于有司或糊塗備或僉或調收鹽鐵之筭程權衡之利而鹽爲諸賦之首解之鹽澤又諸鹺之首也不曰地不愛寶變鹹爲鹺則曰民不告勞財不橫費承無盈獲之勞終

有飂漉之效遠乎積雪盤厥晴霜皚野以佐國用以薦郊廟以惠工役以通商賈用亦少而見功多比年以來遠給軍儲使人輸粟以鹽鈔易之省飛輓之苦通懋遷之貨邊用充民食足可謂作鹹之利實萬世而無盡藏也至元乙酉州尹王奉訓致懇於余曰解州特鹽池之利世爲名郡故曰豐寶軍亦曰興寶軍軍者主鹽之官與州有隙遂置司于路村以致閭井蕭條居民鮮少于今五紀矣鹽法亦弛艮山所置司村想

野處公私通弊課失歲額詞訟日滋朝省遣使
考會積年不已行中書省病之思選廉幹吏委
以大計乃辟前經畧司經歷吳從仕以監榷焉
涖任之初究弊源立新政首以復遷解州爲便
行省允其議州之正倅即以公廨爲鹽司禮接
僚屬若賓主然規模制度爲之一新實至元癸
未春二月也既而歲課羨餘不啻倍蓰轉運
同知王中順具奏以聞乃課績以從仕爲最改
授承事郎充解鹽使自是州司鹽司獲處其便

陛戸編戸奠厥攸居擬立豐碑以紀其事非闓
下之支不能揄揚其始終也余應之曰州司非
鹽司則城市不集鹽司非州司則歲課不增朝
廷得人兩司乃建事旣告成世濟其美勒之正
珉傳之後代於是乎書

鹽池東門記

劉健

諸鹽所產不同或於海或於井謂之末鹽皆須人力而戸煮之其禁之也難惟產解州者謂之顆鹽不須人力出自天成且止一池耳其禁之也易故他州皆遣御史獨解州不遣成化癸巳朝廷始從孟淮之請遣御史王公臣實當初任遂大為垣塹以周於池若城隍然於是瀕池之民皆食鹽於官視他州戸得自煮者迥異池廣袤百二十里獨北開一門運司治在焉往來商

買黍萃於是瀕池東西民爲官採鹽者皆以爲
病至成化二十一年御史吳公珍請於朝得再
開東西二門東當安邑西當解州併路村爲三
於是翕然以爲便

鹽池西禁門記　　袁翱

解鹽本有東西二池東屬安邑西屬解州各有門以通出入姚行簡徙運司於路村而解之分司遂廢然禁門猶在也成化十年御史王公臣見禁門去運司四十里馴竊之徒難以防制於是徙門於路村而解之舊門室方是時商賈之懋遷羈人之旅食與夫工執業民赴役者紛紛然皆聚於路村而解之民不得一沾鹽池之利焉成化二十一年御史吴公珍溢河東日路村

之民民也解之民亦民也考圖經得東西二門

舊制令同知黄琳相度經營闢禁垣而闢之大

然後解之市井闤集得與路村埒予以弘治

年通判河東敍其大畧而記之如此

重築池墻碑記　王九思

南昌熊公天秀以正德己丑監臨河東守池之役日以盜聞公往閱短垣及肩莫能捍禦公曰細民見利而弗動非情也慢藏誨盜而置之於法非仁也於是簡其吏之能且良者授以方畧傳之往督曰垣之欲堅門之欲嚴其以五月之吉有事於池以十月之終竣事公躍馬往勞執役幾三萬人罔不忻喜及期役完垣以厘計丈有五尺高倍三之一圍如池之濶而加多焉其

外爲馳道爲隍其深廣如垣之厚有水環焉門之南北西向者各一其上有樓以楹計者各三其樓之相距爲鋪者六十以楹計者各一凡門與鋪各守以人於是昔盜皆散去守卒夜卧警柝不聞安邑知縣張鏜告諸前史王九思爲記功之碑其銘曰條山之北鉅河之界敵秘發藏肇自洪濛圜爲澄陂寶鹺乃興周廓以墻屹然如城刓彼四匝頽乎伐埒慢藏誨盜其曷可斁乃眷斯土乃畀熊公驅我子民以築周墉周墉

崇崇亦孔之固載作之門愼此夙莫史也秉公

作此銘詩敢告後人嗣以治之

西小池埡記　　何東序

嘗考水不注川滙爲藪澤大者曰湖小者曰池曰沼湖陂出自天造豐功及物池沼力墾而成妙用在人縣官總山海開池禦致利以功貢賦上下足以相贍若解之鹽池天造盡人湖陂之利蔑如矣其地左輔巫咸右弼洪流前趾中條後負峨嵋圖會四跨瑶蟠鼎衍薰風一扇萬寶皆呈蓋唐虞中天之會造化專與之潤也唐故名靈慶孕涸有時置吏置亭戸至雜遣司鹽叓

支雖與古今相始終而權剔斂發猶未[illegible]其[illegible]焉今稽古應時特重權鹽之制自郡縣而至[illegible]運轉相鈞較而專以御史臨之平輕重而權本末均課辦而佐軍興法至密矣歲督十三郡[illegible]徒作中程收筭四十二萬引移川三藩[illegible]是[illegible]雨病沒恒暘病涸以地聽天其勢不能兩得與有横汗附池者六曰永小曰賈瓦曰金井僅存其半沸渭澆灑迄於茲無斁也備通變張弛之故充節口并日之需頗收筭可數萬謂之小池

鹽先是篠以短垣淹久齲朽莫弭盜攘陷民於
罔從而獮之以刑殆與闕牢而發以毒矢何
異按其地者阻事墮議洊更三紀而莫之或恤
問驅鹽丁版築蠶午未幾而操畚鍤入池矣萬
曆戊戌頤所汪公來按嵯䂂智集思謀正賦以
待邦之大用斂餘貲以待邦之小用經產雜出
燦然皆有蕝極暇常籃輿循行不遑假寐日討
墜典棼綱而申飭之𢴨財曲獻野壓奪魄公披
龍鱗蹈虎尾探綵分於齦牙鑿齒之中得司存

賑濟銀若干議徙鮮費僦民之流冗者嫣而受
工殆二千八訖計週池為垣犮高予厚增陴其
上金井賈旡合為一區丈週一千四百乘小白
為一區週丈四百池各門一廳事五來事人給
贍家二銖既事丈酬食米四銖悉之金以千餘
肇與三月丙午五月丁未告成悅使民忘其勞
予來成之不日劃址墉陘卑增薄培底填淤加
肥之績絕窪坳重塍之患國實在野桿之惟謹
利用厚生池無小大萬鏑皆當卯此公之用菲

其[illegible]其在陶山林君東阿馬君云

嘉陳公等□以祭紀其實余惟御史奉綸遣祭嶽

一往代未有及凡不代者令符優游阜豐特祀

常條適事或未禪於觀風之本公一往三見[illegible]

期當宁倚毗無二所急朝夕所患靡鹽至[illegible]

風寒暴炙匽薄而不以言憊李梅實衰五穀歉

虧消息之數天地不能以兩盈公升禮昭穆之

修容典殿祀池神條山風洞創祀太陽之宇[illegible]

雨暫暘而無之弗告精靈盼蠻蟻花冬實述

醲花薄海風回夆小不奉私求萬戶鮮藏[illegible]
呻吟奪魄之聲未必不爲改蘇頌德矣覩一[illegible]
而知百節困知應條之吏蔚蒸太平恤生之[illegible]
咸獲嘉祉殆不止一池之利鈍已也不佞[illegible]
黔淺惡能究其端倪焉蘇老三池今涸[illegible]

鹽池石工記　　吳楷

萬曆二十有四年命臣楷往按河東鹽政余趨
而南過陝踰河河東守巡二道首以旱魃爲辭
余詰旦易食減騶籲於皇天果得甘霖如注農
夫相與慶於郊乃嵯池百堵却如齒如摧牆不
盡者數板予思古者不墮山不崇藪不防川不
竇澤順天地之氣庶幾聚不隨陂而物有所歸
今嵯池落在條山之麓一遇淫雨勢如建瓴欲
使荷插之卒持一抔土塞方漲之流無乃不可

平一勞而永逸小費而大寧余何敢惜一省視
遂檄守道平陰孫公與余上下原隰度勢審形
池之南面短堰爲急議當起石毫二座三分黑
峪溝之水以瀉於賀家灣龍王二堰又須護堰
長堤一條以折其悍而杜其溢其北面諸堤如
塗塗附叢蟻穴焉而其要害數處議當鎔灰延
石削土鳩磚庶幾强可使弱急可使緩也其西
之卓刀等堰潴泧如故補苴易易耳而其北里
堰在東面者石脚傾圮殆半非補其缺固其基

何以白石齒齒不虞墮解也議旣成令司府郡邑諸僚佐按籍而課工程功始於閏八月二十日竣於十一月初九日余與孫公核其成功磚石工計長三百四十二丈五尺土工計長二千一丈三尺磚計用一十三萬六千三百五十五個石條六百三十二丈灰一十四萬一千七百一十觔而所費贖役銀僅三百三十一兩有零是役也前院雍暨李公會具疏於十年之前余今始得卒業請於上求紀錄其賢且勞者制曰

可事下大司農而諸僚乃進余一言勒諸正珉使後之稽功者有所考焉

渠堰志　　湯沐

解鹽藉主水以生緣客水而敗主水乃池泉之渟滀斥鹵之膏液客水乃山流之泛漲渠瀆之衝浸世知是鹽成於風日不假煎瀝不知隄防少虧決注已甚潔者污醇者漓凝者釋矣故治水即以治鹽也然客水有遠近其設防有疏密貽患有大小而施工有緩急大抵池形若腰盆東西長南北短南枕條山雨水易廹然非泉淵所出且横亘有護寶堤依山有桑園龍王趙家

灣大小李西姚諸堰縱有飛瀑亦各容阻甚至毀墻而已多不能入北沿曠壞平垣與水隔絶無足爲慮若東西盡處則俱通禁堰一墻以外即客水所鍾次東禁堰者有壁水小堰月堰及黑龍堰次西禁堰者有卓刀七郎硝池堰各從東西自高而下多則決少則浸禁堰不能受則入池矣黑龍堰之受害實原於苦池苦池乃姚暹渠蓄而復流之所也硝池之受害實原於涑水涑水在姚暹渠之北勢高於坡者也二水之

自東北而西南川自夏縣一山巫咸谷白沙堰
爲姚暹渠北合洪洛渠一山王谷口爲李綽堰
西合姚暹渠總經苦池鹽西向自安邑歷解
州抵臨晋入五姓湖此姚暹之渠道也出自絳
縣山谷由聞喜東北來者爲涑水亦西行受稷
王孤山峩嵋坡諸水經猗氏抵臨晋亦入五姓
湖此涑水之河道也五姓由孟明橋注黄河則
極矣姚暹首中多太狹涑水中尾亦多窄苦池
在安邑不勝李綽洪洛姚暹渠之受其勢必自

東北泛溢於黑龍入黑龍則壅水小堰月堰不能支而竟衝決於東禁涑水在臨晉不勝山坡之受其勢必自西北橫溢破姚暹而奔騰於硝池入硝池則七郎卓刃不能支而竟衝決於西禁況東北有湧金泉奔注於黑龍西北有長樂灘亦注於七郎此東西隅水患之大約也故築東禁以及黑龍築西禁以及硝池治其標者也濬姚暹以導苦池濬涑水並歸五姓治其本者也急則治標其功疾而小緩則治本其效遲而

大坊水脉者緩南北而急於東西先根本而後於標末雖嚴其防障於東西之近堰而於姚暹涑水源流歸宿之處常不恐其所有事焉則客水不侵主水無恙鹽利不竭邊備永濟矣

濬姚暹渠記

朱實昌

河東鹽池跨解州安邑百餘里環之以城池卑下爲水所趨以客水能害鹽也前人多築堤堰以爲障一遇霖潦堤堰輙壞城亦衝塌鹽用不生役夫修築未幾又壞卒無寧歲要之水無所歸故也予諗於衆曰是不一勞無以永寧於是檄有司先治城堰民方農作聯俾之更番即工再閱月繕完如舊城門之漂没者亦以次鼎建考誌問俗乃知舊有姚暹一渠所以受諸山谷

之水由苦池入五姓湖以達河自唐以來湮沒
至今按是者類以瓜期代去多因循苟且間有
知事事者又欲動十三州縣之民大治之使可
舟楫爲䟽上又輒報止予曰臣子受命一方可
勞君父慮耶於是委賢能循故道使加濬焉時
冬煥民亦知將遺於後也乃太和會起工於十
月中旬再四旬而渠成渠成則泥寒土凍如石
是豈有鬼神相其間哉渠中廣三丈兩岸各高
二丈爲堤堤之上廣二丈東起安邑苦池西抵

蒲之黃河長二萬丈有奇通役夫二萬人人四十日爲工八十萬而城堰之功又半之明年樹堤以栁予歷覩而嘆曰天下事成於衆斷於獨窪則盈敝則新不獨茲役而已彼因循苟且怠其有事者也欲舟楫於平陸揠苗而助長者也且神禹之治水也行所無事萬邦作乂而貢以達河爲主茲爲夏都郊關納總之地顧豈有是害而不知所以便民哉是可求其故矣事竣合屬請紀其事於石予辭曰予治是水蓋有得於

水焉水善利萬物而不爭處衆人之所惡故幾於道斯役也城因前工渠因水道予也敢爭茲名哉姑錄其公移并廵行時小作成卷題曰求故藏之篋笥以無忘所事云爾

聖惠鎮新城記　　黃覺

河東陝西等處都轉鹽運使治曰聖惠初丙申祀姚行簡繪圖獻於上上可之乃芟薙除榛立司於池之北滸曰路苻仍命行簡專掌鹽賦是時鹽始有課民獲食用也延祐以來易以今名載葺廟貌曰池神曰學宮曰三皇行用庫譙樓鍾樓館傳場厫隸屬之所靡不備具萬商輻輳爲貨泉之淵藪室廬聯駢樓閣輝映惜乎散漫縱横無山谿城隍之固儻有不虞何可以禦至

正丙申夏上擢章佩監卿那海德俊命總河陝
鹽使下車日訪民所感莫先城事公喟然曰民
惟鹽本豈可重感吾民走伻請於朝乃規村儀
工徒步經度莫厥方面以爲制度凡民田廬所
礙者倍其直以市之於是丁夫星布畚鍤雲集
命吏柴瑱董其綱築墉搆門治各有人公朝省
暮視口授心畫雖風雨不懈其陴墉凡一千七
百丈爲門者五毎門一則築土爲臺崇二丈奇
廣不及崇二尺袤增崇之三丈甃以陶甓中峙

椸木以爲塗道重扉嚴鑰石機鐵鐏上搆屋四
楻戶牖洞達敎卒伍刺伐坐作之法以備非常
門內外左右各爲軍盧八楻又譏察所三楻正
北門則塞永豐故渠改流墻外邐迤西南就爲
城之池其臺廣袤倍於他門屋廽四楻旋角碧
甍朱檻翬飛跂翼左右夾室二楻其制稱是巡
警休宴則居之門少東又爲水竇一鐵檻石港
以通行潦西門之竇亦如之軍盧增各門十三
楻西門則不及七楻譏察所又增其一墉之四

隅構烽火屋各四楹以爲覘伺防禦之所經始八月己巳迄功季冬之末力則鳩兵二千五百人庶民輸財赴役者不與會計財費則皆公之規措也越明年三月鎮耆士相率詣余請爲文以記余惟斯鎮也創於丙申周兩甲子而成城於丙申吁天使之然耶公嘗監烏江州牧劍石橋三十里民苦病涉之勞至今德之今爲新城固斯民於永遠安恬之域而民不知勞他日闔境之民指高城深隍而想公曰勿墮勿壞此名

伯之甘棠也故摭其實而書之

敕修河東鹽法志卷之十

河東運城記　　呂柟

嘉靖三年秋大參運司城幾圮侍御盧公煥爲
欲甃甃以圖久遠然以瓜期且屆姑甃東南以
俟後哲落成運城人曰斯子孫千載之利也不
可不記且此城羣省交會一方具瞻然地近鹽
則鹻易齧其足土挾沙則風易彫其膚板帶礓
礫則雨易剝其面故近歲霖霪幾淪乎邪也而
又內處富賈盜易窺城大無兵盜易攻巷寡土
著盜易取雜聚五方之民盜易入土無嘉實而

有厚藏盜易剽故往年盜賊幾突乎郛也公乃
遴官吏輕齎算定征役謹命令循其舊規教其
新矩裁其崇卑壹其慱狹均其厚薄凡兩月告
成屹爲重鎭蓮城八日一而甃三而皆可甃也
一而舉三而皆可俟也公論文貴質不貴艱論
學貴行不貴辨論政貴平不貴刻是以編摹常
鹽商無退怨洞開三門民無偏私地不重給丁
無積累訟不徇入獄無寃滯而又申修書院課
藝不倦博愛運學周貧不私此則正甃運城者

也且公之官可行道於天下肆以此城爲功耶

公諱煥河南光山人

重修運城碑記　張鵬翮

河東御史臺與鹽法使者所駐之地曰運城專城也淮浙長蘆鹽司皆隸郡衙非專城其故何哉蓋賁海烟竈延綿沙際防禦增築之事府州守令任之河東鹽池百二十里專屬鹽務官管轄冀豫雍梁四千里民食仰給於此國賦所儲羣商所處諸路所通百物所聚去郡治既遠而解州安邑又城小不足以容城之特建其勢然也城周垣九里四門計一千七百丈肇始於元

訖今三百餘年其間或修或圮前使者勞績猶

在

皇上御極二十三年河東鹽使需人

上命擧清廉素著者廷臣謬以鵬翮上聞

制曰可恭遇

聖駕東廵臨視闕里鵬翮祗候兖郡

特蒙召見

行在

溫語垂問承

恩屈郡仍留與山東武鄉試事竣之官叚引通鹽恤
商利民先舉其綱閱池濬渠厚堨修城尤爲緊
要方將次第行之柏臺李公請
青之檄已下於是捐財用而不費公帑稱畚築而量
給民力平板榦併潴瀸鳩工命日程物興作制
不踰舊役不違時始於康熙二十四年九月明
年三月告成凡墉堞皆甃甓甃樓櫓皆堊丹漆
曩之卑者崇狹者廣傾者植頹者完落成之日
登埤四覽竊有感於懷焉夫鹽政無修城之責

然運城廢興乃鹽政大事必際其時得其人始
可事治而政舉嘗南望中條矗立屏障接連行
陘介山北峙峨嶺環抱汾澮襟其東黄河帶其
西城之險阻可憑也賈旅輻輳價販雲集輣蹄
擊互雜猱於闤闠閒者敝闒警㯳不可以無稽
池之旁大舜之琴臺在焉歌南風之詩遐想乎
上世自禹營安邑三代而下牧民固圉皆以城
郭爲先務故周文王作城於朔方而以南仲宣
王作城於東方而以仲山甫盛世君臣於爲國

之本末先後皆有條理吾故曰必際其時得其
人然後事治而政舉也今天下車書大同
聖天子誕敷文德協和風動治益求治安愈思安日
與公孤坐而論道猗歟休哉可謂際其時矣我
柱史勤公以覺羅奉命來巡圖公以閣學出撫
三晉河道觀察於公擢撫畿甸江南中丞湯公
晉秩宗伯皆蒙
聖朝不次之用即大小百執事罔不感發興起刻自
砥礪以自効於

盛世海内額手慶得人焉予萬里孤臣荷
特達之知簡拔督鹺黽勉循分以盡掌筴理財之實
去其不便而行其便愼修厥職期於有成以對
揚
休命豈特修城一事已哉然予因補敝葺廢修扞一
方有慕南仲仲山甫之功而予則愧非其人也
有負於
聖天子委任之至意多矣遂爲文鏤諸城隅以告後
來者

重建察院記　　　　張璧

河東察院爲巡按御史所臨以平鹺政刷廉吏治以考民隱所繫重矣宜壯倜偉觀與責符稱顧弊陋弗整臨者狹焉嘉靖己酉侍御初公來按茲土先是盧公堯文浙滿當行謂公曰院就圮公盍成之公曰諾旣乃曰予惟先公務而後從事遂銳意經畫修卓刀諸堰導姚暹諸渠甃運司西城開大郭門嗣是誕告諸州縣選才吏裒前所餘貲撤舊構而新之始民居雜近院後

公易以官地俾得徙仍給其須乃周遭築重垣
若干緣作先門三楹扁曰察院察院前樹屏建
坊榜曰正肅左右峙者曰激濁曰揚清中爲堂
曰風紀後爲堂曰退思又後爲寢室曰氷蘗皆
五楹旁兩翼爲庖廚爲書吏房前後俱作捲棚
綠亘庇蔭氷蘗堂北有亭曰梧香東曰憶梅西
曰存竹皆繚以短垣門皆南嚮先門傍鴈墻各
有棚房居祗候胥徒而左右各一屋爲各官次
舍前榜房故狹隘又廛市與院門相値復鬻地

若干丈南開委巷諸皆從榜房後出入爲警舖
者二每邏卒夜巡鈴柝四匝察院之制備矣旣
宏乃規非從厥素兹其邑役哉壁嘗覯善持憲
者先諸公而後及其所緩是役也可謂知務然
侍御之志豈但已乎蓋山澤林鹽皆國之寶而
今之鹽利可以坐充國課者莫踰解池然利於
官則有廉污利於民則有惠慝欲惠民先繩吏
是故不可無激揚之典激揚者風紀所有事也
未有已不正而能正人者故風紀以標其憲正

肅以約其趨退食以廣其思氷蘗以嚴其操而
又履竹之潔挹梅之清甘栢之苦檢身飭躬靡
不至夫然後平物有衡燭形有鑑舉刺興革無
往弗臧獨鹺政也哉此又侍御公取名之義也

栢香亭記　　王九思

潛江初公建察院堂曰風紀曰退思曰氷蘗後采栢作亭曰栢香亭亭東曰憶梅堂西曰存竹堂以爲栢香亭者興自剏建非徒因舊易新者諸堂之爲也不可無記以命鄠杜王九思九思曰夫風紀云者言其職之所有事也退思云者言其思所有事也氷蘗云者言其志也苦其志以達於職也是皆言其用也未有曰某堂某木爲之也而因以言之若栢香云者則茲亭之可

記也非特以其淑建爾矣夫栢者歲寒後彫之木也香者言其氣之芬苾也而後彫其操也氣之芬苾他木亦有然者而操或歉焉則君子弗重也梅竹者栢之齊操者也北土寡梅而竹或雜於他植故梅則曰憶而芟他植以存竹者皆以副栢也古君子戸牖有銘居室有扁所以顧名養德而充其實也君子堅栢香之操以勵冰檗之志退思其所事發謀出慮以收風紀之功而栢香其本也是故直指言之此公今日作亭

之意九思又有望於公焉夫梅也者鼎實道竹也者虛其中者也虛其中則能受鼎實則羹和君子體竹之虛用梅之實以成稱之操三者俱備舉天下之道也此公他日之事而九思切有望焉故於作亭之意推廣言之而併爲之記

御史箴　　舒遷

太微執法御史象之周官小宰則維其司耳目之寄綱之紀之爲其舉措休戚繫之爲其邪正善惡隨之激濁揚清時汝之休吐剛茹柔時汝之羞毋翫法以偷毋怙勢以讐斁我彝憲時汝之尤毋皦皦沽名毋庸庸保祿毋毛舉細事毋蜩與大獄剛果正直神介爾福陰賊險狠天厚其毒于氏父子世倘其賢亦有延年蓋父之德有鐵斯冠有朱斯衣德不稱服中心恧怩神草

指佞神羊觸邪頳忌畏避汝之職邪勁松不屈
鷙鳥無朋如霜之淸如衡之平旣銘汝前實銘
汝心敢告司僕敬服斯箴御史箴亞臺分署刻
之有年矣其言核其旨遠其事肆而弗越遷始
試政得讀之曰韙哉可不懼哉已亥濫竽臺中
得再讀之明年來按河東事簡署淸扃戶終日
庭栢相伍藐焉寡儔蕭艾弗滑芝蘭之室遠輪
蹄弗鞅高軒之音索君子孔遐巖憚日逖如之
何其相觀以善邪因憶是箴惕然斯儆曰是不

可爲侯無可乎廼鐫之石樹於風紀堂左朝夕
矚目凛然起畏則有若告予以過勸予以善者
森立乎前不言而信其克相助者弘且渥矣然
則曠瘝之咎其無藉是以少逭矣乎雖然易有
之無有師保如臨父母夫是固遷之父母也若
後之賢者亦有攸賴焉遂書之以紀歲月

欽綸樓記　　蔣春芳

國家設官分職建立都察院典司風紀中分十三道御史以專糾察之權其御史或觀風於外必奉璽書以行重其任也單閼歲夏五余承上命按行山西督理河東鹺政且跨秦蜀衛宋而兼統之肩鉅劇繁兢兢焉恒懼瘝厥官曠厥職以貽負乘羞一日乘暇環眎行臺中見栢香亭後重屋三層背陰面陽翬飛鳥革挺然突出於霄漢之表顔其額曰欽綸樓余悚然異焉覩其

題則前院春暉秦公之所構而槐庭林公之所
成也余乃攝衣而登凭欄四顧茀見條山揖於
前涑水繞於左林木交加縈青繚白外與天際
旣而撿閱樓之所有則見歷年所藏制書種種
具在琅函寳軸輝映日月信所謂榮光起而燭
天者矣余爲之肅容再拜捧誦三四若覲天顏
於咫尺者仰而嘆曰欽哉欽哉載諸書如絲如
綸紀諸禮樓之得名其以是夫顧其名思其義
欽綸者欽此綸也然欽之爲言大哉王言必恭

必敬民生未奠吾何以興利而除害吏治未肅
吾何以激濁而揚清奸宄未戢吾何以鋤強而
遏惡鹽政未修吾何以通商而阜財邊儲未充
吾何以給餉而足用蓋必如是以爲心而後可
以言欽而後無負於天子之綸音而後不愧於
此樓命名之義財賦充盈國之福也吾與有榮
焉轉輸告詘臣之過也吾與有責焉今幸而溢
任未幾仰藉神庥雨暘時若川嶽効靈萬頃飛
瓊駸駸乎其未艾良非偶然此樓旦夕在望目

攀心雖不敢不勉彼登樓希庾亮作賦慕仲宣
此乃流連光景非實心於國事者之所爲也愚
何知焉

經國堂箴　張鵬翮

鹽筴者經國之大業運司之堂顔曰經國顧名思義益切悚惶當爲商人經畫何以得其便宜當思

國家經費倚以計其久長振裘挈領舉綱提綱作僞心勞日拙務誠心逸日光務公忠以體

國毋私派以射商若要譽沽名而於

國計民生毫無裨益殊有愧乎經國之堂

萬笏樓記　　　　高夢說

予承乏司鹺戊午秋涖官明年八月霖雨四十日池水泛溢不能生鹽商坐此困五年未有起色予竊自咎振救之無術也或以形家言告予曰河東運司比他處獨建學築城凡商民之休戚文氣之盛衰繫惟運司是視今司治前紓而後促前高而後卑合之九星則缺其一配以八卦則無坤羣商之凋敝科名之寥落未必不由此也若廳事後創建高樓以聚其氣而壯其勢

於商若士最宜予惟形家言倘恍無據且又素所弗諳然即以人事揆之作樂者有金聲而無玉振則音不備治兵者有前矛中權而無後勁則軍不整司治得無類是乎且胥宇之相度卜宅之瞻顧雖聖人亦不廢彼形家者言與其過而棄之無寧過而存之於是即廳事後之隙地建樓五楹𠊓工庀材皆出自割俸工始於季春之上浣訖孟夏上浣而落成樓作二層高三丈有奇登其巔則前之堂皇反處其下然由此而

祝堂以及於門有擁抱之勢照應之情且見中
條萬峰若環而簇若拱而趨而凡雲嵐烟靄皆
可攬結於襟帶之際招延於几席之間雖鳧飛
鳥革未極壯麗之觀然以源於竹花松茂或遠
幾焉因名之曰[illegible]勗以志予屬望之意若[illegible][illegible]
於此竊惕然懼焉憬然思矣懸欄一[illegible]山[illegible][illegible]
繡烟火萬家非復[illegible][illegible]閒一都會哉吾懼其[illegible][illegible]
而汲長也懼其盛脂膏而或渴也
國賦何以彌補困何以甦士風何以振[illegible][illegible]思

起而圖之或可與觀官之請耳後之登斯
樓也徘徊瞻眺能擢子之所擢思予之所
以斯樓之建不爲徒已而寓無形眾巔之意
又何足道哉已成之日乃述其緣起勒石於堂
間云

勅修河東鹽法志卷之十二

唐河東鹽池靈慶公神祠頌碑序　崔敖

地絡之紀莫宗於河陰潛之功光啟於滙既略大華浸淫中條嶽瀆宣精融爲巨浸肇有元命元圭告成惟其潤下乃生舄鹵皇穹陰騭兆人爵沛下土因飲食以致其味節和齊以調其心濵滇天池實曰鹽澤幅員百里澄澈萬頃元極積數大鹹爲鹺其墟實沉其宿畢昴其漕砥柱其關巖巘斡㡿祗寶之設以重險謙順威量潤溪

攸鍾涵風蓄雷終古不息漫若山外連爲海門
所以帝乙建社王豹遷都耕其重輕以曜富有
在昔山澤委於虞衡禍制無徵漢方盡斡務其
尊穡蓄用抑商少府所尸均其權重郡族自占
築盧環之業傳祖考田有上下旱理其畀水營
其高五幅爲塍塍有渠十井爲溝溝有路臬之
爲畦酾之爲門瀆以渾流灌以殊源陰陽相烝
清濁相孚動物潛彖蠶爲陶工淯乎而凝莫見
其朕雪野霜地積而如連山羡漫區域歸於塗潦

泉貨之廣沒於齊人司農不賦百三十載元宗
御國五十年姦産薊卯爗火通鎬嗣聖受命以
兵靜之摯鼓崤洛封山燕趙亶其宸威風動八
極調發之費仰於有司雖田征益加而畢賓不
足遂收鹽鐵之算置榷酤之官以權合經以貨
聚泉晝野標禁塹川爲壕西籠解梁左繚安邑
乃滌場圃乃完庮倉畢其場功以謹秋備塵
定食止於中州濟於橫汾爰距隴阪東下京鄭
而抵於宛般運其檣犨擊其轂終歲所入三百

千萬供塞垣盡敵之賞減天下大半之租然後
傳於甸人納於鹽人有形有散以宴以祀每仰
一夏初吉爲墠而享之懿夫明徵厥有前誌中宗
復政崇朝而復鹹大曆陰霖巨漲而不淡誠宜
命秩視彼封君先皇帝薦靈慶以號神紫氤氳
一而建廟施諸侯之法服鏘半縣之清樂籍二郡
之版六百隸於司池故得浮榮光結顥氣冲其
德正其味粒重英以表稔花四出而呈瑞陳陳
相因非稱職所能討矣正元九年冬户部尚書

裴公延齡奠三壤之差均九州之賦鐵鼓之[illegible]
林鹽之饒凡晉人一是輸以河中爲會府遂表職
方郎中兼侍御史馮公與委以大計詔曰可乃
駐居蒲城以馭羣吏分命前永樂縣丞張恒源
前鄭縣丞蕭曾率屬而臨之洎十一年秋九月
裴公逝令戶部侍郎蘇公弁繼之以馮公成績
有聞禮任如舊度支又以前詹事府司直陸位
知解縣池前大理評事韋縱知安邑池惟職方
領池官之外權惟評直守制使之成算姦氣不

作阜財有經十三年四月兩池官吏及畦戶等

請勒豐碑揚茲利澤感和羮之訓心遊傅氏之

巖稽近鹽之詞氣對郇瑕之邑微臣作頌式贊

新官頌曰浩浩靈池冠於水行蒼茫大陰滲漉

純精惟澤在晉與時爲程禍貪而竭福儉而盈

巨唐君臨坤順乾正寘勤其官坎德効靈海脈

通波河源伏脈千里一氣瀦爲廣斥雲漢照臨

玉繩下直日雨曰風以凝以積自我天産維其

口食斯皇元后乃聖乃神旣潔浮沉赤術則鹽

大禮畢舉大樂必陳焉公揭來克諧神人登降
肅壖瘞幣池瀕既醉既飽焉公則欣蕭張行優
陛華德隣有署有屬伊焉之賓仰彼元造垂于
無垠皇運天長頌聲日新

忠河東鹽池靈慶公神祠碑陰記　劉宇

天作淵極神將宅焉神者何靈化之正宰者也夫神之假落實曰鹽宗闔闢禱之不在祀典先皇朝有元老韓公滉之總邦賦以大鹹之功康濟是博上以供宗廟之費下以代田野之租升聞于天請加禮秩帝曰可于是册爲靈慶公俎豆之數視于淮濟享謁之期載在主府及故東都留守禮部尚書崔公縱頃知河中院以神之舊宮僻在幽阻旣崇其禮宜飾厥居是用遷置

于斯乃飭殿堂開像設百禽渝之積水跨邐迤
之重岡陰陰森森容衛畢偹立卒走壁儼然如
生雖水府靈居未之若也今職方郎中兼侍御
史馬公與纂其是職推置信讓無小無大報之
以德頃以天久不雨慮失其歲職方于是齋心
累辰親執牲帛將至誠之德告靈化之源甞不
崇朝而雨斯足如是者數四是則人有德于神
神亦有德于人德交歸焉政是用長宜其建石
表異徵文紀盛是以有太常博士崔君之頌也

逮夫石自他山而至支自奉常而來知解縣池
詹事府司直陸位事以道自集商以仁自來知
安邑池大理評事韋縱則以清自豐吏以明自
肅此二公者以爲職方之精意可達于鬼神如
之何不奉矣乃相與就其磨礱䃺以棟宇自朔
及望揭焉而舉洪範曰潤下作鹹夫敘讚靈慶
公陰潛之功亦所以表聖皇澤及于萬姓者也
恐其頌或有闕乃命山客重記于背陰

勑封廣濟惠康王碑　元大德三年

朕惟我國家統御以來無德不報自天地化育以往靡神不宗矧爾解州鹽池惠康王肸蠁關河祚席秦雍冠洪範五行之首浸璇璣巨蟹之區味永作鹹不讓汪洋之雲海光凝上善若儲冥兀之雪山煎熬既省於民勞烹飪悉資于日用惠康之實廣濟無窮列爵雖崇恩錫封之已舊榮名增熾宜褒命之維新可加號廣濟惠康王

敕封永澤資寶王碑　元大德三年

上善若水能潤下以作鹹王誠感神宜錄德而定位載申褒美洞貫幽冥解州鹽池資寶王富埒東溟惠周西土弗假牢盆之費坐收畦戶之功暢六氣以無窮冠五行而爲最七廟享時供之品四民獲日用之資鸞紙十行龍光萬世均輸便利聿聞課局之多增沃灌豐饒默佑源泉之不舍宣昭朕意用答神休可加號永澤資寶王

重修鹽池廟碑　王緯

延祐春三月中書省臣言陝西都轉運鹽使司重修鹽池神廟成嘗書其事于石制曰可以命翰林臣緯恭承明詔竊惟鹽在五行爲水水曰潤下潤下作鹹所以供祭祀備膳羞資生民之用不可一日闕也前代解鹽墾畦沃水種之令則不煩人力而自成非有牢盆煎煮之勞及蜀井穿鑿之艱也蓋得天地之精英河山之靈秀瀦而爲池廣袤百里渟滀滲漉凝爲大鹺皚皚

淼浸浩無津涯璀燦晶明莫可名狀役夫萬餘
畚鍤雲集曾不踰旬裒如山積舟車之運數千
里皆食其利會其歲之入以緡計者二千萬皇
慶二年前都轉運使阿失鐵木兒乃相故廟西
堧卜地爽塏中締正殿周阿重簷翼東西廡前
敞其閎後營寢室階陛峻整宏達靖深冠大門
爲樓扁曰寳慶下瞰鹵澤面對中條東緜大行
西峙雷首陰霽朝暮翕忽變化信一方之奇觀
落成之日遷二神於新廟葺舊廟以祀成寳公

幸僚屬士庶商賈咸會祠下皷舞懽悅神人交
洽以廟碑請於朝因有是命洪惟聖朝富有天
下休養生息和賦而外惟以鹽課佐經費然歛
不及民而民自足天下之民安其俗樂其業其
視齊管子正鹽筴以興屎渠之利漢東郭咸陽
孔僅幹鹽鐵以歸大農唐宰相領鹽鐵以判戶
支萬不侔矣臣緯拜手稽首而系之詩曰乾坤
亭毒彙爲綱維萬物並育孰窺端倪五行爲用
水德稱首作鹹之利以資富有繼古郇瑕地勢

沃饒右限大河南峙中條實沉之次晝野定標
滙而爲池雲烝霧歊結而爲鹺雪積嶕嶢貽出
神力民不告勞自唐歷宋祀事孔昭於皇元聖
奄有萬國山川貢珍百神效職靈池之産歲拾
萬億大德三禩封號加錫皇慶御極嘉禰崇息
延作新廟新廟奕奕於以揭虔有嚴禮秩神人
洽和用紀成績繄神之休國川阜康既富而教
頌聲洋洋比屋可封遺風陶唐於萬斯年寶祚
無疆

解鹽司新修池神廟碑　　　　　李庭

按尚書洪範五行一曰水水曰潤下潤下作鹹此鹽之根本也五行之氣無所不在水周流於天地之間潤下之性亦隨所寓而凝而為鹽鹽之所出品類頗多就其最著者言之其出於海與井者須資人力煮煉而成出於解之兩池者則治畦其旁盛夏引水灌之得東南風而此鹽遂熟蓋資於天非人力所能與也天之造化神實尸之此有司所以致謹於祀事焉唐大曆十

二年秋霖池鹽多敗度支侍郎韓滉奏雨雖多
不害鹽仍有瑞鹽上疑其不然遣諫議大夫蔣
鎮往視之還奏實如滉所言乃賀帝請置神祠
錫以嘉名上從之號曰寶應靈慶池封神曰靈
慶公宋兩池置官八而州有榷鹽院守貳領之
使民入粟於塞下與鈔以給鹽一歲之出無慮
四十萬席其利既溥而法益密矣元符元年霖
潦彌月漭瀁皆盈壞官亭鹽室不可勝計謀臣
議士使驛旁午咿睨惶駭莫知所以拯之之術

崇寧四年春遣耀州觀察使王仲千發丁夫罰
山谷之汎濫完隄防之圮缺周池之堧作護
堤百餘里又於堤之南起外堰以殺水勢外患
旣弭客水浸洞是歲鹽寶初成凡境內祠廟皆
賜之封號兩池之神東曰資寶公西曰惠康公
初年課纔十二次年倍之越三年遂底成績大
觀二年加以王爵金朝因之解州安邑皆有神
祠經金季兵火蕩無孑遺其環池地鹹鹵皆不
可井飲惟兩池中間有淡泉水特甘京舊有龍

祠崇寧間封爲普濟公歲當炎暑常役萬人取
鹽苟勺飲不繼則暍死者過半酌泉飲之則免
於病聖朝開創就泉北二里許治鹽司事至癸
丑歲方經畧川蜀規措軍儲用度置從宜府右
丞忠宣李公實當其任値頻年霖雨遂失大利
乃禱於神寶氣凝結遂收五歲之積奏奉聖旨
建立二王神廟俾春秋祭祀焉於是鳩工聚材
合舊圖新建正殿於中央翼以列廡繚以崇墉
像設儀衛煥然一新經始於甲寅成於乙卯乃

不遠數百里遣介來長安請予為記予告之曰嘗聞天下名山大川有能産財用者考之祭法宜在祀典況茲寶池歲出億萬計所以佐國用備邊儲通商賈之貨省飛輓之勞財用之産孰踰於此是宜廟食其神以報休德因為叙其興造歲月俾刻之石而繫之以詩曰晉甸之野天啓靈池鹹鹺是産軍國攸資歷代明王咸勤祠事吉酒馨肴以荅神賜炎炎刼火廟貌圮墟瓦礫荆棘兎鼠燕居聖哲臨朝德參天地地不愛

實日增課利爰擇爽塏載葺新宫棟宇華煥像

設尊雄宜千萬年享此血食刻詩正珉垂名罔

極

勑賜御香瑞鹽碑誌　　篤列圖

至順四年夏六月運司上言解州鹽池預期呈秀亢特遣使投詞以荅神貺于是右丞相太師俊寧王大傅答剌罕左丞相等奏遣使者集賢院修撰篤列圖欽奉御香以至順四年七月初三日往率運使臣拜不花等以牲齋致祠如禮運使又言致和天曆以來解州廹於水旱鹽池致耗迨今五六年矣及玆而雨暘時若山澤効靈貨利滓興國賦克溢此實元德彰聞神祇感

格之所致也臣雋列圖拜手稽首而言曰聖人首出庶物德浹仁溥而天賜之福昔伏羲大禹之時河洛出圖堯舜文王之世鳳儀于庭或鳴于岐此天人交感之理爲不誣也今聖德龍飛而鹽池瑞應豈苟然哉凡百有司各敬其事以修厥職共承天休嗚呼懋哉

河東運司重修鹽池神廟記　馬理

河東運司舊有鹽池神廟，其爲殿三，其妥神五。中殿神二，東西鹽池之神；左殿神二，曰條山風洞之神；右殿神一，曰忠義武安王之神。皆祀典神也。何謂祀典？祭法曰：山林川谷能出財用利民者則祀之，以死勤事則祀之。非此族也，不在祀典。兹五神其族矣。夫粤鹽池自古有之，昔者伏羲特叛制文字，說文曰：鹽，河東鹽池，是文字以前已有是鹽池。其後神農氏謁候白沙氏始煮海作鹽觀鹽從古從鹽義可識矣唐虞時是名鹽阪之澤舜命伯益掌之嘗琴而歌所謂薰風時而阜民財者即是物也故至今鹽池候薰風而成故虞坂在左今靑石槽者騏驥困車所也禹平水土三蒞由雷首虞坂而北瞰斯澤又北登景山而南望焉其後九功既叙勸以九歌俾勿壞者斯其一也遂定賦上上作都其墟異時商都州官魏郡泰郡皆迴是澤自漢武設鹽官米鹽迄今軍需邊餉多倚賴之而水旱爲災亦

藉是以賑農不困焉今觀條山之陰路村之陽
安邑之西解之東有澤焉方百二十里淵然紫
色者是斯池也坎而平涵而不流值夏日薰風
時至則一夕鹽如斗如鏤如鑄如瓊而英玉而
屑昔君子品鹽以茲爲勝今本草地志所載曰
食鹽曰大鹽曰顆鹽曰印鹽曰㿿鹽曰乳鹽曰
鹽花曰鹽鹽曰種鹽皆是物也種鹽者梁人所
謂畦地而沃以池水南風急則成鹽滿畦是也
唐宋皆然宋大以三月墾畦四月沃種至八月

而止是謂種鹽亦曰鹽鹽池鹽則撈取而已且種且撈所獲滋多元人惟鹽池不復畦種今三場因之洵主者德馨祠享誠潔則神罔怨恫或池或畦生生不窮以祀神養人療疾攻瘍罔不攸宜苟國無是者則百味不成百穀不旨其民雁紫瘠而壘夫鹽也誠民生日用不可缺者故曰食之將也國之寶也天之藏也夫條山風洞者池泉所自出也薰風所從生也其於地爲蒙爲咸爲巾孚至若忠義武安王者解之常平村

人池南故里存焉王學明彝倫之道身任綱常
之重心無愧於幽獨行可質諸鬼神非其義也
非其道也雖軒冕而泥塗之也雖珠玉而塵埃
之也如其義也如其道也雖萬衆之中必往而
無懼也雖白刃當前蹈之而自如也淸比伯夷
信如仲由以身殉國爲臣死忠其浩然剛大之
氣千古長存譬如日星麗天山嶽拔地罔不瞻
仰祗肅而洋洋乎如在焉爲老氏言者又尊而
神之以爲雷霆夫申自岳降說爲列星蓋元氣

所鍾終還造化亦理之恒無足駭者諺曰英雄
之歿必爲神明以驅除虛耗魍魎以歆禋祀其
此之謂歟禮有之曰君子生而敦行能表正鄉
俗者歿而祀之社謂之鄉先生以興斯民禮也
蓋王者所謂以死勤事者也是廟剏於唐太宗
朝度支韓滉之所奏兩池之神宋徽宗時封之
爲公元成宗時加封爲王至明太祖改以今稱
遂修廟令每歲季春上旬致祭後弘治初張都
御史敷華嘗一新之至是廟壞御史方子漄病

之欲繕致疏請於上得肯侍御章邱王子昺祠
門余子光相繼而至諆諸運使劉子夢詩牟子
泰丁子相韓子暹鳩工而行事焉於是卑者崇
之狹者廣之材不勝任而㪚者易之於是中爲
穹殿三間奉神如前罶前小亭易爲廈屋五間
城而石欄爲十有七丈左右爲殿各少穹間如
之奉神如前前嚴廊今爲間四十有八爲樂臺
一爲二門三角門二爲間五扁仍舊曰洪濟外
左右爲神厨爲土地廟各五間大門爲岑樓間

五扁曰海光外爲鹽風亭一候薰風也外折道
爲坊門三後畮爲官廳二有廂池南爲南禁樓
一池外葺城暨堤維周葺舖凡二十有六諸揚
解施工有差於是廟貌巍然穆然有事於斯者
敬心油然而生矣爲費計用贖金若干經始於
嘉靖癸巳之秋落成於甲午之夏董役者爲本
司副使程伯祥經廳汝頤知事曾宜典膳張詡
云

重建鹽池神祠記　　李東陽

曩歲山西副使陳公抵予書曰弘治甲寅軍儲闕賦有司弗能給巡撫張公念惟解池鹽利可取奏之朝給三十萬引某分巡河東實援檄焉時歲饑民病先發粟賑之始俾就役會大雨公繼至憂甚劇乃共禱於神翼日迄池州縣皆雨而池獨無越十日鹽大結課不勞而數足足之日雨復大至公歸惠於神爰出贖金仍籍民之居貨取重利者各出資爲木石費命安邑以官

夫佐之始於冬十月至明年四月而成亦若神
相之者又明年張公以南京兵部侍郎北上語
加詳曰此敷華所賴以舒吾憂者也予惟天下
地利鹽爲大解池所出朝取夕復其利不窮此
周官所謂鹽鹽韓獻子所謂國之寶者顧其產
必視雨暘燥濕爲豐約雖大鈞之運歸於無兆
而土地所在必有神焉主之然所謂神者不必
有形與聲而昭示響答或不可泯則存乎人焉
苟曰有其誠有其神誠於爲國爲民者神必有

以應且夫存乎人者亦非特事神故也蓋必量其貴賤節其賦入如昔之監司者則公私兼利不求神而自足若夫豪家之占奪近池之障悋神雖有知亦安得而與其力哉此實應靈廢之封亦議禮者之所異也予嘉張陳之誠於國與民且徵神之靈也故記之

新修鹽池神廟碑記　蔣春芳

河東運司鹽池神廟中殿曰東西鹽池之神左曰中條山之神右曰風洞之神載在祀典有司歲時舉行莫或廢也直指春暉秦公兩舉祭告倏而水減鹽生倍於往歲歸功於神之靈應題請爵號乞新祠宇賜額名以彰其靈天子曰俞可其奏下於禮部禮部議覆蒙恩錫以嘉名曰靈佑祠仍命改造二殿與池神殿埒甚盛典也未幾秦公以報滿代去繼而槐庭林公至捐金

採木方欲經營亦以報滿代去余至諏吉日遂

羣工徵板榦鳩斧鋪正殿仍舊而加修飾左右

二殿舍其舊而新是圖運土築基權甓伐石鑿

其地形穹其棟宇闢其廊廡而又益以香亭繚

以石欄繚以垣墉隧以二甬門至于神厨土地

廟亦更置之規模氣象巍然焕然三殿並尊標

於門額曰欽賜靈佑嗣至輪奐揚厲翁鬱翹金

碧輝煌照耀人目是役也經始于辛卯之十月

落成于壬辰之三月不擾財不勞民不動帑藏

貌肃新儀備森列神之格思洋洋如在必將錫
以景福陰𨻶和而風雨時以興鹽利以阜民生
可持券而俟云

新建鹽池大陽祠記　何東序

國家以鹽法取課多煮海而後成其自凝結而取者獨解池之顆鹽夏月薰風自中條山來邦人相謦於山麓曰湛湛煙碧鹽信至矣則皆荷畚而往兩都之軌萬賈之資咸於是乎取之侍御汪公視池三載于夏暵雨雨斯若於冬暵暘暘斯若蓋由聖王德至于天政合乎道徵元氣于九圍揚耿光于萬象休徵脩至亦固其宜祠爲堂五楹兩廡大門各三楹覆以碧瓦繚以丹

垣與池洞條山列者南向工始今壬寅上元不
亘瑄而落成運長林公督其事屬余紀歲月刻
於巖石云公諱以時婺源人林公諱國相閩縣
人

重修池神廟記　趙如瑾

河東鹽池方百二十里南抱中條北帶峩嵋東望大行西挹龍門似飛來片玉泰晉河洛之民生日用數千里咸取資焉唐隸度支宋領制置金朝相因元相耶律楚材以經費簡置解鹽衙明官都轉運鹽使於路村斯池建廟蓋自唐度支韓滉請詔始也夫鹽雖產於池實原於山炎於水而起於風故條山風洞之神俱與左右配祀尤恐雨多不時必需暴風烈日每炎暑蒸鬱

撈役萬姓池鹹不能飲有濟泉則活濟者多是

以若太陽若雨暘若甘泉亦皆神以廟至關聖

者解池南常平村人也宋大中時蚩尤崇池乃

入禱帝忽風雷塡晦空中有金甲鐵騎聲久之

天清日朗池水如故而鹽復生人爭感而與灋

廟併祀焉我

大清啟運

皇上神明天縱百度維新崇祀河嶽化美有虞乃以

經國鴻計簡余按其事余卽新

命不遑馳境受事忽夕𩅰雨急至　所陋似不能蔽
覺焉異之及抵郃後視事池上登樓遠眺俄焉
山峯雲起風雨驟至疾趨入廟仰見池神宛如
夢中狀乃與司屬言曰
朝廷命使臣理財惠民者也民安　財裕惟神是賴盍
其修之不募民財不動民工不苛泒商賈不借
助州縣閱七餘月而滲者完朽者易腐者新傾
者扶三殿各祠配廊門臺樓閣屏垣俱煥然改
觀矣有祠廟無住持復於廟後創僧舍一所俾

殿庭房十七間選僧住奉且香火有人是役
也起於順治辛卯秋八月成於順治壬辰夏四
月將余役竣報
命代歸叙其原起以記諸廟門東

恭紀

聖駕幸河東鹽池　　介孝璐

稽古巡岳覲后載在二典時邁懷柔歌頌興焉

康熙四十二年歲癸未久道化成薄海內外咸

躋熙雍之治

上軫念秦晉重地備

法駕

御飛龍登太行歷并汾維時嚴冬和暢煖若陽春黄

童白叟無不望

幸奉
旨官民迎送不得離城三里十一月初八日
駕至河東運城萬姓結彩焚香山呼夾道遥望黄蓋
冉冉喜曰
聖駕至矣僉呼阿彌陀佛
行在之中不費商民一絲一粟初九日
鑾進中禁門御薰風樓閲視鹽池仰見
天顔有喜如日如雲是日出西禁門抵卓刀堰
幸解州

工而考勤惰以之親民而問疾苦是亭之設不爲徒矣不得其道則必假此爲遊觀宴會之場飛觴浮白流連光景吟風月傲煙霞棄公事而罔恤豈所以公忠體國也哉余不佞謹以此自勗且鐫諸石以俟後之君子履斯亭者擇焉

重修孔子廟記　　楊榮

孔子天縱之聖人也當時門人弟子師宗之及其沒也祀於其家以師之禮而已其後道愈久而彌彰有天下國家者用其傳以正已而化民學士大夫由其教以立身而用世盛大悠遠將與天地相爲無窮其廟所在内自京都外被於海隅徼塞有民社者咸得立焉非至聖其曷能臻是平河東聖惠鎮城東南孔子廟據鳴條岡以面鹽池地位亢爽殿庭門廡崇儉狀麗其後

明倫堂兩齋古栢森然式稱具瞻蓋自元以前

運鹽使司所建有學官生徒至明廟學立於郡

縣而是廟遂寢以壞今運司副使韋鎮之八士

葺理焉鳩工集事遂克落成規制巍煥悉復其

舊迺來徵予文爲記夫祭之禮有其舉之莫敢

廢也蓋他祀且然而況孔子凡厥生民所以安

於倫彝之常而遂其有生之樂者孔子之教然

也豈宜忘所自而不之報哉茲廟之復諸君子

以爲繼往開來之功可見矣雖然祀焉者文宗

其道者實效已至而實不從將無以至於久是邦也舜禹之故都豈無秀民可教者選擇而敎於茲因使執蕆時之饋奠而又需其成以待上之求也雖非郡縣學官之列亦猶黨庠術序之遺意安知其不若徂徠白鹿之書院乎此予祖望之意也故爲記以勸諭亦諸君子之所願從事焉

河東書院記

呂柟

正德甲戌春張子仲修廵鹽河東官吏華譬商民胥悅廼從官師之請作河東書院於路於是諸車八店人牙人獻木石暨力諸工師獻能諸園藝獻厥植廼選義士命理廼築堵周七十雉廼作先門三楹南面北渡石杠儀門三楹又北講經堂五楹阿棚前南面層階雙桐夾階桐外有松栢古槐東爲崇義齋五楹西面西爲遠利齋五楹東面碑亭二在二齋南南面齋負序序

交儀門之南墉儀門東東號門南面東號門而北東上號門東中號門東下號門皆西面北上東序在其前三號皆南面三楹自門折道以登其榮皆夾樹下楸中槐上桐皆背二梨其夾階也皆荻栢號皆有廚二楹在左西面儀門西西號門南面西號門而北其制如東號門而北表二門皆雙楸退思堂在講經堂北五楹南面二槐夾階荻栢在其南四教亭在堂北亦南面堂東偏南下爲左𡿨房西面其後胥人房西偏南

下為右曲房東西其後隷人房西廂之西舜房西區東西東廂之東舜房亦四區西西四教亭北築閣構樓曰書林上祀三晉名賢側藏籍其林帶水為環池如圓璧以種蓮藕名曰天光雲影又北為亂石灘灘北為山九峰中峰曰仰止亭東曰杏壇西曰桃源旁皆甃井曰源頭四洞先後山曰游仙蓮池在山後麓巘岫巒巖皆有茂木綰霧縈雲故左曰豹變右曰鳳鳴自環池東為石榴園亭曰日心西為葡萄園亭曰月種

皆背松棚菊籬見山在山北西面亭曰悠然其
後牡丹園亭曰麗景又其後紉蘭園亭曰余珮
皆西面亭皆南面竹徑通幽在山北東面亭曰
綠猗其後荼蘼園亭曰微風又其後籍草園亭
曰一般皆東面亭皆南面自仰止山後歷青暘
而北爲游息亭又北爲百果園其山非東麓甃
井槐亭西麓亦甃井槐亭翻車上水潛山㴩流
南過源頭井又南會於亂石灘又南滙爲環池
環池東南閘流過東峰房南縈東號厨至東號

門之南東滙為方塘西會西流於石杠其西南
闢流過西齋房南縈西號廚至西號門之南西
匯為方塘東會東流於石杠又北流分灌山後
諸圃至於百果俾入先門則懷德瞻儀門則正
履覩碑以儆後居齋以齋心匪崇義思入禮降
遠利思窒欲升講經以考業處退思以防過守
四教以存誠仰山以樂仁覽水以樂智觀齋房
以思義仁且知與義矣斯周德日心忠也月種
傾也忠傾不失斯見歲寒不凋之節故松棚在

其後歷亂石離可以知險登書林樓可以博物

游杏壇以遡古訪桃源以濟世憩悠然以正出

處閱麗景以觀造化撫綠猗以成圭璧賞微風

而識乾坤是故余珮如蘭斯馨籍草靡他其適

若是乎可以游息矣故游息亭次焉鬱諸草木

既爾斯果矣故百果園又次焉

武備誌　　楊縄武

兵可百年不用不可一日不備予製炮於陽城購矢於寧武取弓人於平陽市鉛黄於曲沃新甲冑增馬匹并及城垣諸守具各稍稍備然人與器不習等之無也再爲建武廟修演場以每月三八日集諸壯者練之練心使丹練胆使壯練耳目使不亂練手與足使便利輕捷若不知力之自已出也是可謂兵矣進之則更有伸屈之妙焉蓋兵過剛則悍獘流而驕過柔則靡勢

漸爲鄉欲令剛柔並濟其故益深且微大約剛者如金練久愈精柔者如絲練久愈熟既精且熟乃可執此器以固封疆此兵家日用飲食也久之器或遺脫人或懈弛因壽之珉以誌予惓惓教而後戰之意云

[illegible]樓記　　蔣春芳

有虞氏彈五絃之琴歌南風之詩迄今洋洋盈耳相傳以爲南風起鹽始生虞廷之歌蓋歌此也三代以還騷人墨士摛辭染翰日習而不知余奉勅重修池神祠既訖工矣祠前有一瓦棚與祠直卑陋蕪圮殊爲不稱即命所司撤之構樓三間基沿其故制更其新[illegible]不[illegible]費越月而工成八牕玲瓏[illegible]於前神祠抱於後淡泉[illegible]

此樓聳峙於中以之眺覽止玉[illegible][illegible]萬頃浮鹽
飛霧迭相來往令人飄飄然有凌虛之想忽南
淸風徐來入我襟袖曰噫嘻此南風也胡爲乎
來哉意者其產鹽之徵乎人亦有言風來自東
蠢蠢其蒙可以起吾民之疲癃風來自西景物
萋萋祇以增吾民之悽愴風來自北羣動休息
孰能蘇吾之困極維彼南風吹噓大空羣生
鹽筴國課克誠足尚已爰題其額曰敬薰樓
蓋取解慍則之章載歌載賡於此也夫是樓

豈徒快耳目悅心志窮騁望恣游觀已哉觀南風則思發生觀鹽池則思撈採觀料臺則思轉運觀神祠則思祈報觸目警心撫今思昔民生國計種種關情是樓不爲無助況發於吟詠播於節奏寧不與虞廷之賡相爲應答也耶觀風者其慎諸

重修西淡泉亭記　蔣春芳

余奉命按河東鹾政鹽花盛生檄丁役撈採攉共怠若事時徃督焉從中禁門南行折而西過西淡泉前侍御俞公所建惠民館遺蹟也入其門窈如登其堂廓如環四壁率皆吟咏篇什讀之不能盡又進而後庭題曰源頭活水即所謂西淡泉也泉上三亭鼎峙迥出雲表中凌虛左觀瀾右逢原徘徊眺望見條山前拱蒼然遠色一鑑池塘樓臺倒影樹林陰翳鳥鳴嚶嚶此蔣

逸思飄飄喜動清揚開矣下而繞其後又有洞可憩有亭可玩有閿圃可射泉亭之大觀已備第歲久人跡罕至漸就湮圮余毅然更新之斬荆棘蕓糞壤燔榴翳泉源之淤塞者濬之前後迤之蕪穢者蠲之榱桷柱栱欂櫨之朽腐者易之甎甃墉垣之破缺者補之漫漶不鮮者丹雘之至門外所樹之棹楔則又前此未備誠勝槩也然竊有感焉泉亭一也如得其道觀風之暇以之閱鹽課以之節勞逸以之避風雨以之督

駐蹕崇寧坊　臚進聯聯聯僭揚扈從詞臣恭集午

刻

幸闕里廟

諭修聖廟未刻

幸蒲坂我

皇上聖繼神功　登三咸五非小臣所能揚扢於萬一

惟是解池鹽池爲舜禹畿內地三代以還渡汾

河祀汾陰亦祇秋風興感無關鉅典恭遇我

皇上深仁厚澤淪肌浹髓中外臣民莫不尊親郎郇

攽條褒亦邀

鸞音而承

淸問山川增輝商民錫福豈唐之車駕如鹽池所能

方其盛美哉臣俯伏仰贍之下謹拜手稽首而

爲之記

宋解州鹽池新堰箴並序　　徐越

碑中字磨滅者不可識其未磨滅者猶自明朗序言天聖九年冬十月奏請營兩池新堰詔許之越明年春正月仲春厥功成鹽澤之區郁瑕之地其利衍沃自元魏以還設兵以防之樹棘以禁之置屯以斂之爲石參較出納萬計官運商載晝夜如流曰公曰私各有定分侵漁之弊自茲消息夫禁禦稍寬寬則僞出法令經久久則奸生奸僞相倡抵犯何極設隄防以塞民欲

民欲既塞鹽禁之刑于茲而自錯矣是謂民安與刑清非一時之利乃萬世之利也未若起堰于上浚濠于下使外不能入内不能出驍騎精卒巡守要害而奸僞息矣新其堰者非僅護其寶也抑亦護其民也具中人之性者必知之矣既知之則可以相誨導俾遷善而無犯也不然則網罟之陷易如反掌耳故爲鹽池新堰箴以勖之其箴曰昔也弛禁如張網羅今也固護如登太和此碑序中之大畧也明河東運判王建

中誤認爲右軍碑記曰余觀解池自歌薰以來碑碣櫛比惟此碑爲右軍正筆刻于宋天聖十年壬申十月癸卯世遞代遠屭贔儼存然顛仆剝蝕塵埋久矣余自萬曆丙午謫居河東時有貢士謝生繩祖博學世胄請于余曰昔張華識劍氣於豐城而瞻牛斗之瑞王朴獲玉尺于田間而窺律呂之元矧茲鹽池碑肇自右軍敝帚視之可乎余乃命參軍佐徐可行索而得之僅僅斷碑殘簡如獲拱璧徐佐雅好古欲圖不朽

恐破碎不能常峙請爲石竅以藏之余因嘆曰
昔禰正平與章陵太守見蔡學士伯喈石碑正
平一顧皆悉其中央第四行磨滅兩字不分明
當是某字恐不諦耳因筆書之無遺及章陵往
寫驗之亦無一差訛可見先輩之聰慧異常而
古碑之傳神難遇也今右軍碑豈遜于中郎而
模糊磨滅不僅四行兩字顧不佞無正平之聰
慧且不遺章陵之寫驗則存古以俟後傳疑以
徵信其有待于博物君子乎今按此碑乃宋人

解州鹽池新堰箴并序而字則集晉右將軍王羲之書非右軍筆也然宋時僅此一碑尉于衆院婆娑可愛謹志于此

鹽風　　施維翰

鹽以風結採鹽者宜知風爾雅釋天南風謂之凱風東風謂之谷風北風謂之凉風西風謂之泰風律書東北方條風立春至東方明庶風春分至東南方清明風立夏至南方景風夏至至西南方凉風立秋至西方閶闔風秋分至西北方不周風立冬至北方廣莫風冬至至説者謂池鹽正南風𨌸東風則紅白顆成小印子狀東北西南風則塌花不浮滿池如沸稀粥謂之粥

發其味苦澁不堪食兹以南風謂之凱風詩云
凱風自南是也萬物喜樂故曰凱風凱樂也東
風謂之谷風詩云習習谷風是也谷之言穀穀
生也谷風者生長之風昔舜鼓五絃之琴以歌
南風南風者謂之景風景風者祥風也時風而
風不拘于方豈惟律中蕤賓風始南來即秋歛
冬藏亦莫不有長養之風焉至東南風妝鹽尤
多不獨律中仲吕四月爲然每月凡遇東南風
即鹽成哳夕

河東鹽　　李振宜

河東鹽周禮鹽人所謂苦鹽也杜子春讀苦爲鹽賈公彦曰鹽鹹非苦故杜子春讀苦爲鹽而不知苦乃鹽之正味鹽之極品爾雅釋言鹹苦也鹹殊極必苦故以鹽爲苦曲禮鹽曰鹹鹺註曰大鹹曰鹺今河東鹽池號曰鹺海鹺鹽大鹹故曰苦從經直讀爲苦可也鹺鹽以硝爲母硝味苦汰硝而取鹽其味自甘刮鹽而硝存其味則苦帖木兒不花言紅鹽味甘解鹽味苦亦以

解鹽之未去乎硝者言耳而非解鹽之本味也

胡通奉言解鹽結之于風故苦韋紅之鹽產之

于地故甘夫解鹽結之于風何嘗不產之于地

身歷其地自知其語焉而不詳矣解鹽天生地

成煖之以日月奮之以風雨而鹽花結焉于以

採之于筐之中碎如珠玉瑩如水晶及堆之于

料如山如阜愈久愈堅取之時非荷鍤用力以

築不能採而貯于袋故曰顆鹽大鹽也海鹽井

鹽用煎熬之制皆烹煉而後成惟河東鹽出於

直用不假湅治是苦鹽勝于散鹽形鹽雖味在
如飴鹽之恬然周禮曰以鹹養脉以苦養氣之
鹽而水火既濟五味以和宋史稱爲天產美利
有以哉

郇瑕　　姚培和

左傳僖公二十四年晉軍于郇杜注曰解縣有郇城成公六年諸大夫曰必居郇瑕氏之地杜注曰郇瑕古國名河東解縣西北有郇城富辰曰畢原酆郇文之昭也詩曰郇伯勞之是郇自有國但未知是否即此郇瑕之地且大夫言郇瑕之地沃饒而近於鹽非直以郇瑕之地爲鹽而鹽即爲郇瑕之地也故杜注郇瑕曰解縣西北有郇城注鹽曰猗氏縣鹽池是郇瑕與鹽非

一地明矣又晉有二瑕僖公三十年燭之武見
秦伯曰許君焦瑕杜注焦瑕晉河外五城之二
邑文公十二年晉人秦人戰於河曲秦師夜遁
復侵晉入瑕杜注河曲在河東蒲坂縣南十三
年晉侯使詹嘉處瑕以守桃林之塞杜注桃林
在弘農華陰縣東潼關成公元年以詹嘉處瑕
故謂詹嘉爲瑕嘉正義曰晉在西河之東南河
之北以河北爲内以河南爲外水經注陜縣故
焦國漢書地理志瑕邑卽桃林之塞今爲闅鄉

縣治是焦瑕皆在河外而郇瑕則在河北河東
也京相璠曰河東解縣瑕城在今臨晉縣境酈
道元以郇瑕之瑕爲詹嘉之邑誤矣且論郇瑕
者當察其土俗民風施以教化而不當域於方
隅之見晉人謀去絳諸大夫皆曰必居郇瑕之
地沃饒而近盬國利君樂不可失也公謂獻子
曰何如對曰不可郇瑕氏土薄水淺其惡易覯
不如新田土厚水深居之不疾有汾澮以流其
惡且民從教十世之利也夫山澤林盬國之寶

也國饒則民驕佚近寶公室乃貧不可謂樂杜
注言財易致則民驕侈近寶則民不務本孔頴
達疏魯語敬姜云聖王之處民也擇瘠土而居
之勞其民而用之夫民勞則思思則善心生逸
則淫淫則忘善忘善則惡心生沃土之民不材
逸也瘠土之民莫不向義勞也農桑人之本也
商販事之末也若民居近寶則棄本逐末廢農
爲商貧多富少是諸大夫以郇瑕之沃饒近鹽
爲美而獻子以沃饒近鹽爲非美也山樞蟋蟀

唐風勤儉質朴鄙瑕獨浮華驕侈逐末而忘本
務民不從教故獻子以爲墊隘不可居若察其
土俗悉其民風而加之教化變澆薄之土俗進
以深厚之淳風撙節愛養崇儉約黜浮靡敦節
讓戒驕佚富者長守其富貧者稼穡力田之外
以其餘力爲商種鹽亦可仰事俯育又何有墊
隘之愁是近寶之地裕國賦而厚民生公私皆
利樂莫大焉彼獻子所言猶屬拘墟之見而未
明乎移風易俗即可以躋斯民於仁壽之域大

舜所以解愠阜財者胥在乎是也

詩

鹽池

王禹偁

極望似江沱浸浸起素波兩池泉不竭千古利還多場吏輸年額畦夫奉月課收時車並載種處地先磨碎顆珠凌亂乾聲玉切磋岸平開雪苑渠滲斥銀河衆鴇齊翔舞羣牟自寢訛本原皆瀉鹵異號亦鹹鹺沫訝浮鷺鷥津疑漫蚌螺煮勞輕渤澥煎苦笑牂牁雨打重歸水菴盛更覆蓑炎風吹作片烈日曬成垛海味知難及蕃

青的不過惠人　飡用闗均口賦無頗涿鹿城雖

近蚩尤血若何　有時紅爛熳是處白嵯峨潤下

終資國靈長任　鹽哦江梅須待我金鼎始調和

鹽池　　　　　　　　　　　　蘇　祐

鹺疇演潤下　灋文陳實中煮海閶呉疆鑿井稱

蜀雄雕兹條山側泓水何冲融築場豈仲父疏

渠殊白公南風　洞宜則葳蕤秀琳瓊結斗麗方

池形虎薦清宫　榷利通四國坤靈昭元功直盧

附周圍巖扃啟　中逝報賜崇神棲千載誰能窮

看採鹽　　　　　　　　　　俞　時

料臺開宿草侯館匝層巒風出紫微洞日浮白
玉灘萬夫氷上集九夏雪中看誰是監臨者須
知採者難

鹽池　　　　　　　　　　顧　福

中條山下古鹽池想像虞絃奏節時百里光瑩
天地寶萬年轉運國家資漫傳蓬島生珠樹浪
說藍田種玉芝不是星軺延歷徧誰知造化此
般奇

觀採鹽　劉欽順

五月鹽花玉斗生寶池寗邇鳳凰城珊瑚架上牽珠母琥珀盤中掬水晶月影先傳雙股赤波光不掩一椷輕商王曾識羨中味兼識池中此夜情

觀鹽花　盧㷜

池頭昨夜東風午瑞色今朝報早花未信瑶枝迷遠樹好看玉蕋映晴沙光摇銀海三千丈香散炊烟百萬家御史西來公事了登樓北望思

無涯

中條山　　王𧺝

中條如畫色蒼蒼雨過晴嵐帶夕光望人王官饒水竹路經虞坂足耕桑未容巖桂相招隱自笑微官有底忙多謝曉風驅暑退笠簷吹作馬頭凉

中條山　　周禮樂

層巒絶巘筆難形谷口樵歌更可聽遠樹雲拖千丈綠斷崖天挺一峯青嵐光瑣碎芙蓉障黛

色晴開翡翠屏登覽不知歸驂晚滿襟風露逼

青冥

姚渠　　張士茂

水飛空谷掩萬壑匹練疑從九天落怪蜃靈蛟

恣伏藏瓊珠玉葉紛噴薄騷人渾欲賦觀濤田

父相忘滋負郭我來攬勝悟天機晝夜如斯雲

漠漠

甘泉湛碧　　周禮樂

影涵秋鏡碧澄澄冷瀲雲根細有聲巨擘劈山

分地脈伏龍湫潤噴金精光凝鹵海千皆碧流

出蘢源一泒清六月炎埃飛不散甘香天與濟

蒼生

歌薰樓　　　　　　　　　　覺羅勒信

千古歌薰處猶傳解慍同唐虞留盛跡天地荷

成功雪滿琴臺月霜清雌海風時雍今再見長

此樂無窮

彈琴臺　　　　　　　　　　乙達來

海光樓下彈琴臺臨池坐對條山限朱絃一拂

天顔開青桐入手薰風來薰風來自條山裏颯
颯微波皺池水銀山雪浪五月間捲出晶氷六
十里六十里中水接天波光直與條山連彈琴
臺下如霜白連阡比井皆鹽田鹽田不事竈與
錡只候條山薰風起但願
聖人千萬壽日日登臺調玉指我聞彈琴爲阜財八
風克諧五音偕太和駘蕩遍九垓鳳凰欲下思
徘徊相隨鳳凰喧燕雀如聖與民同憂樂驩虞
豈止在條霍猗曰微哉生蝬角我來臺上一披

稀遺響拊掌訊追尋地下猶作孫桐音此日如

見重華心

舜彈琴處　　　　　　　　　　張鵬翮

盛代彈琴跡未遐長懸舜日照晴沙雲分翠嶺

千秋雪風送瑤池一夜花資國會聞傳晉寶和

羹又得供

天家我生幸遇

重華世斗粒朝朝百萬車